부모의 양육태도와 아동의 성격장애

남명자 저

학 지 사

www.hakjisa.co.kr

감사의 글

2002년에 안식년을 가졌다. 안식년을 시작할 때에는 일년 동안 하고 싶은 여러 가지 일을 망라하고서는 안식년이 끝날 때에는 겨우 이것밖에 하지 못했나 하는 자괴감이 들곤 한다.

이번에도 예외는 아니어서 오랜만에 갖는 안식년이 시작되는 시점에서는 정말 여러 가지 일을 하고 싶었다. 그 중에서도 책 하나는 정말 잘 써내고 싶었다. 하지만 안식년이 끝난 지금 정말 이것이 내가 바라던 그 좋은 책인가를 생각할 때에 너무나도 부족함을 느낀다.

처음에는 성격장애에 대한 책을 쓰겠다는 막연한 생각만을 가지고 스탠포드대학으로 안식년을 떠났었다. 그러던 것이 "What a coincident!"라는 말을 하던 Horowitz 교수의 말대로 정말로 우연하게 스탠포드대학 심리학과의 Leonard Horowitz 교수의 "Interpersonal Foundations of Psychopathology" 강의를 듣게 되었고 그 강의로 말미암은 Horowitz 교수와의 자유로운 토론에서 이 책에 대한 방향이 설정되었다. 이에 더해 스탠포드 의과대학, 어린이 정신병리학과의 Dr. Hans Steiner의 따뜻한 배려와 Dr. Steiner의 주관으로 열렸던 3일 동안의 큰 심포지엄에서 이 분야에서 활발하게 활동하고 있는 많은 석학의 학문을 넓은 시야로 접할 수 있게 된 것이 이 책을 쓰는 데 많은 도움이 되었다. 이와 관련된 책과 논문을 마음껏 읽을 수 있었던 그 분위기 좋던 스탠포드의 Green Library와 Lane Library의 엄청난 장서와 평화로운 분위기는 학문을 하고 있는 한 항상 그리움을 느끼게 할 것 같다.

나의 30년 간의 친구 Dr. Patrice Wolters에게 감사한다. 오레곤 대학에서 박사과정을 수학하던 시절에 만났던 Patrice는 그동안 30여 년 간 계속된 꾸준한 우정을 내게 보여주었고, 이번에도 스탠포드에 정착하기까지 많은 도움을 주었다. 사실은 함께 책을 집필할 예정이었으나 서로의 스케줄이 맞지 않았고 또한 제한된 시간상 같이 집필하지 못하였음을 아쉽게 생각한다.

이 책이 나올 수 있도록 많은 도움을 주신 학지사 사장님과 편집부의 주현영 선생의 꼼꼼한 교정에 대한 수고와 그 외의 편집부 여러분께도 감사를 드린다.

2003년 10월

남명자

서 문

아동의 발달은 신비하기 그지없다. 아동의 발달과정은 신체적인 발달과정과 심리적인 발달과정으로 나누어 볼 수 있는데 대부분의 아동들은 발달될 시기가 되면 그 시기에 해당된 발달과업들을 별 무리 없이 잘 소화해 나간다. 하지만 일부의 아동들에게서는 이렇듯 자연스럽게 발달되어야 할 단계에서의 발달과업이 이루어지지 않고 당연히 나타날 것으로 기대했던 행동이 보이지 않거나 또는 이상성격을 보이든지 아니면 일탈된 행동이 나타나고 있다.

전에는 우리 사회에서 아동의 발달에 대해서는 그다지 큰 관심을 기울이지 않았다. 한 가정에 8~10명의 아이를 낳고 기를 때에 그 부모들은 자기가 먹을 것은 자기가 갖고 태어나기 때문에 아무 문제가 없다는 어리석은 말도 하였다. 하지만 요즘은 고작 한 명 내지는 두 명의 자녀를 두고 있는데도 이들을 기르기가 너무나 힘이 든다는 말을 쉽게 하고 있다. 하물며 어떤 책임을 지고 아이를 이 세상에 내어 놓아야 하는지 모르겠다면서 아이 낳기를 꺼려하는 부부도 많다. 우리나라의 아동 출산율이 1.17%로 선진국 그 어느 나라보다도 낮다는 것은 심각한 문제라 아니할 수 없다. 이것은 현 사회에서 부모의 자녀에 대한 책임과 의무는 증가되고 있으나 이를 뒷받침해 줄 심리, 경제적인 여력이 부족하기 때문이다.

부모의 양육태도가 아동의 성격형성에 큰 영향을 미친다는 연구는 그 동안 수없이 많이 이루어진 주제이다. 미국의 한 연구에서는 비평 속에서 성장한 아이는 비난을 하는 아이로 성장하고, 적대감 속에서 성장한 아이는 공격적인 아이로, 조종을 받고 자란 아이는 자신을 부끄러워하는 아이로, 수치를 받고 자란 아이는 죄책감을 느끼는 아이로, 아량 속에서 자란 아이는 인내하는 아이로, 격려와 칭찬 및 인정을 받고 자란 아이는 자신감이 있는 아이로, 애정을 받고 자란 아이는 사랑이 많은 아이로 성장한다고 한다.

물질적인 가치관이 인간적인 가치관을 능가하는 현대사회 속의 많은 가정에서는 부모의 부재 현상을 경험하고 있다. 부모들은 물질적인 가치관을 좇아 너무나 바쁜 나머지 미처 아이들의 필요를 알아차리지 못하고 그저 자신들이 원하는 대로 아이들이 수동적으로 따라와 주기만을 기대하는 경향이 높다.

몇 년 전 중학교에 재학하는 한 학생이 초등학생을 유괴하여 성폭행을 행한 뒤에 살해한 끔찍한 사건이 있었다. 그 학생의 가정은 중상에 속하는 가정으로 아버지는 사회에서 상당한 지위에 있었고 어머니는 항상 바쁘기 때문에 집안에서 아이들과 대화를 할 수 있는 시간이 많지 않았다. 그의 형은 공부를 곧잘하여 대학에 입학하였으나, 그 아이는 학업성적이 좋지 못해 항상 집안에서 부모로부터 경시를 당해 마음 속에 깊은 열등감을 지니고 있었다. 그 사건이 일어난 날에 그 학생은 같은 반에 있는 학생과 친구가 되고 싶다는 생각을 했었는데 자신의 열등감 때문에 그 말을 차마 입밖에 꺼내지 못하고, 자신의 열등감에 대한 반발이 그렇듯 끔찍한 사건으로까지 몰고 갔던 것이다.

현대 우리사회에서는 전에는 우리가 상상할 수조차 없었던 범죄사건이 비일비재하게 일어나고 있다. 통계에 의하면 2003년 7월말까지 17.1초에 1건 꼴로 범죄가 발생한 것으로 보고되고 있다.

자신이 싫어하는 사람과 목소리가 비슷하다는 이유로 살인을 저지른 사건이나 공중전화에서 너무 길게 통화를 한다고 칼로 사람을 찌른 사건, 가정의 불화로 인해 어머니와 딸의 동반자살, 인생에 대한 비관으로 아이들을 살해하는 사건, 아버지가 자신을 인정해 주지 않는다고 존속살해하는 사건들이 요즘에는 그리 어렵지 않게 일어나고 있다.

2003년 2월 11일 문화일보의 기사에 의하면 우리나라 20세 남자의 절반 가량이 인격장애 증세를 보이고 있다고 한다. 서울 병무청에서 신체검사를 받은 20세 남성 중 44.7%가 인격장애가 의심되는 것으로 나타났고 이와 같은 수치는 미국이나 유럽 등 선진국에서 나타나는 평균 11~18%에 비하면 최대 4배나 높은 수치이다.

현대에 나타나는 성격장애는 다음과 같은 유형으로 발생하고 있는데, 즉 자신의 문제를 남이나 사회 탓으로 돌리고 현실에 적응하지 못하면서 지나치게 자신에게 집착하며 대인관계가 서툰 강박형, 문제의 합리적인 해결과 대인관계를 꺼리는 회피형,

자신밖에 모르는 변덕이 심한 히스테리형, 남들을 끊임없이 의심하는 편집형, 각종 망상과 환상 속에서 현실과는 괴리된 생각과 행동을 하는 정신분열증 등, 성격장애를 가진 사람들이 점점 많아지고 있는 추세이다.

이 이외에도 살인이나 상해 등의 범죄행위까지는 아니더라도 지나치게 울분을 표출하여 가족이나 주위사람들을 괴롭히는 성격파괴자들, 또는 완벽하게 일을 처리하지 못하면 자신을 용납할 수 없는 완벽주의자들, 또는 타인에게 유난히 자신을 나타내려는 행동을 하는 연극적인 성향의 사람들, 자신이 전에 했던 말과 행동을 전혀 기억하지 못하고 완전히 다른 행동을 하는 경계선 성격장애자들, 또는 툭하면 자살이나 자해를 하려는 우울증의 사람들, 대인관계에 대한 두려움으로 집밖이 무섭다고 외부세계에 나오지 않고 집안에만 머무는 은둔형 외톨이(히키코모리) 등 최근에 와서 이상성격을 나타내는 사람도 두드러지게 증가하고 있다.

이는 물리적으로는 살기가 아주 편해졌지만 이에 반해 인간의 존엄성은 경시되며 가정교육의 붕괴와 물질만능의 가치관이 만연하는 사회 현상에서 나타나는 부정적인 영향이라고 할 수 있다. 더구나 텔레비전과 인터넷과 같은 미디어의 빠른 확산과 과대한 활용은 더더욱 현실감각과의 괴리 현상을 자극하여 비인간성을 부추기고 있다.

아동기에 시작되는 성격장애의 문제는 그것이 일생 동안 지속될 수 있고 또한 사회문제로까지 갈 수 있다는 데에 그 심각성이 있다고 하겠다.

근래에 와서 아동들은 그 나름대로의 독특한 발달양상을 가지고 있으며 세상에 태어나기 이전부터 한 인격체로서의 존엄성을 지니고 있다는 사실에 주목하면서 아동에 대한 여러 가지 발달상에서 나타날 수 있는 문제가 제기되고 있다. 인간은 유전과 환경 및 경험에 의하여 한 성인으로서 성장이 가능하다. 유전의 부분은 우리가 크게 변경시킬 수 없다 하여도 아이가 태어나서 자라는 환경과 경험에 대하여는 얼마든지 변경할 수 있는 여지가 있다. 아이를 처음 길러보는 부모에게 시행착오가 없을 수는 없다. 하지만 아이가 독립된 인격체라는 지식 하나만이라도 제대로 인식하여 양육한다면 이는 아이를 크게 다른 결과로 키울 수 있게 되는 것이다.

부버(Martin Buber)는 '나와 당신의 관계(I-Thou relationship)', 즉 '만남의 관계'에 대하여 특별한 의미를 부여하면서 부모와 자녀의 관계는 숙명적으로 짝지워진 어쩔 수 없는 만남의 관계라는 말을 한다. 아이가 태어날 때에 그 부모에게서 태어나고 싶어 태어난 것이 아니다. 이는 운명적인 만남으로서 부모와 자녀와의 관계가 이루어진 것이다. 하지만 아이는 어떤 부모를 만나느냐에 따라 그 인생이 전혀 달라질 수 있다. 인생의 성패는 다만 어떠한 사회적인 배경을 가진 부모에게서 태어나느냐 하는 물리적인 조건보다도 어떠한 양육태도와 철학을 가진 부모에게서 태어나 길러지느냐에 더 큰 비중이 실리게 된다.

"무심코 던진 돌에 개구리가 맞아 죽는다"는 말이 있듯이 무심코 던진 말에 아이의 심리적인 상처가 엄청날 수도 있고 자식을 잘 보호하고 양육해야 한다는 부모의 지나친 강박관념이 오히려 아이를 건강하게 성장시키지 못하는 경우도 있다. 아이를 잘 키우는 일만큼 중요한 것도, 또한 정답이 없는 것도 드물다

할 수 있다.

이 책은 부모자녀의 관계와 성격장애의 형성과정을 밝히기 위해 제1장에서는 아이가 태어나서 부모와의 애착관계의 성립이 어떻게 이루어지며 또한 불안정한 애착관계를 가진 아이가 성장하는 데 어떠한 문제에 봉착하는지에 대하여 논하고, 제2장에서는 부모의 자녀에 대한 양육태도가 아이의 성격장애에 어떤 영향을 미치는지에 대하여 살펴보았다. 제3장에서는 성격장애의 유형에 따른 독특한 성격에 대하여 논하고 이러한 성격장애는 어떠한 형성과정을 통해서 이루어지게 되었는지 살펴보고자 했다. 마지막 제4장에서는 성격장애를 가지고 힘들게 인생을 살아온 유명한 예술가들이 그들 부모와의 관계에서 어떠한 환경과 경험의 요소가 그들의 성격장애를 형성하는 데 영향을 미치게 되었는지에 대하여 살펴보았다.

물론, 이 책이 모든 성격장애 형성과정에 대한 해답이 되지 못한다는 것은 자명한 일이다. 다만 아이를 키우는 부모에게나, 또는 이러한 분야의 학문에 정진하는 대학원 학생들에게 어느 정도의 도움이 되었으면 하고 바라는 마음이다.

2004년 1월

남명자

차 례

1
부모와의 애착관계와 분리불안

인간은 출생 후 그 어느 동물보다도 발달과정이 느리다. 그래서 유아(乳兒)는 부모나 전적으로 보살펴 주는 사람이 없다면 생명을 이어가기가 어렵다. 아이들은 주변의 사람들에게 결속되어야만 하고 주변의 어른들은 아이들이 필요로 하는 물리적 또는 심리적인 필요를 충족해 주면서 아이들의 발달을 적극적으로 돕는다. 이러한 환경에서 아이들은 심리적인 불안을 떨치고 마음의 평안을 유지할 수 있어 건강한 성장과 성숙이 가능하게 되는 것이다.

애착(attachment)은 인간의 생애에서 가장 최초에 나타나는 발달문제로서 유아와 양육자 사이의 유대관계를 의미한다. 애착은 근접과 접촉을 추구하는 경향성으로 유아가 자신이 필요할 때에 애착대상을 찾고 신체적으로 심리적으로 접근하려는 시도를 하게 되고, 애착관계가 어떻게 형성되었느냐에 따라 생존과 성숙에 크게 영향을 미치게 된다.

아동이 건강한 성인으로 성장하는 데 우선으로 이루어야 할 것은 부모와의 안정적인 애착관계이다. 일단 부모와의 애착관계가 안정적으로 이루어지고 나면 아이는 탐험심과 모험심을 가지고 주변의 환경에 대처하게 된다. 이러한 과정을 거쳐 긍정적이고 효율적인 자아개념의 확립이 가능하게 되는 것이다. 이 장에서는 유아의 애착관계에 대하여 살펴봄으로써 유아의 건강한 성장에의 첫 단계에 대하여 논의하고자 한다.

1. 애착관계의 특성

성인과 유아의 애착관계에 관한 연구는 일찍이 1960년대부터 이루어져 왔다. 심리학자, 사회학자 교육학자들은 동물 실험을 통해 어미와 새끼와의 안정애착과 불안정애착이 새끼 동물들의 성격형성과 세상에 대한 대처방법에 어떠한 영향을 미치는지에 대하여 지속적인 연구를 실시하였다.

대부분의 여러 동물들은 일상적으로 태어난 후 바로 어미와 애착관계를 갖는다. 동물들은 새에서 원숭이에 이르기까지 어미는 자기 새끼를 다른 새끼와 구분할 줄 알고, 새끼들은 자신의 어미를 많은 수의 다른 무리 사이에서도 구분할 줄 안다. 새끼들은 어미와 가까이 있을수록 생존할 수 있는 기회가 많아진다. 새끼와 어미가 떨어졌을 경우에는 서로 재빠르게 움직이거나 소리를 지르면서 자신들을 서로에게 나타내려는 행동으로 다시 만나려는 필사적인 노력을 한다.

이러한 현상은 인간에게서도 마찬가지이다. 유아는 3개월 내지 4개월이 되었을 때에 자신을 돌보는 사람에게 반응을 한다. 그들은 미소를 짓고, 옹알이를 하며 자신을 돌보는 사람을 따라 시선을 움직인다. 배가 고프거나, 위험을 느꼈을 때나 불안감을 가졌을 때에 어른들의 주의를 자신에게로 집중시켜 자신의 필요를 충족시키거나 위험으로부터 보호를 받는다. 어른들이 주변에 있을 때 유아들은 안정감을 느끼며 특히 불안감이 심할 때에는 주변의 그 어느 다른 식구, 즉 아버지나 형제 또는 조부모나 가정부보다도 어머니가 자신의 주변에 있어 주기를 원한다. 영국의 심리학자인 볼비(John Bowlby)는 유아와 양육자와의 애착관계에 대한 연구로 학문의 세계를 구축한 학자이다. 볼비에 의하면 유아기에 유아는 자신을 돌보는 사람에 의해서 음식물을 제공받고 또한 안전하게 보호를 받아야만 하기 때문에 유아에게는 어머니와의 관계가 생존의 필수 조건이라고 말하고 있다. 볼비(1969)에 의하면 유아와 유아를 돌보는 사람과의 관계에는 몇 가지 원칙이 있는데 그 첫째는 특정한 사람이 그 어느 다른 사람보다 유아에게 중요한 사람으로 대두되고, 둘째는 애착관계가 일단 형성되면 그 관계는 오랫동안 지속되어 다른 새로운 관계가 그 오랜 관계를 대체할 수 없고, 셋째는 감정적으로 그 관계에 대해 상당히 예민한 반응을 보이는데 원하지는 않지만 서로 떨어지지 않으면 안 되는 경우에는 불안해 하거나 분노의 감정을 나타내고 애착관계가 형성된 사람이 다시 나타날 때에 행복해 한다는 것이다 .

볼비(1977)는 유아기에 어쩔 수 없는 상황 때문에 부모와 격리되어 성장한 아이들을 대상으로 연구를 하였는데, 그 하나는 절도죄로 투옥된 44명의 죄수의 아이들을 대상으로 연구를 실시하였고 또 다른 경우는 부모가 오랫동안의 지병으로 고생하는 관계로 보호기관에 계속적으로 맡겨졌던 아이들이 대상이었다. 연구 결과, 이러한 아이들은 사랑과 동정심이 부족하고 반항하는 반사회적인 성격으로 성장했다. 어린 시절에 부모와 유아가 애착으로 관계를 맺는 것은 음식을 잘 먹고 자라는 것보다 훨씬 중요한 일이다. 정서적인 손상은 부모와의 오랫동안 격리된 관계로 일어나는 경우가 많다. 비록 물리적인 조건으로는 청결하고, 크게 부족하지 않은 환경에서 잘 훈련된 요원에 의해 운영되는 보호기관에서 성장했다 하더라도 이러한 물리적인 조건은 부모와 맺은 좋은 애착관계와는 비교조차 할 수 없는 것이다.

고아원에서는 한 명의 보모가 많은 수의 아이들을 돌보아야 하는 상황이기 때문에 개개인의 아이에게 관심을 기울일 수가 없다. 따라서 대부분의 유아들은 음식을 주는 때와 기저귀를 갈아야 하는 때를 빼놓고서는 대부분 혼자 방치될 수밖에 없다. 이러한 경우에 아무리 그 고아원의 물리적인 환경이 좋은 평판을 가지고 있다 하더라도 유아들이 성장하는 데 필요한 정서적인 보살핌까지에는 신경을 쓸 겨를이 없다. 유아는 3개월이 될 때부터 여러 가지 전염병과 병균에 쉽게 노출된다. 스피츠(Spitz, 1945)는 부모가 없는 고아원의 아이와 감옥에 투옥된 임부에게서 태어나기는 하였지만 어머니가 돌보아 준 아이들을 비교하였다. 그 결과 고아원에서 자란 아이들은 2세 반이 되도록 언어나 신체발달 면에서 감옥에서 태어났지만 어머니의 보호를 받고 자란 아이에 비해 상당히 뒤떨어졌다. 고아원에서 자란 아이들은 혼자 먹지도 못했고 배변 훈련이 되어 있는 아이는 한 명도 없었다.

어머니가 세상을 떠난 관계로 7개월이 된 유아가 고아원에 맡겨졌다. 이 유아가 고아원에 온 처음에는 주변 사람들에게 웃으며 자신의 의사를 표시했다. 하지만 그 고아원에서 4개월의 생활을 하고 난 후에는 어느 사람의 자극에도 반응하지 않는 우울증을 나타내었다.

그렇다면 이렇듯 한 번 손상된 유아의 정서가 성장하는 과정에서 과연 회복이 가능한가에 대해서 궁금하지 않을 수 없다. 이에 대하여는 대체적으로 긍정적인 연구결과가 있다. 1998년 루마니아에 있던 고아원의 아이들, 즉 유아기에 어머니와의 믿음으로 애착관계가 성립되지 못했던 4세 된 아이를 영국 중산층의 가정에서 입양하여 그 후속관계를 살펴본 결과 입양당시에는 지적으로 상당히 손상되어 있던 아이였으나 어느 정도 정상으로 회복되었다는 연구결과가 있었다. 하지만 아주 심하게 정서가 손상되었던 아이들은 정상의 상태로 되돌릴 수 없었다(Collins, Maccoby, steinberg, Hetherington, & Bornstein, 2000). 우리 나라에서도 10개월이 된 여아가 어머니가 세상을 뜬 관계로 할머니에게 맡겨져 성장을 하였다. 이 아이는 지적, 정서적, 신체적으로 성장이 지연되어 사람에게 별로 반응을 보이지 않다가 새어머니를 맞고 나서 그 새어머니가 아이의 필요에 민감하게 반응을 해준 결과 정상에 가까운 발달을 한 경우가 있다. 이 때에 중요한 사실은 새어머니 자신이 자신의 어머니와 좋은 애착관계가 성립되어 있었다는 것이다.

사회적으로 고립된 상태에서 정서적으로 어떠한 행동을 보이는가에 대한 실험 연구가 레서스 원숭이를 통하여 이루어졌다. 이 연구는 태어난 지 15일이 경과된 원숭이를 어미로부터 분리시켜 실험실에서 완전히 다른 원숭이들과 격리된 상태에서 혼자 키웠다. 이 연구 결과 고립되어 자란 원숭이는 상당히 불안해 하였고 이상행동을 하였다. 완전하게 격리되어 6개월에서 12개월 동안 키워진 원숭이는 대부분의 시간을 구석에서 웅크린 채로 손뼉을 치거나 흔들거리는 행동으로 혼자서 지내며 다른 부류와는 전혀 어울리려 하지 않았다. 때때로 격리된 원숭이는 자신이나 다른 동물들에게 폭력적인 성향을 나타내었고 사춘기가 되었을 때에 적절하게 성적인 행동을 표현하지도 못했다. 격리되어 성장한 암컷의 원숭이에게 인공수정을 하여 출산을 시켰으나 자신의 새끼에게 아주 냉담한 반응을 보이는 것으로 나타났다. 새끼가 계속하여 어미와의 신체적인 접촉을 강력히 요구할 경우에는 어미가 새끼에게 관심을 보여 양육하려는 태도를 보이기도 하였다(McKinney, 1974).

사회적으로 격리되어 자란 동물들은 일반적으로 의사소통에도 취약점을 보인다. 멀스키(Mirsky, 1968)는 두 마리의 원숭이가 협동하여 쇼크를 피하기 위해 손잡이를 눌러야 하는 실험을 실시하였다. 한 마리의 원숭이가 신호를 보내면 다른 원숭이가 손잡이를 눌러서 쇼크를 피하는 작업으로 두 마리의 원숭이가 서로 의사소통을 해야만 하는 일이었다. 하지만 격리되어 자란 원숭이는 다른 원숭이의 얼굴 표정을 읽지 못해 이 실험에서 실패를 하였다.

애착관계의 행동은 목적의식을 가지고 있다. 즉, 한 살짜리 아이가 어머니에게 팔을 벌리면 그 아이는 어머니와의 접촉을 목적으로 팔을 벌리는 것이다. 만약에 아이가 원치 않을 때에 어머니가 안아주려고 하면 아이는 반감을 갖게 된다. 예를 들어 아이가 다른 곳으로 시선을 돌리고 있는데 어머니가 계속해서 쳐다보면 만족감보다는 이러한 행동이 욕구불만의 원인이 될 수도 있다. 보편적으로 유아는 자신의 안전과 평안을 위해 신체적인 접촉을 원한다.

따라서 유아는 내심으로 불안하거나 위험을 감지했을 때 신체적인 접촉을 원한다. 불안정도가 약할 경우에는 어머니의 어르는 소리로 충분하지만 만약에 불안정도가 심할 경우에는 신체적인 접촉을 원한다. 애착관계의 행동이란 자동온도조절 장치와 같아서 방이 추울 때에는 온도계가 작동을 하여 방을 덥게 만들고 방이 따뜻할 경우에는 난방장치를 차단하는 것과 같다. 유아는 불안할 때에는 밀착된 행동을 원하고 불안이 감소되었을 때에는 신체적인 접촉을 원하지 않는다.

부모와 유아의 애착관계는 유아에게 필요한 생존의 조건이다. 유아는 어른에게 자신이 원하는 것을 알림으로써 보호를 받으며 양육된다. 어른과의 상호작용을 통해 유아는 주변의 사람들에 대하여, 또한 자기 자신에 대하여 그리고 주변환경에 대하여 배우게 된다. 따라서 애착관계의 행동이란 미숙한 행동이 아니고 정상적이고 건강한 행동이라 할 수 있다. 많은 심리학자들이 한때는 애착관계의 행동이란 기본적으로 유아에게 음식이나 잠과 같이 신체적으로 필요한 요소가 만족된 후에 어머니와의 접촉을 필요로 하는 제2의 중요한 요인이라고 믿어왔다. 하지만 볼비는 애착관계의 행동이란 기본적인 필수조건이지 이차적인 조건이 아니라고 말한다. 설령 어머니가 아이를 학대하고 소홀히 대한다 하더라도 아이는 어머니에게 서로 애착으로 결속되어지는 관계를 요구한다(Bowlby, 1969).

애착관계의 행동이란 자동적인 반사와는 다르게 상당히 복잡하다. 먼지가 눈으로 들어오려고 하면 눈까풀을 자동으로 깜박거리는 자동반사와는 달리 유아가 애착관계의 행동을 성인으로부터 원할 경우에는 목적이 이루어질 때까지 여러 단계의 행동을 보인다. 첫째는 팔을 들어 안아 달라고 하고, 그 다음에는 칭얼거리다가 마지막에는 우는 행동으로 자신이 원하는 목적을 달성한다.

(1) 애정의 체제

성인과 유아가 애착으로 결속되어 있는 애정에 대한 체제는 세 가지로 나누어 볼 수 있는데, 그 하나는 애착관계의 행동(attachment)이고 다른 하나는 유아를 돌보는 것(caretaking)이고 마지막 하나는 사회적인 요소(social elements)이다.

유아를 돌보는 체제와 애착관계의 행동은 거의 같은 사랑의 개념 같지만 엄밀히 따지면 이 두 가지는 개념상 서로 다르다. 유아를 돌본다는 것은 어른이 유아에게 안정과 평안을 준다는 것이다. 이는 주로 유아가 어른으로부터 안정을 찾으려 할 때에 요구되는 행동이지 반대로 어른이 유아로부터 안정을 찾으려 할 때에 요구되어지는 행동이 아니다. 만약에 어머니가 천둥소리에 놀라 불안한 마음으로 자신의 보호를 위해 아이에게 매달린다면 이는 어른이 유아에게 애착관계의 행동을 요구하는 것이다. 이렇듯 그 역할이 바뀌어진 경우에는 그 부모가 심리적으로 병리현상에 처한 경우가 많고 이러한 영향이 유아의 심리현상에 미치는 영향 또한 크다고 하겠다.

벨기에의 유명한 초현실주의 화가인 마그리트(René Magritte)의 경우에는 어머니가 항상 우울증과 불안 속에서 생활을 했었기 때문에 오히려 아들이 어머니를 돌보아야 하는 처지였다. 결국 그의 어머니는 우울증에서 헤어나지 못하고 한겨울 찬 강물에 투신함으로써 일생을 마치는 비운의 여성이 되었다. 이렇듯 자기 자신조차도 돌볼 수 없었던 어머니였기 때문에 자식과의 관계에서는 애착관계를 가질 수 없었고 이러한 이유에서 마그리트의 그림에서는 인간관계의 단절이 여러 곳에서 표현되고 있다. 이 화가의 예는 제4장의 예술가와 성격장애에서 자세하게 다루고 있다.

또 하나의 다른 사랑의 체제는 사회적인 요소인데 이는 서로의 친구들을 향한 행동을 의미한다. 친구들과의 상호작용을 통해 아이들은 다른 사람에 대하여, 자기 자신에 대하여, 또한 세상에 대하여 상당하게 배우게 된다. 자신이 친구들에게 어떻게 수용되느냐에 따라 정체감의 확립에 큰 영향을 미치게 되기 때문이다. 하지만 친구들은 애착관계의 대상이 되기 어렵다. 친구는 아이가 스트레스 상황에 처해 있을 때 위안을 제공해 주기 어렵기 때문이다.

위에서 제시한 세 가지 방법이 모두 애착관계와 상관이 깊다. 시간이 경과하는 동안 이러한 방법들이 아이들의 정서상태에 영향을 미치게 된다. 하지만 부모와의 애착관계에는 하나 더 덧붙일 것이 있는데 이는 기본적으로 애착관계로 맺어진 사람에 의해 유아가 안정과 평화를 누릴 수 있다는 것이다.

(2) 두려움의 체제

유아들이 위험을 느끼는 상황은 예측 불허하다. 유아들은 같은 사건이 발생하였다 하더라도 이를 이해하고 행동하는 정도가 상황에 따라 다르다. 10개월이 된 유아를 대상으로 집안과 실험실에서 실험을 실시하였다. 두 장소에서 어머니가 얼굴에 마스크를 쓰고 아이 앞에 나타났다. 집안에서는 어머니의 그런 행동이 유아에게 웃음을 자아내게 하였는데 같은 행동을 실험실에서 했을 경우에는 유아는 어리둥절하였고 불안해 했으며 울음을 터트렸다. 유아는 집에서는 안전하게 느꼈고 실험실에서는 그렇지 못한 것이 분명하다(Sroufe, Waters, & Mates, 1974).

유아들은 나이에 따라 위험을 감지하는 정도가 다르다. 유아의 잠자는 형태에 대한 연구를 실시한 결과 신생아는 3개월 정도가 될 때까지 밤에 잠을 자는 것으로 안정이 된다. 하지만 부모와의 애착관계가 성립되는 6~12개월의 유아는 밤에 잠을 몇 번씩 깨면서 설친다. 이 시기에 삼분의 일이나 반 정도의 아이들은 밤에 잠을 깬다. 밤에 잠을 깊게 자지 못하고 설치는 이유를 안나 프로이트(Anna Freud)는 신체적인 문제가 아니라 심리적인 문제로써 잠과의 싸움이라고 말하고 있다. 즉, 어머니의 부재현상을 유아가 느끼기 때문이라는 것이다. 아이의 나이가 3세쯤 되면 대체로 이러한 어머니의 부재가 위험을 초래하지 않는다는 것을 이해하고 어머니의 부재현상에 대한 공포의 문제는 쉽게 극복된다(Anna Freud, 1966).

그렇다면 어떠한 경우에 유아가 안정을 느낄 수 있는가? 기본적으로 어머니가 유아의 주변에 존재하며 웃어 준다든지 말을 걸어 준다든지 하면서 유아를 편안하게 어를 때에 안정감을 느낀다. 부모와 유아의 애착관계를 연구한 심리학자들에 의하면 유아들은 계속해서 어머니와의 관계를 점검하며 자신이 필요로 할 때에 어머니가 주변에서 자신을 돌봐 줄 수 있는지에 대한 능력을 판단한다는 것이다. 병이나, 죽음 또는 부모의 이혼 때문에 분리되었던 경험을 했던 유아들은 자신을 돌보는 사람의 능력에 대해 많은 의심을 하게 된다. 또한 양육자가 계속해서 자살을 한다고 위협을 하거나, 짐을 싸서 어디로 떠나 버린다는 말을 수시로 한다거나, 아니면 아이를 다른 곳으로 보내 버린다는 말을 쉽게 하는 부모 밑에서 성장한 아이들은 더욱 더 자신을 돌보는 사람의 능력을 믿지 못하게 된다. 연구결과 모든 부모 중에 20% 이상이 아이들이 부모의 말에 순종하게 하기 위해 이러한 방법을 쓴다는 것이다. 또한 아이를 돌보는 사람들이 주의집중을 하지 않거나 책임감이 부족할 경우에도 아이들은 자신을 돌보는 사람들의 능력을 믿지 못한다. 우울증이 있거나 불안증이 있거나 이기적인 사람들은 자신의 문제에 너무나 집착한 나머지 아이들의 필요를 충족시켜 주지 못한다(Kobak, 1999).

동물인 쥐의 경우를 보더라도 새끼를 양육하는 방법이 서로 다르다. 새끼를 관심 있게 보살피는 어미 쥐는 새로 태어난 새끼를 많이 핥아 주고 자신의 등을 구부려서 젖이 많이 나오도록 한다. 이렇듯 어미의 관심을 많이 받고 자란 새끼는 밖으로 나가 음식을 구하거나 밖의 세상을 탐험하는 데 두려움을 느끼지 않는다. 또한 새끼 양육에 열성인 어미 쥐는 스트레스를 받는 상황에 처할 경우에도 스트레스와 관련된 호르몬을 적게 방출한다(Caldji, Tannenbaum, Sharma, Francis, Plotsky, & Meaney, 1998).

그렇다면 어머니와 유아가 애착관계를 맺기 위하여 어떠한 방법이 좋은가를 아는 것이 중요하다. 이에 관해서는 여러 가지 방법이 동원될 수 있는데 눈과 눈을 마주친다든지, 얼굴 표정을 밝게 한다든지, 감정과 신체적인 변화를 주어 적절한 목소리로 표현을 한다든지 등의 방법을 동원할 수 있다. 어머니의 표정이 유아에게 어떠한 영향을 미치는지에 대한 연구가 있었다. 한 어머니는 평상시와 같이 얼굴 표정과 목소리를 내었고 다른 어머니는 무표정의 얼굴과 침묵으로 유아를 대했다. 유아들은 무표정의 얼굴을 한 어머니에 대하여 혐오와 우울감을 나타내었다(Stern, 1977).

아이들은 어머니가 주의집중을 하지 않고 반응을 하지 않을 경우에 두려움을 나타낸다. 이럴 경우에는 아이들은 관심을 받기 위해 여러 가지 방법을 동원한다. 수많은 임상심리의 보고서에서 아이들은 주의집중을 받기 위해 쓸데없이 말을 되풀이하며, 약삭빠르게 행동하고, 폭력적인 행동도 불사한다. 성(性)에 따라 주의집중을 받기 위한 행동은 다를 수 있는데 여아들은 자신을 드라마의 주인공처럼 꾸미고 남아들은 신체적으로 폭력적인 성향을 주로 나타낸다. 드라마틱하게 자신을 표현하는 사람에게서는 어렸을 적에 주의를 잘 기울이지 않는 어머니 밑에서 오랫동안 생활하여 온 결과일 수 있다. 또한 거짓으로 자신의 인생경험을 말하거나 또는 희한한 병을 앓고 있다면서 다른 사람들의 주의집중을 끌려고 하는 사람도 관심을 잘 주지 않은 부모에게서 성장한 경우에 많이 나타나는 증세이다(Krohn, 1978).

2. 분리불안

아동이 자아를 지닌 성인으로 성장하는 과정에서 두 가지의 커다란 불안이 나타날 수 있다. 그 하나는 성인에게 예속되어 자아를 찾을 수 없을 것 같은 불안과 그 둘째는 부모와 애착관계를 맺지 못하고 분리될 것만 같은 분리불안이다.

아이들은 6개월에서 4년이 될 동안 어머니나 자신을 주로 키워 준 사람에게서 오랫동안 떨어져 있게 되면 상당한 스트레스를 받게 된다. 부모가 병원에 입원을 해야 한다든지, 아니면 동생을 낳아야 하는데 아버지가 그 아이를 돌보아 줄 수 없는 형편이라든지 등의 이유로 유아보호소에 맡겨졌던 아이들에 대한 연구 결과가 있었다. 이러한 아이들은 처음에는 반항을 하고, 크게 울며 어머니를 계속 불러대어 유아 보호소 직원들이 이들을 달랠 길이 없었다. 우는 것은 특히 첫 3일째까지 유별났고 밤에 잠자리에 들 때에는 훨씬 심하게 울었다. 부모와의 분리가 처음이 아니고 재경험이었을 경우에는 첫번째보다 그 정도가 더욱 심했다(Heincke & Westheimer, 1965).

어머니와 떨어져 있는 아이들은 분리불안으로 인하여 놀이에 많은 영향을 가져왔다. 애착으로 맺어진 사람이 곁에 있을 경우에는 안정감을 느껴 아이들은 편안한 마음을 갖게 되고 주위를 탐색하며 역동적으로 놀이를 하게 된다. 어머니가 안정적인 마음의 기틀을 마련해 주기 때문이다. 설령 주위가 낯선 곳이라고 해도 어머니의 존재가 신나게 놀이를 할 수 있게 만든다. 만약에 어머니가 방에서 떠나면 아이는 위협을 느끼게 되어 놀이를 중단하고 어머니와의 재회에만 신경을 쓰게 된다(Ainsworth, 1982).

아이들에 따라 낯선 환경에 반응하는 것이 다르다. 어머니가 아이가 있는 방에서 떠나면 대부분의 아이들은 스트레스를 받는다. 그들의 얼굴표정이 바뀌고 머리를 흔들며, 불안과 반항의 행동을 보인다. 분리에 대한 불안이 장난감을 갖고 노는 것에 대한 흥미를 잃게 하고 나중에 어머니가 방으로 돌아온 경우에야 아이는 안심을 하게 된다. 어떤 아이는 다른 아이보다 어머니와의 접촉을 더 많이 원하지만 대부분의 아이들은 어머니가 돌아왔을 때 마음의 안정을 찾는다.

(1) 아이의 이색적인 반응

하지만 아이들 중에는 위에서 설명한 정상적인 부류에 들지 않고 이색적인 반응을 보이는 경우도 있다. 그 동안 연구되어 온 대부분의 경우에서는 이색적인 두 가지의 애착관계가 관찰되었는데 그 하나는 아이가 어머니를 회피하는 관계이고 다른 하나는 갈등의 관계이다. 회피하는 관계란 어머니가 방에서 떠나는 경우에도 분리에 대해서 불안해 하지도 않고 관계가 없는 듯 아무런 반응을 보이지 않는다. 얼마 후에 어머니가 돌아오는 경우에도 어머니를 반기지도 않고 어머니가 나타난 것에 대해 전혀 무관심하다. 이러한 관계는 주로 과거의 경험에 비추어 어머니가 아이의 필요에 부응하지 못했고 실망을 주었을 경우에 나타나는 현상이다. 과거의 경험에 의해 아이는 어머니가 자신을 위해 있어 줄 수 있다는 사실에 기대를 하지 않고 조숙하게 일찍 자기 자신에게 의존하는 경우이다.

또 다른 비정상적인 관계, 즉 갈등의 관계는 반항을 하거나 애매모호한 행동을 하는 경우를 말한다. 이 경우에는 어머니가 방에서 떠날 때나 돌아왔을 때 유별나게 어머니한테 매달리는 경우를 말한다. 어머니가 돌아와서 아이를 위로할 때에도 아이는 계속해서 울어대며 어머니의 위로가 아이를 안정시키지 못하는 경우를 의미한다. 어떤 아이는 어머니를 밀어버리고 또 다른 아이는 아주 신경질적인 반응을 보인다. 이러한 행동은 어머니가 방에서 떠났을 때에 분노를 느꼈고 또한 자신의 스트레스를 어머니와의 접촉을 통해 해소하려는 데서 비롯된다. 이는 불안과 분노에 대한 복합적인 반응이며 일상생활에서 어머니가 아이에게 일관적인 행동을 보여 주지 못한 경우에 나타내는 행동이다. 이 경우에는 어머니가 좀더 자신을 위해 관심을 보여주기를 바라는 극적인 행동이라 해석할 수 있다.

어느 정도의 시기를 어머니와 분리되었던 아이들은 어머니가 돌아왔을 때에 색다른 반응을 보이는 경우가 많다. 하이니크와 웨스타이머(Heinicke & Westheimer, 1965)의 관찰에 의하면 어머니와 12~148일 동안의 분리를 경험했던 아이들에게서 어머니가 돌아왔을 때에 어머니로부터 등을 돌리고 다른 곳을 보며 마치 어머니를 모른다는 듯한 회피하는 행동이 나타났다. 이러한 행동은 재회 후 3일 동안 계속되었으며 어머니들은 아이가 아주 낯설게 느껴진다는 불만을 표명하였다. 그 다음 주에는 어머니와의 관계가 다시 온정의 관계로 발전하였다.

(2) 아이의 내면모델

그렇다면 어찌하여 어떤 아이들은 이렇듯 비정상적인 행동을 보이는 것일까? 어떠한 이유에서 어떤 아이들은 조숙하게 자신의 힘에 의존하려 하며 또 다른 아이들은 감정적으로 다루기가 힘이 드는 것일까? 이는 유아들이 애착관계를 통해 다른 사람과 자신에 대한 이미지를 형성하기 때문이다. 볼비(1977)는 유아들은 타인에 대한 기대를 얼마만큼 양육자를 믿을 수 있는가에 대한 잣대로 가늠한다고 한다. 정상적인 반응을 보이는 아이는 비교적 정서적으로 안정이 되어 있어 어머니가 방을 떠났을 때에도 돌아올 것을 기대하고 어머니가 돌아왔을 경우에는 편안함을 느낀다. 하지만 자신을 돌보는 사람이 자기가 필요할 때에 있어줄 수 없다는 불신이 전의 경험에 의하여 생긴 경우에는 불안해 하거나 불안정한 애착관계가 형성된다.

이렇듯 불안정한 애착관계가 생기는 이유는 유아들이 어렸을 적에 부모로부터 잘못 키워졌기 때문이다. 한 연구에서는 아이들 중에 자신이 필요로 할 때에 어머니들의 부재현상을 경험하였거나, 또는 무관심한 어머니를 두었거나, 또는 학대를 받았던 아이들과, 정상으로 키워진 18개월 된 아이들을 비교 분석해 보았다. 학대나 무관심 속에서 키워진 유아들에게서 정서적으로 불안정한 경우를 많이 발견했으며 더구나 어머니가 우울증이나 정신분열증의 증세가 있었던 유아들에게서는 정서적으로 불안정한 아이들이 더더욱 많았다.

(3) 자율성과 애착관계

그렇다면 어떠한 양육방법이 아이들의 자율성과 독립심과 자신감을 길러 줄 수 있는 최선의 방법인가가 궁금하지 않을 수 없다. 행동과학의 방법으로 아이들을 바람직한 행동으로 강화하는 것이 좋을지, 아니면 그들 자신의 행동에 의존할 수 있도록 만드는 자율적인 방법이 좋은 것인지, 아니면 부모들이 유아들과 애착관계를 형성하여 그들의 독립심과 자율성의 정도를 높여 주는 것이 바람직한 방법인지가 궁금하다. 모든 이론이 그 나름대로의 장점을 지니고 있지만 애착관계를 주장하는 심리학자들은 유아가 부모와 안정적인 애착관계가 성립됐을 때에 자율성에로의 도전을 한다는 것이다. 이에 따라 애착관계를 맺을 수 있는 부모가 주변에 있다는 것이 상당히 중요하다. 항상 자신이 버림을 받을 수 있다는 부담을 갖고 자란 아이는 자율성, 독립심 및 자신감에 손상이 온다. 사실상 유아 보호소에 한번 맡겨져 어머니와의 분리를 경험했던 아이는 또 다시 보호소에 맡겨졌을 때에 훨씬 더 힘들어 한다. 그들은 첫번째보다 훨씬 더 스트레스를 받으며 안정을 찾는 데 더욱더 힘이 든다(Heinicke & Westheimer, 1965).

아이가 부모를 필요로 할 때에 보살펴 주는 양육형태와 과보호적인 양육형태는 근본적으로 다르다. 아이가 부모를 필요로 할 때에 보살펴 주는 것은 아이의 필요를 충족시켜 주는 것이지만 과보호적인 양육형태는 아이가 필요로 하지 않을 때까지 부모가 옆에서 참견을 하는 것이다. 과보호적인 부모는 항상 아이 옆에 있어 주지만 그 행동이 오히려 아이들의 자율성이나 자신감에 대한 내적인 동기에 상처를 입힐 수가 있다. 결과적으로 아이는 자신의 능력을 믿지 못하게 되어 주변의 도움을 요청하며 자신의 능력에 의심을 가져야 하는 부담을 안고 살게 된다.

그렇다면 부모를 회피하는 유아의 냉담한 행동은 어떠한 이유에서 기인하는 것일까? 어머니를 회피하는 유아는 성인들의 부재에 과연 별로 신경을 쓰지 않기 때문인지, 아니면 어머니의 부재 현상을 불안해 하지 않는 것인지를 알 수 없다. 레빈(Levine,

1982)은 이러한 의문에 해답을 구하고자 다람쥐원숭이 새끼를 6시간 동안 어미로부터 분리시켜 낯선 환경에 두었다. 그 동물은 처음에는 감정이 격정되어 혈압이 상승하고 스트레스에 노출되었을 때 분비되는 아드레날린이 많이 분비되었다. 6시간이 경과한 뒤에 그 동물은 많이 조용해지는 듯 싶었다. 하지만 혈액검사 결과 아드레날린의 분비는 계속 증가하여 그 어느 때보다도 높았다. 사실상 겉으로는 평온한 듯 보였어도 생리적인 지표로서 스트레스 수준은 전혀 평온한 상태가 아니었다.

불안한 행동은 때때로 위장되어 밖으로 나타난다. 불안한 행동이란 사실상 불쾌하기 때문에 이를 밖으로 표출하기보다는 억제하려는 쪽으로 나타나기 때문이다. 예를 들어 고속도로를 운전하다가 예기치 않은 장애물을 만났을 때 상당히 당황하게 된다. 하지만 정신을 바짝 차리고 확고한 결정력으로 차를 잘 조정하여 사고를 면했을 경우, 그 순간에는 상당한 긴장을 느꼈지만 결과는 사고 없이 일이 무난하게 처리되었다. 하지만 그 위기를 모면하고 난 후에 긴장을 풀고 그 당시를 생각하게 되면 진땀이 나고, 떨리며 심장박동이 빨라지는 것을 느낄 수 있다. 이와 같이 현재의 필요에 주의 집중하여 초점을 맞추면 불안한 요소는 억제된 상태가 될 수 있다.

스타인벡(John Steinbeck)의 소설 『분노는 포도처럼』에서도 이와 같은 상황을 묘사하고 있다. 죠드(Joad)의 가족은 경제공황을 맞아 오클라호마에서 캘리포니아로 강제적으로 이주를 하게 된다. 그의 식구들은 털털거리는 낡은 차에 의지하여 아주 힘든 여행을 한다. 그 여행 도중에 할머니를 여의고, 아들은 강물에 떠내려 가고, 딸은 도중에 도망을 해 버린다. 하지만 그들이 목적지에 도착하여 정부가 마련해 준 임시막사에서 정부의 도움을 받으며 인간애와 희망을 느낄 수 있었을 때에 비로소 어머니는 한없는 슬픔을 느끼게 된다. 그녀는 그 험난한 여정에서 그토록 엄청난 사건들을 겪는 동안에는 슬픔을 느낄 여유가 없었던 것이다. 하지만 안전하고 그 어느 때보다도 편안한 시기에 엄청난 슬픔이 밀려오는 것이다. 아이들은 낯선 환경에서 아마도 이러한 과정을 겪게 되는지 모른다. 밖에 나타난 행동으로는 불안해하지 않고 자족하는 것 같이 보여도 생리적으로는 아마도 커다란 스트레스를 받고 있는 것이다.

3. 혼란된 애착 형태

메인과 캐시디(Main & Cassidy, 1985)는 애착된 행동모형에서 유아의 혼란한 반응에 대하여 언급한다. 낯선 환경에 아이를 두고 떠났던 어머니가 돌아왔을 때 아이가 상당히 혼란스러워 하는 반응을 보이는 것은 아마도 다른 사람에게는 이상하게 보일 것이다. 어떤 아이는 아주 느리게 어머니 쪽으로 옮겨가고 또 다른 부류의 아이는 소리지르며 크게 울다가 어머니가 나타났을 때에 갑자기 몇초 동안 울음을 딱 멈추거나 아니면 어떤 아이는 어머니로부터 멀리 도망을 가는 경우가 이 부류에 속한다. 회피하거나, 반항하거나, 또는 이해할 수 없는 애매모호한 행동을 하는 것이다. 이는 미래에 다가올 수 있는 실망을 회피하려 하는 행동이거나 목적적으로 어머니의 반응을 받고 싶어하는 행동과는 달리, 유아들이 스트레스를 견디지 못하고 어머니에게 어떻게 반응을 할지에 대하여 모르기 때문에 혼란한 반응을 보이는 것이다.

이렇듯 혼란된 반응은 대체로 아이가 학대를 받았다든지, 아주 심한 스트레스 속에 있다든지, 또는 부모가 정신적으로 혼란한 상태에 있을 때 나타난다. 혼란된 반응을 보이는 유아들의 분포는 중상층보다는 중하층의 집단에서 더 많이 나타나는 것으로 연구되었다(Jocobitz, 1999). 어머니가 낯선 환경에 유아를 두고 떠난 후 30분이 경과했을 무렵에 타액을 검사한 결과 부모와 안정적인 애착관계가 형성된 유아보다도 혼란된 유아에게서 아드레날린이 훨씬 높은 강도로 검출되었다.

이렇듯 혼란된 반응을 보이는 경우의 유아들은 과거에 애착관계를 가져야 할 사람에게서 많이 놀랜 경험을 한 유아들이다. 유아를 편안하게 해 주어야 하는 사람이 유아를 위협했거나, 또는 이해하기 어려운 상반되는 행동을 하였을 때에 유아들은 자기를 돌보는 사람에게서 편안함을 구해야 할지 아니면 앞으로 닥칠 위협을 피해 그 사람을 회피해야 할지를 결정하기가 힘이 든다. 이러한 반응을 보이게 만드는 몇 가지의 원인이 있는데 그 중에서 가장 심한 경우는 신체적인 학대를 받은 유아들이다. 중하층에서 학대를 받고 자란 유아 중에 82%가 혼란된 반응을 보였다. 또 다른 경우는 양육자가 무의식적으로 유아를 놀라게 했을 경우에 혼란된 반응을 하게 된다. 예를 들어 어머니가 아이와 장난하려는 의도로 아이 뒤에 가서 갑자기 이상한 소리를 낸다든지, 이를 허옇게 드러내고 찌그러진 표정을 한다든지 하는 것은 유아를 놀라게 하는 이유가 된다. 또한 다른 경우는 어머니가 심하게 두려움을 타기 때문에 공포로 어쩔 줄 모르고 나이어린 유아에게 매달려 자신이 공포로부터 보호받으려는 경우도 유아를 혼란하게 만드는 이유 중의 하나이다.

아이가 학대를 받고 자라나면 대체로 인간관계에서 어려움을 겪는다. 다른 아이를 쉽게 공격하고 집단에서는 소외되며, 우울해지고, 사람들을 회피하는 등의 행동을 보인다. 이들이 성인이 되어 부모가 됐을 경우 자신의 아이에게 자기가 당한 것과 같이 학대하는 부모가 될 가능성이 높다. 자신의 경험을 그대로 답사하는 것이다.

부모와의 관계가 혼란하게 성립된 아이들이 성장하여 공격적이 된다는 일이 사실인지 또한 이것이 사실이라면 과연 어떠한 증거로 이러한 사실을 증명할 수 있는지가 궁금하다. 부모와의 애착관계를 연구한 학자들은 혼란된 관계가 성립된 아이들은 같은 사람이 어떤 때는 위안과 평안을 제공하고 다른 때에는 위협과 공포를 제공하기 때문에, 긍정적인 편안함과 부정적인 공포 분위기를 같은 사람에게서 경험할 경우에 생긴 현상이라는 것이다. 이 두 가지 이미지가 서로 상반되기 때문에 아이는 이를 통합하기가 어렵고 분열된 이미지를 같은 사람에게서 느끼는 것이 문제가 된다. 이러한 결과는 갑자기 단절된 행동과 느낌 그리고 생각으로 나타나는 결함을 가진 성격의 사람으로서 성장될 가능성이 높다. 이러한 이유에서 혼란으로 맺어진 관계는 주의를 기울일 필요가 있다(Levine, 1982).

4. 애착관계의 안정성과 예견된 가치

아이의 나이가 12개월에서 18개월에 이르는 동안에 가족의 스트레스 정도가 일정수준에 있었다면 애착관계는 상당히 안정적으로 이루어졌을 수 있다. 램, 톰슨, 가드너 및 차노프(Lamb, Thompson, Gardner 및 Charnov, 1985)는 유아의 처음 테스트 결과 안정적 애착(혹은 불안정 애착) 관계가 얼마의 시간이 경과한 후에 다시 테스트했을 때에 안정(혹은 불안정)으로 애착된 관계로 지속성이 있었다면 이는 어머니와 유아의 관계가 안정적으로 이루어졌기 때문인지 아니면 유아의 기질 때문인지를 알아내기 위하여 연구를 수행하였다. 예를 들어 회피하는 유아는 기질적인 이유 때문인지 아니면 사람들(어머니를 포함한)에게서 흥미를 느끼지 못하기 때문인지를 분별할 수 없다는 것이다. 어머니가 방에서 떠나든지 아니면 다시 들어오든지 별로 관심을 보이지 않는 회피성향을 생리적인 가설에서는 유아의 회피 성향은 선천적으로 타고 난 기질적인 것으로 후천적으로 어머니와의 관계 때문이 아니라고 주장한다.

생리적인 가설이 맞는다면 테스트를 위하여 아이를 낯선 곳으로 데리고 오는 사람이 누구라도 상관없이 아이의 반응은 같아야 한다. 하지만 만약에 후천적으로 이루어진 사람과의 관계 때문이라면 유아를 데려오는 사람에 따라 그 결과가 달라지는 것이 마땅하다. 많은 연구가 생리적인 선천적인 면과 후천적인 관계를 가지고 연구를 하였는데 유아의 반응은 이 두 가지 면에서 전혀 상관관계를 찾을 수 없었다. 아이의 반응은 부모의 어느 쪽과 함께 나타나느냐에 따라 달라졌다. 임상을 하는 병원관계자에 의하면 아이들이 치료를 위하여 병원에 왔을 때에 어느 쪽의 부모와 동행했느냐에 따라 분리과정이 훨씬 힘들어졌다고 한다(Patterson & Moran, 1988).

아이가 낯선 곳에서 어떻게 반응하느냐는 그 아이가 일상생활에서 얼마만큼의 스트레스를 받느냐와도 관계가 있다. 아버지가 직장을 잃었다든지, 부모가 이혼을 했다든지, 아니면 부모가 병중에 있다든지 할 경우에 아이와 부모의 애착관계는 훨씬 더 불안정하게 이루어진다. 이러한 결과를 보더라도 아이의 애착관계는 기질 때문에 생기는 것이라고 말할 수 없다.

(1) 기질의 역할

기질이란 생리적으로 결정되는 성향을 의미하는데 자라는 과정에서 성숙과 경험을 통해 변경이 가능하다. 기질의 한 성향은 유아가 일반적으로 자극에 어떻게 반응하느냐에 따라 결정되는데 어떤 유아는 자극에 대해 다른 유아보다 민감하게 반응한다. 또 다른 기질적인 성향은 유아의 스트레스에 대한 경향이다. 스트레스 성향이 짙은 유아는 쉽게 분노하고 짜증을 부리며 다른 아이들보다 훨씬 더 쉽게 울음을 터트린다. 어린 시기의 스트레스란 두려움과 분노의 전제조건이라고 할 수 있다.

기질은 유아의 앞날에 두 가지 중요한 효과를 부여할 수 있다. 그 하나는 아주 똑같은 상황에 처했다 할지라도 스트레스를 많이 느끼는 성향의 유아는 보통 유아보다 훨씬 더 위협을 받는다. 이렇듯 위협의 경험을 다른 아이들보다 많이 한 유아는 보통 아이들이 위협을 느끼지 못하는 사건에서도 많은 위협을 느끼게 된다. 이에 따라 조용하고 안정적이고 평온한 환경이 스트레스에 쉽게 노출될 수 있는 경향이 있는 유아들에게서는 상당히 중요한 조건이 된다. 또 다른 하나는 유아를 기르는 사람이 스트레스 성향이 있는 아이와 보통의 아이를 다르게 대한다는 것이다. 평온한 아이들을 양육하는 것은 스트레스성향의 아이들보다 훨씬 쉽다. 평온한 아이들은 달래기가 쉬워서 기르는 사람이 자신감을 갖고 키울 수 있는 데 반해 스트레스성향의 유아들은 달래는 것도 어려울 뿐만 아니라 기르는 사람이 그 아이를 기르는 데에 힘이 많이 들어 자신감을 갖기가 어렵다.

까다로운 성격으로 태어난 아이를 한 살이 되었을 때 낯선 환경에서 테스트를 했을 경우 부모와의 관계가 불안정하게 이루어졌다고 하면 그 이유가 타고난 기질 때문인지 아니면 부모의 양육태도 때문인지 그 원인을 알 수가 없다. 이를 알아내기 위하여 반 덴 붐(Van den Boom, 1989)은 태어난 지 10일에서 15일경이 되는 30명의 유아를 대상으로 연구를 하였다. 연구대상은 15명의 까다로운 성격으로 태어난 유아와 15명은 보통의 성격으로 태어난 유아였다. 대상 유아들은 중하층 계급의 신체적으로 건강한 유아들이었다. 처음의 6개월 동안은 집안에서 그 유아들을 관찰하였다. 6개월 후에 까다로운 성격으로 태어난 유아들의 어머니들에게 그 유아들의 양육에 대하여 설명을 해달라고 부탁했다. 예견한대로 그 아이들은 상당히 키우기가 어려웠다고 말했다. 더구나 그 유아들의 어머니들은 보통의 다른 유아의 어머니들에 비해 유아들을 키울 때에 많이 소홀했다. 즉 유아들이 울어도 그대로 방치하는 사례가 많았다. 이 유아들이 12개월이 되었을 때에 낯선 실험실에서 테스트를 한 결과 보통의 아이들은 안정적으로 부모와의 관계가 성립된 반면 까다로운 성격으로 태어난 유아들의 반 이상이 부모와의 관계가 불안정하게 이루어진 것으로 나타났다.

반 덴 붐은 이렇게 애착이 불안정하게 이루어진 관계의 부모를 훈련하여 그 관계를 바꾸어 보려는 시도를 하였다. 그녀는 600명의 유아들을 검사하여 100명의 성격이 까다로운 유아를 찾아내었다. 이 유아들의 연령은 6개월에서 9개월 정도였다. 이들 어머니 중 반은 훈련을 실시하였고 반은 아무런 훈련도 하지 않은 채 방치하였다. 훈련의 내용은 각 어머니들이 유아의 필요에 민감하게 반응하는 행동으로 구성되었다. 유아들의 스트레스 요인을 제대로 지각하고 이해하여 유아에게 효과적으로 대응할 수 있도록 한 훈련 내용이었다. 이 훈련의 목적은 단순히 유아를 효율적으로 키우는 데에만 있지 않고 아이가 짜증을 내는 것은 다만 어머니의 양육태도의 실패 때문만이 아니라 유아의 기질 때문이라는 것을 알리는 데에도 그 목적이 있었다.

훈련을 받은 어머니는 유아가 9개월이 되었을 때에 관찰대상이 되었다. 훈련을 받은 사람은 훈련을 받지 않은 사람에 비해 유아의 행동을 잘 이해하여 그들을 다루고 있었다. 그 유아들은 사회성도 있었고, 탐구하려는 능력도 있었으며, 적게 울었다. 그 유아들이 12개월이 되었을 때에 낯선 환경에서 테스트를 하였다. 훈련된 어머니에게서 양육된 유아는 보통 유아와 구분이 되지 않을 정도로 정상적인 행동을 하였고, 이 중 68%는 안정적인 애착관계를 나타내고 있었다. 한편 훈련을 받지 않은 어머니에게서 양육된 유아들도 9개월이 되었을 때에 관찰을 하였는데 이들은 유아의 필요에 민감하지 못했다. 훈련을 받지 못한 어머니들은 유아들의 부정적인 행동에는 반응을 하였으나 긍정적인 행동에는 반응을 하지 않는 것으로 나타났다. 이렇게 키워진 유아들을 12개월이 되었을 때에 낯선 장소에서 테스트를 한 결과

72%의 유아들이 어머니와의 관계가 불안정한 것으로 나타났다. 훈련을 받지 않은 어머니들은 유아들이 까다로운 기질을 갖고 있기 때문에 이 아이들을 키우는 데 포기를 한 상태로 방치하여 아이들과 불안정한 관계로 발전하였다. 이 연구로 미루어 불안정한 애착관계는 유아의 기질 문제만으로 국한할 수 없고 기질과 환경의 결합으로 이루어진 결과라고 할 수 있다.

레서스 원숭이의 연구가 이를 뒷받침해 주고 있다. 레서스 원숭이가 태어났을 때 스트레스에 대처하는 정서적인 기질은 각 원숭이마다 다르다. 수오미(Suomi, 1999)는 한 집단의 원숭이는 감정적으로 흥분을 잘하고 다른 집단의 원숭이는 보통으로 반응하는 두 집단의 원숭이를 관찰하였다. 또 하나는 어미의 새끼 양육 태도가 다른, 즉 새끼를 정성으로 보살피는 어미와 보통으로 보살피는 어미를 구분하여 새끼 원숭이가 태어나자마자 곧 이 두 종류의 어미에게 나누어 양육시키도록 실험하였다. 실험은 두 종류의 새끼원숭이와 두 종류의 어미원숭이를 교차하여 4집단(강팍한 성질의 원숭이새끼와 새끼를 잘 보살피는 어미집단, 강팍한 성질의 원숭이와 보통으로 새끼를 양육하는 어미집단, 성격이 보통인 새끼 원숭이와 새끼를 잘 기르는 어미원숭이 집단 및 성격이 보통인 새끼와 보통으로 새끼를 기르는 어미집단)으로 나누어 양육하게 하였다. 새끼들이 6개월이 되었을 때에 모든 원숭이들을 한 곳에 위치하고 그들의 행동을 관찰하였다. 그 결과 어미의 양육태도가 정서적으로 흥분을 잘하는 새끼에게 극적인 효과를 가져왔음을 확인할 수 있었다. 보통으로 양육하는 어미밑에서는 성장한 새끼의 경우에는 정서적으로 주변의 조그만 방해에도 쉽게 흥분하고, 주변을 탐색하는 준비가 되어 있지 않았으며, 원숭이

사회에서 그 위계가 밑바닥에 속해 있었다. 하지만 새끼를 정성껏 보살피는 양부모 밑에서 성장한 새끼들은 어미를 비교적 일찍 떠났고, 주변환경을 탐색하는 준비가 되어 있었으며, 위계적으로도 높은 위계에 속해 있었고, 행동장애는 보이지 않았다. 그들이 성장했을 때 암컷은 자신을 키워 준 양어미의 양육태도를 본받아 그들의 새끼를 키웠다. 기질적으로 흥분을 잘하는 새끼 원숭이에게는 어미의 좋은 양육태도가 상당히 유익했음을 알 수 있다.

(2) 지속적인 효과

그러면 애착관계의 효과가 유아가 탄생한 후 첫 2년에 국한되는 것인가, 아니면 이 관계의 영향이 인생의 과정에서 지속적인 것인가에 대하여 궁금하지 않을 수 없다. 타인에 대한 개념은 유아가 탄생한 첫 2년에 이루어진다. 유아가 얻은 다른 사람에 대한 이미지는 아이가 성장한 후 인간관계의 상호작용에 영향을 미친다. 만약에 유아가 생각하기를 타인들은 적개심을 가졌다고 느끼고 있다면 그 아이는 신경질적일 것이다. 그러면 타인들은 그 유아의 신경질에 대해 거부반응을 보일 것이고 이러한 경우에 그 아이는 자기충족의 예언(self-fulfilling prophecy)에 젖어 있을 것이다. 이에 따라 어린 시절에 형성된 기대와 신념과 태도 때문에 유아의 애착관계가 인생에 계속하여 영향을 미칠 수 있다고 생각할 수 있다.

다른 한편 유아의 어린 시절에 생긴 애착관계는 시간이 경과함에 따라 변경될 수 있다. 새로운 경험이 인간의 기대와 신념

그리고 태도를 변화시킬 수 있기 때문이다. 그 첫째는 유아의 현실 감각이 변화될 수 있다. 어릴 적에 키우기가 힘이 들어 짐스럽게 느껴졌던 아이가 아주 쾌활한 초등학생이 될 수도 있고 유아 때 아주 지극 정성으로 아이를 키워 온 부모가 아이의 끝없는 고집에 탈진될 수도 있다. 둘째는 새로운 스트레스 요인이 생기고 낡은 스트레스 요인은 사라질 수 있다. 가족성원이 병에 걸린다든지, 경제적인 어려움에 봉착한다든지, 아니면 결혼생활에 문제가 생긴다든지 하는 문제가 애착관계를 부실하게 만드는 요인이 될 수도 있고 또는 처한 상황이 개선되어 어릴 적에 문제가 있었던 부모와의 관계가 개선이 될 수도 있다. 셋째는 유아의 지적인 발달로 인하여 어머니의 행동을 지각하는 데에 변화가 생기는 것이다. 한때는 강압적인 힘으로 유아를 키우는 것과 같은 사람이 지금은 상당히 유약하고 적절한 사람으로 보이고 또한 한때는 상당히 믿음이 가지 않고 주의집중력이 흐트러져 보였던 사람이 정직하고 착한 사람으로 보일 수도 있다. 마지막으로 생리적인 조건으로 좋은 면이 더해질 수도 있고 아니면 좋지 않은 면이 더해져 이러한 조건이 유아의 인상에 영향을 주어 다른 사람에게 받아들여지는 데 영향을 미친다. 전에는 평범한 외모 때문에 전혀 눈에 뜨이지 않던 아이가 성장하면서 잘 생겨지고, 지적이며, 사회성이 발달되고, 스포츠에도 뛰어날 수가 있다. 아니면 전에는 상당히 잘 생겨서 눈에 뜨이던 아이가 주의가 산만하고, 학업에 장애가 있으며, 사회성이 부족하고, 신체적으로도 볼품없는 아이로 바뀔 수가 있다. 12개월에서 24개월이 되는 동안에 얻어진 안정된 부모와의 애착관계는 인생을 약속하는 것 같아도 인생의 항로에서 이는 언제나 바뀔 수 있다. 이러한 이유에서 한 번 얻어진 안정된 애착관계가 지속적으로 성공적인 인생으로의 약속이 될 수 있다고 말하기는 어렵다.

호로윗즈(Horowitz)는 애착관계에 대한 지속적인 영향에 관한 연구들을 종합하여 다음과 같은 말을 하였다. 부모와의 애착관계가 안정적으로 이루어진 유아들은 어머니와 외부의 상황에 대하여 긍정적인 태도가 형성된다. 그들은 불안정한 애착관계가 형성된 유아들에 비해 욕구불만과 공격성을 적게 표출한다. 모든 일에 열성적이고 어머니가 원하는 방향으로 순응한다. 유아가 태어난 후 일년 동안에 어머니와의 애착관계가 성립된 유아들은 두 번째 해에 애착관계가 이루어진 아동보다 훨씬 더 안정감을 보인다. 하지만 측정한 시간 간격의 격차가 크면 클수록 이러한 상관관계의 계수는 줄어든다.

지속적인 애착관계에 대한 의견은 분분하다. 한 부류의 학자는 유아가 12개월이 되었을 때 부모와의 애착관계가 성장한 후 학교의 사회생활과 밀접한 관계가 있다고 말한다. 메인, 캐프란, 캐시디(Main, Kaplan & Cassidy, 1985)는 12개월이 되었을 때에 부모와의 분리를 경험하였던 6세 된 유아들을 대상으로 연구를 하였다. 연구자들은 부모가 2주 동안 여행을 하기 위해 아이를 집에 두고 떠나가는 그림을 만들어 그 아이들의 반응정도를 살폈다. 부모가 떠나고 나면 외롭거나, 두렵다거나, 화가 날 것이다, 또는 슬플 것이다 라는 반응은 적절한 반응이라고 보았다. 하지만 자신의 감정을 이야기할 수 없다거나 또는 의미 없는 "위위위위"와 같은 소리를 지를 때는 부적절한 반응으로 보았다. 또한 그림 속에 있는 아이가 부모가 떠난 후에 무슨 일을 할 것이라고 생각하느냐는 물음에 "그들을 떠나지 못하게 할 것"이라는 것과 같이 건설적인 대답을 할 경우에는 건전한 상황이고, "죽일 것이다" 또는 "도망을 갈 것이다"라는 대답은 부적절한 대답으로 분류하였다. 이 연구 결과 12개월 때에 부모와의 애착관계와 이 연구의 결과 간에는 상당히 높은 상관관계를 나타내었다.

하지만 많은 연구들은 어린 시절 부모와의 애착관계 상황이 성장과정에서 지속적으로 나타난다는 결과를 내어놓는 데 실패하고 있다. 이렇듯 연구결과가 서로 다른 데에는 아마도 연구방법상 다음의 세 가지 이유 때문이 아닌가 한다. 그 첫째는 많은 연구들이 애착관계를 연구하는 데서 유아들을 세 가지, 즉 안정적인 관계, 회피하는 관계, 반항과 양가적인 관계로 구분하였다. 성장하여 성격장애로 발전할 가능성이 높은 혼란한 관계에 대한 분류를 포함한 연구는 그리 많지 않다.

두 번째로는 많은 연구들이 유아와 부모의 애착관계를 단 한 번(주로 12개월에서 18개월 사이에)의 측정 결과로 훗날 아이의 행동과 상관관계를 도출하려고 했다는 점이다. 한 번의 테스트로 분류했다는 것은 여러 번의 테스트 결과와 비교할 때에 신뢰도가 많이 떨어진다. 위에서 언급한 바와 같이 스트레스의 요인은 유아의 인생에서 지속적이지 못하기 때문에 낯선 상황에서 유아의 행동에는 유동성이 있게 마련이다. 3번 정도(12개월, 18개월, 24개월)의 평가로 유아와 부모와의 애착관계를 분류했다면 이 결과는 유아의 앞날을 예견하는 데 훨씬 좋은 분류자료가 될 것이다. 세 번째로는 연구 대상의 아이들이 문제가 없는 그리고 부모들이 자신의 아이들을 자랑삼아 테스트의 대상으로 허락하는 미국의 중상층의 아이들로 이루어졌다는 점이다. 하지만 이러한 중상층의 유아들은 부모와의 관계가 대체로 안정적인 애착관계 상태이기 때문에 불안정한 상태도 아닐 뿐만 아니라 훗날에 이상행동으로 발전할 가능성이 별로 없는 아이들이다. 연구를 수행할 때에 연구대상의 표본 수가 많아야 통계적으로 의미 있는 결과가 나오는데 소규모의 연구대상으로 실시한 연구는 통계적으로 의미 있는 결과를 도출하기가 힘이 들기 때문에 통계학상으로 아마도 과장했을 경우도 배제할 수 없다. 사실상 많은 연구들이 연구대상을 잘못 선정하여 유아의 어린 시절 부모와의 애착관계와 성장 후의 결과를 도출하는 데에 실패를 하는 경우가 많다.

또 한편 한 부류의 연구자들은 저소득층, 즉 더럽고 위험한 환경에서 자라는 아이들을 대상으로 연구를 하였다. 어려서부터 아버지의 부재가정, 무직의 어머니 또는 심리적으로 손상된 부모 밑에서 자라는 아이들이 연구대상이었다. 이러한 가정은 계속되는 스트레스 속에서 생활하고 있어 그 결과로 유아들은 부모와의 애착관계가 불안정하게 이루어져 있으며 성장하여서는 대체로 비행을 저지르게 되는 경우가 많다. 이러한 조건의 유아를 대상으로 실시한 연구는 기본적으로 애착관계가 불안정한 유아들을 찾아 내기가 비교적 쉽다. 이런 종류의 연구들은 위에서 언급한 세 가지의 연구방법 중 하나를 활용하고 있는데 이는 혼란적인 관계의 아동을 포함하거나 적어도 한 번 이상의 평가로 아동들의 부모와의 애착관계를 분류하거나 또는 연구대상의 유아들을 저소득층 어려운 환경의 유아를 표본으로 했다.

5. 불안정한 애착관계와 아이의 성격장애

어린 시절 불안정한 부모와의 애착관계가 과연 훗날에 아이의 성격장애와 상관관계가 있는 것일까에 대한 문제는 중요한 연구의 대상이다. 이 문제에 대해서 심리학자들은 불안정한 애착관계와 스트레스가 합쳐졌을 때 대체로 그렇게 되기가 쉽다는 의견이다. 즉, 스트레스의 요인들이 합쳐졌을 때 성격장애로 발전하고, 불안정한 애착관계가 또 하나의 스트레스 요인이 될 수 있다는 것이다. 더구나 자신과 타인에 대하여 부정적인 견해를 가지고 있는 경우에는 스트레스는 더 큰 문제로 발전할 수 있다.

(1) 여러 가지 원인에 의한 성격장애

성격장애의 증상은 여러 가지 원인에서 기인될 수 있다. 만약에 아이가 화를 내고, 반항하며, 반목하고, 원한을 품으며, 의도적으로 눈에 거슬리는 행동을 한다면 어떠한 이유에서 그 누구에게 화가 나 있는지를 알아야 한다. 어떤 종류의 인간관계를 전에 경험하였기에 아이가 이토록 욕구불만이 되어 있는가도 의문의 대상이 될 수 있다. 아마도 이렇듯 욕구불만의 아이는 양육자에게 좀더 자기를 위해 준비되어 있고, 믿을 만하며, 위안을 해 주는 애착관계를 바라는지도 모른다. 아니면 과잉 보호하는 부모로부터 분리되어 독립심과 자율성과 같은 자유를 원하고 있는 것일 수도 있다. 불안정한 애착관계가 성격장애와 관계가 있을 것이라고는 하지만 반드시 그런 것은 아니다. 유아가 어떠한 이유에서 화가 나 있는지를 알 수 없는 한, 유아의 성격장애를 이해하기는 불가능하다.

(2) 성격장애로의 위험요인

성격장애가 될 수 있는 요인을 크게 네 가지 범주로 나누어 볼 수 있는데 그 첫째는 부모와의 불안정한 애착관계이다. 불안정한 애착관계는 아이가 부모에 대한 믿음을 가질 수 없어 불안한 정서를 가지고 성장할 수 있기 때문이다. 두 번째는 유아의 성격성향이 스트레스에 쉽게 노출될 수 있는 경우를 의미한다. 예를 들어 아이가 기질적으로 화를 잘 내거나, 병을 앓거나, 또는 신체적으로 비정상적이거나, 불구이거나, 못생겼을 경우에 친구로부터 따돌림을 받게 된다. 이는 애착관계와는 큰 상관이 없으나 이러한 거부적인 반응을 주위로부터 받을 경우에 유아들은 상당한 스트레스를 받는다.

세 번째 범주는 스트레스의 요인이 애착관계와는 직접적인 상관이 없는 집안환경에서 비롯된 경우를 의미한다. 집안의 경제적인 사정이 빈곤하다거나, 식구의 안전에 영향을 미치는 비극적인 사건으로부터의 스트레스, 또는 이웃으로부터의 직접적인 위험 등은 불안정한 애착관계와 구분되는 스트레스 요인들이다.

마지막 범주는 부모가 유아를 돌보거나 또는 집안 일을 돌보는 데 미숙한 경우이다. 예를 들어 아이를 다룰 때에 유난히도 거칠게 다루거나 벌을 주는 부모, 또는 상당히 비판적이고 통제를 하려는 부모 그리고 유아를 체계적으로 지도해 주지 못하는 부모를 일컬어 미숙한 부모라 할 수 있다. 설령 부모가 유아의 필요에 민감하게 반응해 주며, 사랑으로 키워서 안정적으로 부모와의 애착관계가 이루어졌다 하더라도 훗날에 유아가 독립을 시도할 때에 부모와의 갈등 때문에 발생되는 좌절이 스트레스의 요인이 될 수 있는 것이다.

위에서 언급한 4가지, 즉 불안정한 애착관계, 스트레스를 잘 유발하는 기질, 집안환경에서 오는 스트레스, 부모와의 갈등 등은 서로 다른 범주이다. 이 요인들은 위험한 요소를 잉태하고 있다. 이 위험한 요인의 비중이 크면 클수록 성격장애자로 성장할 가능성이 높다. 이 모든 요인은 서로 독립되어 있는 것이 아니다. 신체적으로 학대를 받은 유아는 몇 가지의 스트레스가 연결되어 있을 수 있다. 부모와의 불안정한 애착관계, 집안의 폭력, 부적절한 양육 태도, 또는 부모의 정신질환 등이 서로 상관관계를 이루고 있을 수 있다. 신체적인 학대는 특히 무서운 것인데 이는 여러 가지 복합적인 요인의 스트레스를 유발하기 때문이다.

오랫동안 불안정한 애착관계를 지속해 온 사람은 특히 유해할 수 있는데 이는 비합리적인 신념과 기대가 다음의 인간관계에 해가 될 수 있기 때문이다. 불안정하게 애착관계가 이루어진 사람들은 버림을 받을 것에 대한 두려움 때문에 자신이 거부당하지 않으려는 노력을 함에도 불구하고 자기도 모르는 사이에 그토록 두려워하는 버림을 당하게 된다. 안정적인 애착관계를 맺은 사람은 스트레스를 견딜 수 있는 내성이 있는 반면에 불안정한 애착관계를 맺은 사람은 스트레스를 견딜 수 있는 내성이 약하다. 이러한 이유 때문에 불안정한 애착관계가 성격장애의 직접적인 원인이 되지 않는다 하더라도 다른 스트레스 요인의 유인책이 되어 이 모든 것이 서로에게 영향을 미쳐 성격장애자로 발달할 수 있다.

(3) 성격장애의 전제조건

성격장애자가 될 수 있는 몇 가지 원리를 살펴보면 그 첫번째는 불안정한 애착관계 하나만으로는 성격장애자가 될 수 없다는 것이다. 예를 들어 유아가 18개월이 되었을 때에 회피반응을 보였다고 성격장애로 이어진다고 말할 수 없다. 하지만 신체적으로 학대를 받은 유아가 불안정한 애착관계로 맺어져 있고 집안 식구의 폭력을 경험하였다면 성격장애로 이어질 가능성이 높다. 그 두 번째 원리는 성격장애는 어느 한 가지 이유만으로 병으로 발전하지 않는다는 것이다. 유아가 반항적인 행동을 보일 때에는 그 이유가 부모의 보살핌이 부적절했기 때문이기도 하고, 부모와의 애착관계에 대한 욕구불만 때문이기도 하며 또는 반대급부로 부모로부터 분리하여 독립하려는 의지가 좌절되었기 때문이기도 하다. 세 번째 원리는 어느 특정한 위험요인이 항상 같은 상황으로 나타나지 않는다는 것이다. 세 명의 유아가 우울증의 어머니를 두었고, 신체적으로 아동을 학대를 하는 아버지를 두었고, 부모와 불안정하게 애착관계가 이루어졌다고 세 명의 유아가 똑같은 증세를 보이지는 않는다. 한 명은 상당히 불안해할 수 있고, 다른 한 명은 우울증에 걸리며, 또 다른 하나는 공격적이 될 수 있다. 두 명의 형제가 한 명은 기질적으로 약하고 예민하고 잘 놀라는데 비해 다른 하나는 억세고, 냉담하며, 뚝심이 있다면, 이 두 명의 형제가 비슷한 스트레스에 다르게 반응을 한다는 것은 당연한 일이다.

(4) 애착관계와 성격장애에 관련된 연구들

불안정한 애착관계와 다른 스트레스가 혼합되어 성격장애로 발전한 경우를 살펴보면 다음과 같다. 미국의 미네소타에서 부모와 유아의 관계에 대한 장기적인 연구를 수행하였다(Egeland & Sroufe, 1981: Erickson, Sroufe, & Egeland, 1985: Sroufe, 1983). 이 연구는 홀어머니에게서 키워지는 174명의 위험정도가 높을 유아들을 대상으로 하였다. 유아들은 회피 집단, 안정적인 집단, 양가적인 집단으로 분류되어 12개월과 18개월이 됐을 때에 낯선 상황에서 부모와 분리시켰다. 유아들을 두 번씩 평가하여 유아들이 적절한 집단에 소속되어 있는지를 확인하였다. 이 유아들이 성장하여 유아원에 다닐 때와 초등학교에 다닐 때, 또는 청소년 시기에 다시 연구대상으로 삼았다. 유아들 중에 처음 측정했을 때에 불안정한 애착관계를 나타내었던 아이들은 훗날에 안정적인 애착관계를 맺은 아동들에 비해 친구와의 관계도 좋지 않았고, 스트레스에 훨씬 강도 높게 반응하였으며, 공격성과 우울증세도 보였다. 10~11세 47명의 아이들을 여름캠프에서 관찰하였다. 유아기에 안정적인 애착관계를 나타내었던 아동들은 사회성이 발달하여 자신감을 가지고 있었으며 캠프의 상담원들과도 원만하게 상호작용을 하였고 다른 사람에게의 의존도도 낮았다.

또 다른 연구에서는 우울증의 양육자에게 키워져서 성격장애가 될 수 있는 위험수위가 높은 아이들을 대상으로 연구를 수행하였다. 유아원에서 적의를 나타내는 아이들의 55%는 우울증세를 보인 어머니에게서 자란 관계로 혼란한 애착관계를 가졌던 아동들이었고 안정적인 애착관계를 가진 아동들 중에서는 다만 5%의 아동들만이 적의를 보이는 아이로 성장한 것으로 나타났다. 쇼와 본드라(Shaw & Vondra, 1995)는 12개월이 되었을 때 성격장애자가 될 수 있는 가능성이 높은 유아들이 3세가 되었을 때 어떠한 상관관계를 보이는지를 측정한 결과 유아가 12개월이 되었을 때 혼란된 애착관계를 나타내었고 2세 때에 부모가 기질적으로 상당히 힘든 아이라고 분류했던 아이들에게서 특별히 높은 정도의 공격성이 나타났다.

6. 성인기의 애착관계

애착관계란 성인에게서도 나타나는데 이 경우에는 보통 사랑하는 배우자에게 나타나는 감정이다. 이 애착관계란 사랑할 때에만 나타나는 것이 아니라 배우자가 스트레스 상황에 있을 때 평안을 줄 때도 포함이 된다. 이는 안전과 보장과 평안과 만족의 범주에 드는 애착관계를 의미한다. 배우자가 이혼이나 별거를 결정했을 때에 대체로 상실감과 불안 및 스트레스를 동반한다.

스트레스란 부신선의 아드레날린과 연결되어 있어 특별히 심리적인 스트레스를 받을 경우에 이 호르몬이 방출된다. 이 호르몬이 방출되는 상태가 오래 지속될 경우 생리적으로 해를 받게 된다. 그 하나로는 면역체계가 약해져서 질병에 쉽게 노출된다. 배우자를 잃은 사람의 피를 검사한 결과 면역체제가 약화되어 있는 것으로 나타났다. 배우자를 잃은 사람은 흔히 여러 가지만성병에 걸려 병마와 싸우는 것이 상당히 힘든다. 이와 같이 자신이 외롭다고 생각하는 사람들은 비슷한 결여체제를 가지고 있어 질병에 잘 노출된다. 인생을 사는 동안에 중요한 사람으로부터의 분리는 생리적인 대가를 지불할 수 있다.

(1) 소외에 관한 실험연구

오래 전에 연구된 결과로는 사람들이 다른 사람으로부터 완전히 소외되면 불안해진다는 결론을 내어 놓았다. 실험은 세 가지 부류의 집단으로 나누어 행해졌는데, 제1집단에는 대학생들에게 대가를 지불하고 한 주일을 완전히 소외된 공간에서 살도록 하였다. 각 대학생들은 작지만 채광이 좋고 잘 장식되었고, 냉방장치도 잘 되어 있는 물리적으로는 상당히 안락한 공간이 제공되었다. 이 곳에 읽을 거리도 제공해 주고, 게임도 할 수 있게 하였고, 여행 슬라이드도 볼 수 있게 하였고, 음악을 연주할 수 있는 악기도 제공되었다. 하지만 그 어느 누구의 방문도 허용이 되지 않았다. 제2집단에게는 똑같은 조건이 주어졌지만 방문자의 방문이 허락되었고 텔레비전을 볼 수 있게 하였다. 제3집단은 단순히 때때로 실험실에 와서 테스트만 받았다. 소외된 제1집단의 20%의 학생은 소외된 현상을 참을 수가 없어 실험이 시작된 이틀째에 돈을 돌려 주는 일이 있더라도 그 실험을 계속할 수가 없다고 실험대상에서 탈퇴하였다. 그들은 불안을 호소하였고, 현실감각을 잃는 기분을 느꼈으며, 일부의 학생들은 임시적인 혼란감을 맛보았고 또 한 부류는 허상을 보는 것과 같은 기이함을 느꼈다고 보고했다.

(2) 고독한 세상에서 따뜻함을 느끼는 방법

북극이나 남극을 탐험하는 사람들이나 항해하는 선원들도 비슷한 반응을 보인다. 그들은 사람에 대한 추억 속에서 살기도 하고 때때로는 환상을 보기도 한다. 죠슈아 슬로컴(Joshua Slocum)은 세계 일주를 항해로 한 첫번째 사람인데 그 사람의 고백에 의하면 항해를 한 지 4개월째 접어들었을 때 자신은 달을 향해 말을 하고 있었다고 고백했다. 시간이 지나 그가 더 외로워졌을 때, 그는 마치 온화한 사람이 자신과 같이 있는 것과 같은 착각 속에 있었다고 고백했다. 내스비와 리드(Nasby & Read)는 54세의 나이로 150일 동안 항해 보트로 세계일주를 한 사람에 대하여 연구했다. 그의 항해일지에 항해 후 3일째 되는 날부터 극심한 외로움과 우울증 및 불안한 감정이 생겼다고 보고하고 있다. 처음에는 가끔 집으로 전화를 했으나 통화 후 더 슬프고 외로웠다. 그 자신이 지금의 상태보다 훨씬 더 좋은 것을 누릴 수도 있다는 생각을 하지 않았을 때 오히려 외로움을 견디기가 나았었다고 고백하고 있다. 때로는 책을 읽는 것에 몰두했고 그가 대륙횡단을 했을 때 식구와 친구들과 나누었던 사랑과 따뜻함을 표현할 때에는 통제할 수 없는 눈물이 쏟아졌다고 말한다. 41일째가 되는 때에 그는 자신이 우울함에 대하여 통제를 잃을 것 같아 걱정을 하였었다고 말하고 있다.

베트남전쟁에서 포로가 되었었던 사람이 외로운 감금생활에서 살아 남을 수 있는 방법에 대해 인터뷰를 하였다. 그들이 살아 남는 데 가장 중요하다고 생각한 방법은 사람과의 상호작용을 하고 있다고 상상하는 것이었다. 포로에게 도움이 되는 활동 중의 하나는 감옥간수와 임의로 관계를 맺고 있다고 생각하는 것이다. 예를 들면 감옥을 지키는 간수의 행동을 웃음거리로 만들기 위해 주의 깊게 관찰하며 자신의 적을 중요한 타인으로 만드는 것을 의미한다. 감옥에서 인간관계의 접촉을 할 수 있는 방법 중에는 이웃 포로와 비밀 코드를 만들어 벽을 두드려 신호를 보내는 방법이 효과적인 것으로 나타났다. 이와는 상반되게 혼자서 일기를 쓴다든지 아니면 종교적인 생각으로 명상에 잠긴다든지 하는 것과 같이 혼자서 외로움을 해결하려는 방법은 비효과적인 것으로 판명되었다. 독일 나치의 수용소에 감금되어 사랑하는 가족 및 친지들과 전혀 관계를 가질 수 없었던 사람들이 살아 남을 수 있었던 방법은 다시 가족과 친지들을 만날 수 있다는 기대감 때문이었다고 말하고 있다.

(3) 상실, 고독과 병

소외된 사람들은 여러 방면에서 신체적으로 상당히 취약하다. 미국에서 전국적으로 2년 동안에 걸쳐 실시한 죽음과의 관계에 대하여 연구한 통계를 살펴보면 배우자를 잃은 홀아비와 미망인들이 배우자가 있는 사람들보다 일찍 세상을 뜨는 것으로 집계되고 있다. 배우자를 잃고 세상을 뜨는 사람들의 비율이 암이나 다른 질병으로 사망하는 것보다 높게 나타났다. 미국 캘리포니아에서 9년에 걸쳐 5000명을 대상으로 인간의 수명에 대하여 연구한 결과 결혼한 사람이 미혼인 사람에 비해 수명이 긴 것으로 집계되었다.

이와 비슷한 효과가 이혼이나 별거했을 경우에도 나타난다.

이혼이 건강에 미치는 해로운 영향에 대하여 연구를 하였는데 이 결과 남자가 여자에 비하여 더 좋지 않은 결과를 보이고 있었다.

7. 성인의 애착관계 유형

만약에 성인들의 인간관계 경험이 유아와 같다고 한다면 유아에게 적용되는 원리가 성인들에게서도 적용될 수 있다. 예를 들어, 안정적으로 애착관계가 이루어진 아이들은 다른 사람들에게서 거부당한다는 것을 생각하지 못한다. 이와 같이 안정적인 애착의 인간관계를 가진 성인들은 타인과의 관계를 상당히 긍정적으로 생각한다. 불안정적인 애착관계를 가진 아이들은 아마도 자신에게 관심을 줄 수 없는 성인에게서 관심을 받으려 하는 데에 문제가 있고 또한 이와 같이 불안정한 인간관계를 가진 성인들은 자신에게 관심이 없는 배우자와 인간관계를 가지려는 데 문제가 있다.

대체적으로 유아가 인간관계를 맺으려는 방법은 두 가지로 크게 나누어 볼 수 있는데, 그 첫째는 반항과 양가적인 방법으로 사람들의 관심을 받기 위하여 크게 소란을 피우며 주의를 끌어 보살핌을 받아 가까워지려는 방법이고 또 다른 하나는 회피하는 방법으로 냉담한 반응을 보여 미래에 있을 실망을 예방하려는 방법이다. 성인들에게도 이러한 방식이 적용되는 것일까를 알기 위해 실시한 연구는 세 가지의 문장을 만들어 실험대상에게 반응을 하게 한 것이었다. 하나는 안정적으로 애착된 관계를 나타내는 문장을 그리고 두 개는 불안정적으로 맺어진 애착관계를 나타내는 문장을 만들어 600명(200명은 남자, 400명은 여자)을 대상으로 그들의 의견을 물어 보았다. 그 문장들은 다음과 같다.

안정적(secure) : 나는 다른 사람과 쉽게 가까워지고 그들에게 의존하는 것이 편안하다. 나는 사람들이 나를 거부할 것인가에 대하여 또한 다른 사람이 내게 가까이 접근하는 것에 대해서도 아무런 걱정이 없다.

회피적(avoidant) : 나는 다른 사람에게 가까이 가는 것이 불편하고, 다른 사람을 전적으로 믿지 못하겠고, 그들에게 의존하는데 어려움이 있다. 사람들이 내게 가까이 접근하면 신경이 쓰이고 사랑하는 사람과의 관계도 어느 정도의 간격이 필요하다.

불안과 양가적(anxious/ ambivalent) : 내가 가까이 가려고 하면 다른 사람들이 나의 접근을 싫어하는 것을 느낀다. 나는 종종 내가 사랑하는 사람이 진정으로 나를 사랑하지 않거나 또는 내가 그의 곁에 머무는 것을 싫어한다는 것을 느낀다. 나는 사람에게 가까이 접근하고 싶은데 이러한 현상이 사람들을 두렵게 만드는 원인이 된다.

600명의 대상 중에 56%는 안정적인 관계에 응답을 하였고 25%는 회피적인 관계에 그리고 19%는 불안과 양가적인 관계에 응답을 하였다. 이와 비슷한 경우를 유아를 대상으로 연구한 결과는 62%, 23%, 15%의 응답률을 보였다. 자신을 안정적인 인간관계로 분류한 사람들은 인간과의 관계가 사랑의 관계이고, 행복하며, 우호적이고, 믿음이 가는 관계라는 표현하였다. 그들의 이혼율은 낮았으며 그들의 인간관계는 다른 집단에 소속된 사람들에 비해 오래 지속되었다.

유아들은 대체적으로 2가지의 내면적인 인간관계 모델을 획득하는데 그 하나는 유아가 다른 사람에게서 받는 인상이다. 즉, 다른 사람이 나를 환영하고 받아들인다는 것을 믿을 것인가 아니면 그들이 나를 실망시키고 욕구불만에 차도록 만들 것인가에 대한 생각이다. 다른 사람에게 가까이 가는 것이 안전한 것인가, 아니면 나를 해칠 것인가의 생각에 따라 사람과의 관계가 성립된다. 사람에 대해 부정적인 생각을 가지고 있으면 대체로 사람들과의 거리감을 두게 된다. 또 다른 하나의 내면적인 인간관계의 모델은 자기자신에 대한 이미지가 타인에게 어떻게 비추어지는가에 대한 문제이다. 내가 다른 사람에게 존경의 대상이 될 것인가, 다른 사람이 내 뜻에 따르도록 영향을 미칠 수 있을 것인가, 나는 인간관계를 잘 이끌 수 있는 자신감이 있는 것일까, 아니면 무시당하거나 버림을 받을 것인가 등등이다. 자기자신의 이미지가 부정적인 사람은 인간관계에 자신감이 결여된다. 미래에 있을지도 모르는 거부에 대한 두려움이 인간관계를 망치는 결과를 초래한다. 자신에 대해 부정적인 생각을 가지고 있는 사람은 주관적인 스트레스를 받고, 자신감이 없으며, 불안해 하고, 우울증과 외로움을 느끼며 희망을 갖지 못하고 자신이 희생양이라 생각하며, 미래에 버려질 것에 대해 상당한 스트레스를 받는다. 안정적인 사람은 다른 사람과 친한 관계를 유지하고 혼자 있을 때에도 편안하다. 불안정적인 사람은 다른 사람과 가까워질 수는 있으나 혼자 있을 때에는 불안해 한다. 다른 사람이 자신을 싫어하는 것 같다고 생각해서 사람을 회피하는 사람은 다른 사람과 가깝게 있을 경우에는 힘들어 하고 혼자 있을 때에는 편하다. 이와는 반대로 사람이 두려워서 회피하는 사람은 사람과 가까이 지내는 것도 싫고 또한 혼자 있는 것도 불편하다.

어린 시절이나 성인이 되었을 때 사람과의 애착관계가 어떻게 성립이 되었느냐가 인간관계에 영향을 미치는 관건이 된다. 사람이 일반적으로 다른 사람과의 가까운 관계를 원하느냐, 아니면 거리를 두기 원하느냐, 또는 인간관계에 대한 통제력을 가지고 있느냐, 아니면 거부와 버림을 받는 데 속수무책이냐는 이미 이루어진 애착관계에서 결정된다. 애착관계에 따라 자신과 타인에 대한 이미지가 결정이 되고 그 이미지에 따라 인간관계의 형태가 결정된다. 사람들이 우호적이지 않다고 생각하는 사람은 그런 방향으로 사람을 보게 되고 우호적이라고 생각하는 사람은 사람들의 우호적인 면에 초점을 맞추어 보게 된다. 이렇듯 미리 고정관념을 가지고 사람을 판단하려는 성향이 사람에게서 더한 스트레스를 유발하는 원인이 되는 것이다.

인간의 애착관계는 한 사람의 일생을 통해 막대한 영향력을 행사한다. 특히 유아기 때 부모와의 애착관계는 한 인간이 자아를 통합하여 자신감을 가지고 사회 구성원의 하나로써 그 구실을 충실하게 할 수 있는 기틀을 제공해 준다. 물론 어린 시절 애착관계 하나의 요인만으로 모든 것을 예측할 수는 없다고 하더라도 인생의 시작단계에서의 안정적인 애착관계는 행복한 인생을 시작하는 데 중요한 첫걸음이 되는 것이다.

2
부모의 성격과 양육태도

부모의 양육태도에 따라 아이의 일생이 좌우되는 경우를 우리는 수없이 보아 왔다. 사실상 어떠한 양육태도가 좋다는 정형은 없다. 아이가 성장하면서 겪은 수많은 환경과 변화 요인들의 자극과 영향이 성격형성과 인격과 자질에 큰 영향을 미치기 때문이다. 사람은 6세가 되면 성격형성의 80~90%가 이루어진다고 한다. 그러므로 가정의 환경은 아이의 인생에서 너무나도 큰 몫을 차지하게 되는 것이다. 태어날 때에는 그리 큰 사람이 될 것 같지 않던 아이가 자신의 분야에서 영향력이 큰 사람으로 성장하는 경우도 있고 또는 앞으로 크게 될 것 같은 사람이 아무 일도 하지 못하고 무의미하게 인생을 접는 경우도 있다. 이에 더해 성격파탄자나 또는 범죄자로 낙인이 찍혀 일생을 허비하는 사람도 점점 늘어가는 추세이다. 유전적 요소도 큰 영향력이 있겠지만 어렸을 때에 성장한 가정의 환경과 경험의 요소, 즉 부모의 성격과 양육태도가 큰 영향을 미쳤기 때문이다. 이 장에서는 부모의 양육태도가 아이의 성격형성과 자아실현에 어떠한 영향을 미치는지에 대하여 살펴보고자 한다.

1. 자기애성의 부모

요즘 우리사회는 이기적이고 자기중심적이어서 주변 사람들에게 심한 거부감을 줄만큼 자기 도취에 빠져 자기를 과시하는 건강하지 못한 성인들이 많다. 어떠한 이유로 이들의 성격이 그렇게 형성되었는가를 알기 위해 그 원인을 거슬러 올라가면 대체로 아동기에 자기중심성을 채우지 못해 이루어진 성격인 것을 알 수 있다.

아이들은 그들의 부모로부터 보호와 사랑과 인간으로서의 존중을 받지 못하게 되면 성장과정에서 여러 가지 문제를 일으킬 우려가 있다. "흉을 보면서 배운다"라는 말이 있듯이 자신이 처했던 가정 환경을 끔찍이나 싫어했던 아이가 성장하여 자신의 아이를 키울 때 자신의 부모가 행했던 것과 같은 행동을 그대로 답습하여 똑같이 황폐한 영향을 다음 세대로 전달할 수 있다는데 문제가 크다.

이렇듯 대를 이어가는 파멸적인 연결의 고리를 끊으려면 부모의 양육방법부터 살펴볼 필요가 있다.

부모는 대체로 자신이 성장할 때에 자신의 부모에게서 키워진 방식을 다음 세대에 전수한다. 결국 아동들의 성격형성과 가치관은 부모의 부모 또 그 위의 부모로부터 물려진 것이라고 볼 수 있는 것이다. 이에 따라 이 장에서는 부모의 양육태도가 아이의 성격형성과 성격장애에 어떠한 영향을 미치는지에 대하여 논의하고자 한다.

(1) 자기애성 성격장애

각 시대마다 성격장애요인의 특성이 다르다고 보았다. 프로이트(Freud)는 히스테리를 그 시대의 장애요소로 본 반면에 현대 심리치료자들은 우울증과 강박증, 사랑의 결핍과 만족할 만한 인간관계의 부족 등이 이 시대의 심리적인 문제라고 규정짓고 있다.

극심한 자기애성 성격장애(Narcissism)를 가지고 있는 사람에게 그 원인을 찾아보면 대체로 어린 시절과 관계가 있다. 아이의 기본적인 욕구, 즉 음식과 주거환경과 사랑과 관심과 존경을 받지 못한 아이는 성장과정에서 독립심과 자아존중과 같은 건강하게 성장하는 데 필수적인 요건을 갖추는 것에 어려움을 갖게 된다. 부모가 아이의 이러한 욕구를 지속적으로 충족시키지 못하는 경우에 이를 심리적, 정서적으로 아이를 학대하는 것이라고 말할 수 있다. 모든 부모가 자기의 아이를 위하여 최선을 다 한다고 생각할지 모르나 많은 부모들은 좋은 부모가 될 수 있는 방법에 대하여 대체로 문외한이다. 또 다른 부류의 부모들은 그들이 어렸을 때에 자기중심성에 대한 필요가 충족되어지지 않았기 때문에 그들 자체가 많은 것을 필요로 하는 사람들이다. 이러한 학대의 대물림 연결고리가 끊어지지 않는 한 아이에게 미치는 영향은 두렵고 파괴적인 것으로 다음 세대로 이어진다.

어린 시절에 자기애성의 욕구가 채워지지 못하게 되면 욕구불만과 분노가 부모에게로 향하게 되거나 아니면 우울증으로 나타나게 된다. 하지만 아이가 성장하여 사회화가 이루어지면 분노를 억압하려고 노력하고 때로는 거의 불가능하지만 부모의 사랑을 지키려는 쪽으로 행동을 하게 된다. 이렇듯 억압된 분노는 건강하지 못하게 자란다든지, 부정적인 자신감을 갖는다든지, 자신을 파멸하려는 방향으로 표출이 되든지 아니면 부모가 보여주었던 것과 같은 방법으로 독재적인 부모, 비체계적인 부모, 부적절한 부모의 모습으로 나타나게 된다. 욕구불만으로 이루어진 행동은 어떠한 형태가 되었든지 저절로 사라지지는 않는다. 이는 아이가 자신의 방어체제에 대하여 깊이 파고들어 부모의 부적절한 행동에 대한 문제의 핵심을 이해할 수 있어야만 풀릴 수 있다. 부모의 부적절한 행동은 아이에게 어떠한 형태로든지 영향을 미치는 행동으로 나타나게 된다. 이렇듯 부적절한 집안의 정서는 그 원인을 찾아 이해하게 되면 이를 개선하는 방향으로 나아갈 수 있다.

부모가 아이에게 의사소통을 하는 방법은 많은 부분이 비언어적이다. 부모의 잠정적인 모든 메시지는 아이의 무의식 속에 지각이 된다. 그리고 아이들은 비교적 정확하게 부모의 성격을 지각한다. 융(Carl Gustav Jüng)은 아이들은 자기 부모의 심리적인 태도에 깊숙이 관여되어 있기 때문에 대부분의 아이의 성격장애는 그 집안의 분위기와 무관하지 않다고 말한다. 아이의 문제는 부모의 문제와 연결하여 생각하는 것이 마땅하다. 부모의 책임은 아이가 성격장애가 생기지 않도록 최선을 다하여야 하는 것이고, 부모는 항상 자신들의 행동이 아이의 심리적인 병의 원인이 될 수 있다는 것을 의식하는 것이 중요하다. 하지만 이러한 문제는 다만 부모만의 책임이 아니다. 조부모 또는 증조부모 또는 그 위의 세대에서부터 이러한 문제는 가족의 대물림으로 잉태되어 왔다.

아이가 부적절하게 어머니를 닮는다는 예를 살펴보자. 나영이의 엄마는 항상 자신이 지적인 사람이지만 아름답지는 못하다고 생각해 왔다. 자신의 미모에 대해서 좀더 좋게 보이려고 노력하기보다는 자신의 아이들에게 지적인 것이 사회성이나 우정보다도 인생에서 중요한 것이라고 강조해 왔다. 따라서 그 아이들은 지적으로는 성공하였으나 사회성은 부족하게 자랐다. 나영이는 외모에 대해 무관심하게 자라서 양말은 언제나 흘러내리고 있었고 머리는 헝클어져 있었다. 그녀의 옷은 사촌으로부터 물려받은 것이었고 얼굴에 화장하는 것은 어머니가 경멸하기 때문에 할 생각도 하지 않았다. 그녀는 지적이었으나 외모에 대해서는 전혀 신경을 쓰지 않았다. 하지만 정작 문제가 되는 것은 사회성의 부족으로 사회에 적응하는 데 문제가 많았다. 이는 어머니의 자기중심적인 사고방식이 사회적응에 문제가 많은 아이로 성장하게 만든 것이다.

(2) 문제의 근원

어린 시절에 아이들이 부모로부터 잘못 키워질 수 있는 이유는 두 가지로 나누어 볼 수 있는데 그 하나는 부모가 어린 시절에 학대를 받고 성장했기 때문에 부적절한 성격으로 발달한 경우이고 다른 하나는 자기애성의 부모가 부모의 역할에 대해서 잘못 인식하고 있기 때문이다.

우리사회의 문화는 아이를 기르는 일이 만족하고 인생을 풍부하게 해 주는 경험이기보다는 힘들고 어려운 일이며 부모의 인생행로에 장애가 되는 일이라고 생각하게 만드는 경우가 많다. 우리사회에서 문제가 되는 가정들을 면밀히 검토해 보면 아이들에 대한 문제는 통탄할 정도로 엄청나다. 이혼한 가정 때문에 한 부모 밑에서 성장하는 아이들, 부모의 무책임 때문에 버려진 아이들, 집안의 학대를 피하기 위해 길거리는 헤매는 10세 미만의 아이들, 이렇듯 험한 세상에 아이를 낳지 않아야 한다고 생각하는 젊은이들, 잘못된 성 경험으로 10대에 아이를 낳은 엄마들, 자기 자신에게 못 마땅한 것을 다른 사람에게로 책임을 전가하는 아이들, 이 모든 아이들은 무책임한 부모들의 희생양일 뿐만이 아니라 아이를 키우는 일을 소중하게 생각하지 않는 자기애성인 부모와 우리문화의 희생양들이다.

한 젊은 엄마는 두 명의 아이를 기르고 있었다. 그 엄마에게 "당신은 무엇을 하고 있느냐"는 질문을 하였다. 이 질문에 대한 대답으로 '좋은 엄마'라는 것을 기대하였는데 그 엄마의 대답은 전혀 다른 것이었다. 아마도 좋은 엄마의 역할은 전혀 존경의 대상이 아닌 듯 싶었다. 우리문화에서는 자존감을 가질 수 있는 방법은 '부모의 역할에서가 아니라 사회에서 중요한 일을 할 때이다'라는 가치관을 강조한다. 어느 젊은 엄마는 아이가 2개월이 되었을 때 직장으로 나가려고 했다. 그 엄마는 아기보는 사람을 채용해야 했기 때문에 그녀의 월급은 거의 아기보는 사람의 임금으로 지불이 되고 사실상 너무나 적은 액수의 보수를 벌 수 있었음에도 불구하고 일터로 나가고 싶은 마음은 자신의 자존감을 집안에서 잡일을 하면서 남편의 밥상 차리는 것에서 찾고 싶지 않기 때문이라는 말을 하고 있다.

일에서 자존감을 찾으려는 부모의 욕망이 잘못됐다고 말 할 수는 없다. 다만 건강한 가족을 기르는 데서 자존감을 찾을 수 없는 문화가 잘못이라 할 수 있다. 볼비(Bowlby, 1979)는 부모의 역할에 대해 격려하는 접근을 표명한다. 볼비는 아이는 자신이 어머니의 기쁨과 자존심의 대상이라는 것을 느낄 필요가 있다. 또한 어머니는 자기 성격의 일부가 아이의 성격으로 확대되어 서로가 닮아간다는 것을 느낄 필요가 있다. 아이의 어머니가 된다는 것은 기계적으로 되는 것이 아니다. 살아 있는 인간관계 즉, 서로가 서로를 변화시킬 수 있는 인간관계가 부모와 아이관계의 기본이 되어야 한다고 말한다.

지속적이라는 요인은 어머니로서의 역할에서 꼭 필요한 요소이다. 어머니와 아이는 서로에게 속해 있다. 그리고 그렇게 서로 속해 있다는 사실에 만족감을 느낄 때에 어머니의 역할에 충실할 수 있는 것이다. 아이가 유아 때부터 성장하여 독립적인 성인이 될 때까지의 필수조건은 어머니의 지속적인 관심이다. 그리고 어머니가 자신의 돌봄만이 아이의 성장을 가능하게 할 수 있다고 생각할 때에 지속적인 관심을 기울일 수가 있다.

하지만 우리문화에서는 부모의 이러한 역할을 장려하고 이에서 커다란 만족감을 맛보기보다는 아이들이 요구하는 지속적인 관심이 오히려 어머니에게는 욕구불만의 요소가 될 수 있다. 이러한 이유에서 많은 부모들은 아이들을 원하지 않으며 그들이 원하는 때에만 아이를 가지려고 하고 아이 키우는 일을 큰 짐으로 생각한다.

아이를 낳고 싶어 하지 않는 이유는 대체로 그들 자신의 어린 시절의 경험에서 찾을 수 있다. 부모가 되기를 거절하는 그 주요 원인은 자신들이 처해 있던 좋지 않은 가정환경을 다음 세대에 답습하기를 원치 않기 때문이다. 이들은 아마도 자신들의 부모가 아이를 원치 않는 경우에 아이를 낳아 자신이 성장하는 데 힘이 든 경험을 했을 것이다. 한 여인은 말하기를 자기가 아이를 갖고 싶지 않은 이유는 자기 자신이 어머니를 거부했던 것과 같은 경험을 자기 아이에게서 받고 싶지 않고 또한 자기 할머니가 자신의 어머니에게서 받던 것과 같은 거부하는 행동을 되물리고 싶지 않기 때문이라고 한다. 아이를 낳고 싶어하지 않는 사람들은 자신의 어린 시절이 비참했고 이러한 비참함을 다음 세대로 전수하는 잘못을 저지르고 싶지 않은 마음이 크기 때문이다.

(3) 가정의 특정 상황과 정서적인 학대

아이들의 정서적인 학대에 대한 원인을 판단하기 위해서는 각 집안의 독특한 상황을 검토할 필요가 있다. 각 가정마다 그 가정의 희망, 교육, 자산 그리고 열망 등 그 나름대로의 독특한 문화를 가지고 있다. 아이들은 이러한 가정의 독특한 문화를 섭렵하며 자란다. 부모가 경제적인 여유가 있다 하더라도 정서적으로는 상당히 가난할 수 있으며, 교육정도가 높은 가정이라도 자녀의 교육관은 자기중심성으로 치우칠 수 있다.

영수의 아버지는 대학교수인데 항상 영수에게 "내가 네 나이 때에는 스스로 돈을 벌어 대학교 학비를 충당했다"는 말을 하면서 영수도 그렇게 하기를 바란다는 말을 하곤 한다. 영수는 자기자신의 상황과 자기 아버지의 상황이 다르다는 것을 알고 있다. 그 이유는 영수 아버지의 경우에는 그 아버지가 6세 되던 해에 할아버지가 돌아가셨고 중하층의 가정 형편에서 어려서부터 일을 하도록 강요당했기 때문이다. 하지만 영수가 대학을 들어갈 때에 그의 가정은 중상층에 들었고 그런 경우에는 대체로 부모가 대학의 등록금을 마련해 주는 것이 상례이기 때문이다. 영수 아버지는 그럼에도 불구하고 중하층의 사회계급에 속한 사람처럼 가정의 특수한 필요를 깨닫거나 이해하지 못하고 과거의 경험에 국한되어 가족을 대하고 있었다.

2002년 6월에 한 대학생이 아버지와 할머니를 존속살인하고 방화하여 살인을 은폐하려 했던 사건이 우리사회에 있었다. 존속살인의 이유는 일류학벌의 대학교수인 아버지가 공부를 못하는 자신의 아들에 대해 항상 무시하고 경멸한 데서 비롯된 사건이다. 아버지는 일류고등학교와 일류대를 졸업하고 미국의 유명대학에서 박사학위를 받고 대학교수가 되었다. 그런데 그의 장남은 미국 유학을 보내도 그 곳에서 적응을 하지 못했고, 한국에 와서도 친구 하나 사귀지 못하고 이곳 학교생활에 적응을 못했기 때문에 아버지는 아들에게 항상 꾸짖음과 함께 인격적으로 모욕을 해왔고, 이를 참지 못한 아들은 아버지를 존속살인하게 되었다는 것이다.

또 다른 사건은 몇 년 전에 대학교수가 자신의 아버지를 치밀한 계획 아래 살인을 한 경우이다. 그는 『형사 콜롬보』 프로그램을 즐겨 시청하였으며 완전범죄를 시도하려는 면밀함까지 보여 주었다. 이 존속살인의 경우를 보더라도 아버지가 자신은 자수성가를 해서 대단하게 이루어 놓았는데 아들은 자신의 능력에 미치지 못한 것에 대해 그 아들을 경멸했고 자식의 능력을 믿어

주지 못했기 때문에 빚어진 비극이다.

이렇듯 자식을 이해하고 포용하기보다는 자기중심적인 시각으로 자신의 수준에 맞추려고 하는 부모는 자신도 모르는 사이에 자녀들을 정서적으로 학대를 하는 것이다.

(4) 순수한 자아개발과 부모의 역할

나르시스는 그리스의 신화에 나오는 인물로서 연못 속에 반영된 자기모습을 사랑하여 한없이 바라보다가 물 속의 소년이 아무런 응답을 주지 않자 너무나 괴로워 스스로 연못에 투신하여 목숨을 끊은 자기사랑에 빠진 사람을 의미한다. 나르시스는 자신을 너무나 사랑한 나머지 죽음에 이르게 된, 즉 자기도취의 극단적인 사람이다. 그는 자신의 순수한 자아를 개발할 의욕은 없이 잘못된 자아, 즉 인생에서 아름답고, 즐거운 측면만을 추구하는 사람이다. 인생의 한 단계에서 잘못 고착된 사람은 인생의 여러 가지 경험으로부터 소외되고 부러움, 질투 또는 분노와 같이 정서적인 반응을 할 수 없게 된다. 이렇듯 타인을 공감하고 배려하는 능력부족의 마음이 인생을 사는 데 크게 방해되는 요인이 되고 이러한 현상을 가진 사람을 나르시스적인 사람이라고 말한다. 인생을 사는 과정에서 의식의 표면에 나타나지 않는 부분은 있게 마련이고 이렇듯 감추어지고 알려지지 않은 부분을 '그림자' 라고 부른다. 또한 좋든, 나쁘든 잘 알려지지 않은 인생의 한 단면을 '어둠' 또는 '양가적인 부분(ambivalent)' 이라고 한다.

융은 "어린 시절은 단지 성격장애가 생길 수 있는 시작점이기 때문에 중요한 것일 뿐만 아니라 이 시기에는 인생의 전체적인 목적을 멀리 내다보게 할 수 있는 꿈과 상상력을 부정적으로 또는 긍정적으로 경험하게 해 줄 수 있는 시기이기 때문에 중요하다"라고 지적한다.

자녀의 어린 시절에 부모의 책임은 막중하다. 순수한 자아의 개발이란 자신을 발견하기 위해 대단히 중요하다. 부모의 자기중심적인 태도는 아이의 순수한 자아를 발견하는 데 걸림돌의 역할을 하기 때문에 더더욱 위험하다.

(5) 예술적인 부모의 역할

부모의 역할이란 감히 예술이라고 말할 수 있다. 부모의 역할이 단지 자식과의 좋은 관계를 맺는 것이라고만 생각한다면 이는 상당히 미숙한 생각이다. 이는 부모가 아이의 앞날을 전적으로 책임진다는 결단력과 아이의 건전한 자아가 발달될 수 있도록 그들의 필요를 충족시켜 준다는 의미가 포함되어야 한다.

아이가 자라기 위해서는 그들 부모로부터의 조력과 사랑 그리고 지지와 격려가 필수적으로 필요한 요소이다. 또한 부모는 안정적이어야 하고, 인생의 긍정적인 모델로서의 역할을 해야 하며, 가족이 모름지기 사랑으로 연결되어 있어야 하며, 부모자신들이 인생을 사랑하는 긍정적인 태도를 가진 사람이어야 한다. 아이는 독립적이며 유일한 인격적인 사람으로서 대우를 받고 자랄 필요가 있다.

아이를 지지하는 부모는 아이의 촉매자로서의 역할을 하며 그들의 잠재력을 길러 줄 수 있다. 만약에 아이가 공부를 잘 하지 못하는데 의사가 되겠다고 한다면 학교의 선생님이 이에 대하여 부정적인 반응을 보일 것이다. 그러나 부모는 이 아이의 희망사항을 무조건 좌절시키지 말고 생각의 틀을 바꾸어 아이가 의사가 될 수 있는 가능성을 모색하게 하는 것이 중요하다. 많은 경우 아이는 자신의 가능성과 잠재력을 가장 잘 알기 때문이다.

아이가 어떠한 인물로 성장하고 싶다는 말을 할 경우에 우선은 아이의 꿈을 지지해 주는 것이 중요하다. 부모의 지지는 아이에게 힘찬 에너지 요소가 되며 정서적으로 동기유발을 시켜주는 원동력이 되어 아이의 잠재력을 열어 줄 수 있는 심리적인 힘으로 작동을 한다. 이러한 부모의 기능이 아이가 장래에 되고 싶은 사람으로 성장하는 데 큰 역할을 하게 된다.

우리나라의 한 유명한 목사님의 아들이 학교 성적표를 가지고 왔는데 꼴찌에서 두 번째를 했다고 한다. 그 목사님은 야단을 치는 대신에 그 동안 얼마나 마음 고생이 컸느냐고 위로를 했다. 그리고 공부가 하기 싫으면 다른 방면에서 인생의 목적을 찾아보라고 하면서 네가 원한다면 농사를 짓고 양계를 하면서 살라는 말을 했다고 한다. 하지만 그 아들이 학교에서 왕따까지 되어 학교에 더 보내기가 어려워졌을 때 미국에 있는 이모가 보내라고 해서 유학을 보냈는데 그 곳에 가서 신나게 공부도 잘하고 더구나 놀라운 일은 미식 축구의 주장까지 되어서 학교 생활을 너무나 활력있게 한다는 것이다. 그래서 그 이유를 물었더니 그 곳 선생님은 나의 좋은 점만을 칭찬해 주어 점점 더 잘하고 싶어지고 학교 다니기가 신이 난다고 대답을 하더라고 했다. 만약에 그 아들에게 "그렇게 공부를 못하면 너는 이제 끝장이다"라는 말로 그 아이에 대한 기대를 아예 져버렸다면 어떠한 결과를 초래했을까 의심스럽다.

부모의 잘못된 기대와 탐욕이 아이의 욕구불만을 초래할 수 있다. 아이는 부모가 무의식 속에서 자신에게 향한 생각을 감지할 수 있다. 예를 들어 만약에 아이가 자신은 커서 자신의 아이를 갖지 않기를 원한다고 말한다면 이는 필경 그의 부모들이 아이들을 갖기를 원치 않았을 수가 있다. 그 부모는 아이가 자신들의 발전에 방해가 된다고 생각하고 있을지도 모른다. 또한 그들은 아이를 갖겠다는 결정을 후회했을지도 모르며 아이가 그들의 눈에는 잘못 태어난 것으로 비춰졌을 가능성도 배제할 수 없다.

부모는 아이들이 그들에게 무엇이 최선인지를 깨닫게 하기 위하여 유연성을 발휘할 필요가 있다. 부모는 아이들의 변화되는 욕구에 대응해 줄 수 있는 능력이 있어야 한다. 아이를 지지하는 부모는 아이를 항상 앞에서 이끌어 나가기보다는 아이의 생각을 따라주며 아이가 그의 목적지까지 갈 수 있도록 도와 준다.

일본에서 한때 베스트 셀러가 되었던 책 『A학점의 아버지가 A+ 학점의 아들에게』라는 책이 있었다. 그 책의 주인공은 15세의 나이에 일본의 사법고시에 최연소 합격한 아들의 이야기였다. 세상 사람들은 그의 아버지에게 대체 어떻게 그토록 훌륭한 아들을 두었느냐는 질문을 하였다. 그 아버지의 대답은 나는 그냥 그 아이가 하고자 하는 대로 놓아 두고 뒤에서 묵묵히 지켜보았을 뿐이라는 대답을 하였다는 것이다.

아동의 자아개념 발달에 부모의 관여는 큰 영향을 미친다. 부모가 보편적으로 아이에게 물질적인 필요에 대해서는 모든 것을 다 해 준다 하더라도 사실상 아이의 건강한 성장에 필요한 따뜻함과 지지를 해 주지 못한 경우에는 성격장애자가 될 수가 있다. 융은 “어린이를 키우는 교육과정에는 여러 가지의 요소가 필요하지만 어린이의 영혼을 살찌우는 데는 따뜻함이 필요 불가결한 요소이다"라고 말한다.

인생은 단지 견디는 것이 아니라 즐겁게 사는 것이라는 것을 부모는 아이에게 보여 줄 필요가 있다. 어머니들이 긍정적인 태도로 그들의 흥미를 가정에서 또는 직장에서 발전시켜 인생은 즐겁고 보람된 것이라고 느끼며 사는 모습을 아이들에게 보여 줄 때에 그들은 아이들에 대한 기본적인 책임을 다하는 것이다.

(6) 긍정적인 동기유발과 성공적인 부모의 역할

긍정적인 부모는 희망과 용기를 불어넣어 주고, 정서적으로 지지를 보이며, 경제적인 뒷받침을 해 주면서 아이들이 부적절하다거나 스스로 짐이 된다는 생각을 하지 않도록 계속해서 성장할 수 있도록 도와 준다. 예를 들어 부모는 아이에게 악기를 연주할 수 있도록 질이 좋은 악기를 사주고 잘 가르치는 교사를 소개하여 두 사람 간에 존경심을 가질 수 있도록 해 주면 된다. 그 다음엔 부모가 간섭을 해서는 안 된다. 부모가 레슨비를 지불하고 있어도 아이의 교육은 교사의 손에 맡겨야 한다. 또한 "만약에 네가 연습을 하지 않거나 배우기가 싫다면 레슨을 중지할 수 있다"는 말은 할 수 있어도 그 나머지 결정은 아이에게 맡기는 것이 좋은 방법이다.

아이가 사회에 적응하도록 돕기 위해서는 성공하는 사람의 실질적인 예를 들어주어 성공에 대한 동기유발을 장려한다든지, 또는 올바르게 사는 방법, 올바른 이웃에 대한 개념, 좋은 학교 등등에 대해서 안내를 해 줄 수 있다. 아이가 사회에 대해 자신의 판단으로 사회의 요구와 불필요한 강압에 대해 식별할 줄 알게 하는 것도 중요하다.

아이를 지지하는 부모는 아이가 어떤 일을 성취하였을 때 이를 축하해 줄 줄 안다. 이 축하는 아이의 활동을 인정해 주는 것이 된다. 이와는 반대로 부적절한 부모는 아이의 성공을 축하한다 하더라도 자기중심성적인 방법으로 한다. 자식을 다른 사람에게 자랑하는 방법이 자기중심적이며 아이를 자신의 자랑거리로 삼기 위해 이용하면서 정작 아이 자신에게는 그를 얼마나 귀하게 생각하고 있는지에 대하여 알리는 것에는 실패한다. 이런 경우는 부모가 자신의 낮은 자존감을 부추기려는 방편으로 아이를 이용하는 경우이다. 그들은 아이들이 성공을 했을 때는 기뻐하지만 그들의 행복을 아이와 서로 나누는 데는 실패를 하고 아이의 성공을 당연하게 자기의 노력에 대한 결과인 것처럼 받아들인다.

우울증의 부모는 자신의 성공마저 축하할 수가 없다. 긍정적이고 지지하는 부모는 일이 잘되면 아이들과 같이 축하한다. 만약에 부모가 아이의 성공을 축하할 수 없다면 이는 아이의 성장에 해를 주는 것이다. 한 가지 예를 든다면 15세 된 딸이 처음으로 친구들과 어울려 여행을 갔다. 그 곳에서 딸은 아주 좋은 시간을 가졌고 친구들과 잘 어울렸다. 그런데 어머니가 "너는 너무 헤퍼서 큰일이다"라는 반응을 하였다면 이는 성공한 일임에도 불구하고 축하해 주지 못하고 부정적인 영향을 주는 경우가 된다.

축하란 인생을 확인하는 것이다. 비록 장례식이라고 할지라도 이는 인생이 계속되고 있다는 확인의 사건인 것이다. 인생의 각

과정마다 축하를 한다는 것은 상당히 중요한 일이다. 어떤 여성은 상담자에게 "우리 부모는 인생의 과정에서 어떠한 것도 축하하는 것을 보지 못했다. 생일, 크리스마스, 결혼기념일 그 어느 것도……, 나는 우리 아버지가 우리들과 같이 어울리는 것을 보지 못했으며 어머니는 우리가 일을 미숙하게 처리했을 때 항상 크게 비웃었다"고 말했다. 아이에게 삶의 기쁜 순간을 느끼며 살게 해 주는 것이 중요하다. 이러한 행복한 순간들을 부모와 함께 경험하게 되면 그 기쁨은 두 배로 가중될 것이다.

어느 부모는 자신의 딸이 초경을 했을 때에 크게 기뻐하며 축하파티를 해 주었다. 하지만 다른 엄마는 눈물을 보이며 "앞으로 네 인생이 구만리 같겠구나"라고 되뇌었다. 과연 똑같은 사건에서 딸들이 느낀 경험은 어떠했을까?

생일은 특별한 날로서 축하해야 될 날이다. 어느 가정의 한 딸은 사람들이 생일을 기억하게 되면 선물을 주어야 한다는 의무감에 사로잡힐 수 있기 때문에 그녀의 생일을 그 어느 누구에게도 상기시켜서는 안 된다는 말을 들었다. 하지만 그녀의 어머니는 생일이 선물보다 훨씬 중요하다는 것을 몰랐다. 생일이란 그녀의 존재에 대한 의미를 축하해 주는 행복한 사건이기 때문이다.

부모가 자기 자신의 성공에 대하여 축하를 하지 못하는 경우에는 아이들의 성공에 대하여 축하를 해 주기 어렵다. 한 아이가 부모에게 전화해서 자신이 방금 대학에 합격하였다는 사실을 말했다. 그러자 그의 부모가 축하하는 말 대신에 어떻게 등록금을 마련해야 하느냐는 걱정스런 반응을 보였다.

건강한 부모는 아이들의 선택을 인정한다. 아이들이 학교에 가겠다는 선택에 대해 경제적인 문제를 제기하는 것이 아니라 축하를 해 준다. 한 여학생이 대학에 가겠다고 아버지께 말씀을 드렸다. 그랬더니 그 아버지는 너에게 바람을 막아 줄 집이 있는 한 더 이상은 바라지 말라고 말했다. 그는 자기 딸의 꿈에 대해 축하를 해 줄 줄 몰랐으며 다만 인생에서의 기본적인 필요만을 인정하려 하였다.

유능한 부모는 아이들의 잠재력을 만족시키는 데 동기유발을 해 준다. 부모는 아이가 그의 인생의 목적지에 도달하여 꿈을 현실화할 수 있도록 유연하게 생각의 틀을 바꿔 나간다. 이러한 부모는 아이들이 현실적인 기대와 목표를 발전시킬 수 있도록 도와 준다. 동기유발이 된 부모는 아이의 성공을 축하해 줄 줄 알며 자신에게서 독립하여 발전하도록 격려해 준다.

(7) 조건적 또는 무조건적 사랑

사랑이란 사람 간에 애정으로 연결된 느낌으로 서로 간에 책임을 지는 행위를 말한다. 아이를 향한 사랑이란 이상적으로는 아이의 잠재능력을 성취시키기 위해 최선을 다하는 것을 의미한다. 하지만 때때로 사랑은 소유의 개념과 조건적인 책임과 연결되어 있다.

모든 사람은 자신의 가족으로부터 무조건적인 사랑을 받을 필요가 있다. 무조건적인 사랑으로 아이는 가족으로부터 유일한 독립된 개인으로 인정을 받게 된다. 부모가 "너는 정말 내게는 특별해"라는 말을 한다든지, "너는 무엇이든 네가 꿈꾸는 것은 다 이룰 수 있어" 라든지 "나는 너를 전적으로 믿고 있어. 너의 충만한 삶을 위해 내가 도와 줄게" 라는 무조건적인 사랑을 통해 아이는 "나는 가치 있는 사람이며 사랑을 받을 가치가 있다" 라는 느낌을 갖게 된다.

하지만 아이의 성격이 충동성을 띄고 있으며 이를 변화시킬 수 없을 경우 부모는 이를 통제하려는 노력을 해야 한다. 아이는 자신이 하고자 하는 일을 혼자의 힘으로 할 수 없을 때에는 권위를 가지고 있는 부모에게 조르게 된다. 하지만 일상적인 가정에는 허락할 수 있는 행동에 제한이 있다. 과보호한다든지, 건전한 훈련의 결핍 같은 것은 사랑이 아니다. 과보호하는 부모는 아이의 미래를 망치고 가족의 형평을 그르친다. 모든 사랑은 그 속에 모든 가족들이 존중해야 할 지침과 같은 조건적인 요소가 있다.

정상적인 범위 안에서나 또는 이해할 만한 인간의 실수와 같은 것에는 아무리 아이가 잘못 선택을 했다 하더라도 지지와 사랑을 주어야 한다. 아이가 어떠한 직업을 선택할 경우 비록 좀 더 나은 선택의 여지가 있다 하더라도 무조건 이를 수용해야 한다. 부모는 아이가 여러 번의 번복과정을 거쳐 직업을 선택하게 된다는 것을 이해할 필요가 있다. 부모는 아이가 여러 가지 선택을 탐색하도록 돕는 것이 중요하다. 또한 일단 아이가 선택한 직업에 대하여 그 직업이 자신의 욕망과는 거리가 있다 하여도 그 직업이 사회의 윤리와 상반되지 않는 한 수용하는 아량을 보여야 한다.

수지의 엄마는 교사가 된 수지를 보면서 그녀를 실패아라고 생각하고 있었다. 그 엄마는 다른 두 딸, 그 하나는 의과대학에 다니고 다른 하나는 법관이 된 딸들은 자랑을 하면서도 수지의 말이 나오면 아무 말도 하지 않았다. 수지는 자신은 원치 않는 아이이며 또한 사랑을 받지 못하고 있다는 말을 했다.

강박적으로 사람에게 매료되고 그 사람이 자신을 사랑하지 않는다는 문제로 상담원을 찾아오는 많은 젊은이들은 상담 후에 자신이 부모로부터 오직 조건적인 사랑만을 받아 왔다는 것을 알게 된다. 어린 시절에 일방향성이고 자학적인 인간관계를 갖도록 키워졌기 때문이다. 브러치(Bruch, 1978)는 거식증(anorexia nervosa)의 환자를 상담한 후에 다음과 같이 보고하고 있다.

"대부분 거식증의 환자들은 어렸을 적에 많은 불안과 스트레스를 경험하였다. 지속적으로 비판적인 태도 속에서 키워졌고 어버이를 잃을 것 같은 위기 속에서도 행복한 척 행동해야만 했다. 하지만 이러한 환자들은 자신은 가치가 없는, 사랑을 받을 만하지 못한, 자신의 존재가 즐거움을 주지 못하는 등의 부정적인 감정을 심리적으로 은밀한 곳에 항상 지니고 살았다. 이러한 젊은이들은 자신감이 없고 다른 사람들의 의견에 쉽게 동조할 수밖에 없다"라고 말한다.

(8) 자신을 잘 아는 아이

아이의 지혜는 보통 무의식에서 표출되는 직관적인 것이라고 이해하고 있다. 대부분의 가정에서는 어른들이 모든 것을 잘 알고 있다고 생각한다. 하지만 많은 경우 아이들이 자신의 필요에 대해서는 성인보다 더 잘 알고 있다. 한 유아원에서 아이들의 음식 선호도에 대하여 조사를 실시하였다. 아이들은 상당히 여러 종류의 음식, 즉 어떤 것은 건강식품이고 또 다른 종류는 건강하지 못한 음식 중에 먹고 싶은 것을 선택하도록 되어 있었는데 본능적으로 골고루 균형이 맞게 음식을 선택하였다.

한 10대의 여아는 어머니가 자신의 정서적인 성장을 도와 주지 못한다는 불평을 하였다. 자신이 외국여행을 가기 위하여 짐을 꾸리는데 어머니가 근래에 입던 옷과 오래 전부터 입지 않았던 옷을 함께 짐 속에 넣었다. 그녀는 어머니의 분별력이 없음에 한탄을 하면서 어머니는 딸이 무엇을 입고 다니는지도 모른다고 생각했다. 딸이 원하는 것을 모르면서 그저 상식선에서 짐을 꾸리려는 어머니는 더 이상 딸과는 친밀한 관계에 있는 것이 아니고 오히려 딸 자신이 직관적으로 자신이 무엇을 원하는지에 대해서 더 잘 알고 있다고 생각하였다.

우리나라에서 "달팽이"를 부른 가수로 유명한 패닉 이적(본명 : 최동준)의 어머니 박혜란씨는 자신은 자기아이들에게 강압적으로 아무 것도 강요한 일이 없다고 한다. 하지만 자신의 세 아이들은 소위 말하는 일류대학에 모두 진학을 했고 자신의 진로도 알아서 선택했다는 것이다. 『믿는 만큼 자라는 아이들』의 저자로도 유명한 그녀는 아이들의 선택을 믿고 놔두면 그저 자신이 알아서 자기의 길을 가더라고 했다.

과보호를 하는 부모는 아이가 자신의 갈 길에 대해서 선택하는 것을 방해하는 사람이다. 아동의 폭식증은 부모가 아이들의 선택을 믿기보다는 아이들을 위해서 그들 자신이 좋다고 생각하는 모든 것을 해 주기 때문에 오히려 실패를 하는 경우에 생기는 장애이다. 즉, 인생을 선택하여 살 권리를 빼앗기고 부모가 선택해 주는 대로 부모의 지시에 따라 수동적으로 인생의 계획과 결정이 이루어지기 때문에 생기는 장애이다.

부모는 인내심을 가지고 아이가 성장하고 실험하는 과정을 지켜봐야 한다. 융은 "어린이의 보편적인 잠재력에 대한 적절한 인정과 평가는 어린이가 어려운 인생과정을 이끌어 나갈 수 있는 원동력이 될 것이다. 인생에서 꼭 필요한 희생과 노력의 결과로 어린이는 발전할 것이고 그의 경험은 성숙될 것이다"라는 말을 했다. 부모의 조급함이 아이의 성숙할 수 있는 기회를 방해한다.

아이들은 항상 자신의 직관에 따라 행동하는 것이 허락이 되지 않더라도 보편적으로 최선의 길을 안다. 부모는 아이와 부모 자신의 직관을 깨닫고 아이의 직관에 너무 지나치지 않게 아이의 뜻을 따를 필요가 있다. 만약 아이의 뜻에 너무 관대하다 보면 아이가 저지르는 잘못에 대하여 부모가 책임을 져야 하는 경우가 생긴다. 하지만 다른 한편 부모가 아이의 직관을 믿지 못하게 되면 아이가 자랄 수 있는 기회가 박탈된다.

부모와 아이는 오랜 기간 동안 함께 생활했기 때문에 그들의 직관은 놀랍게도 일치하는 경우가 많다. "어떤 악기를 배울까, 어떤 친구를 방문할까, 어느 시간에 잠을 자는 것이 좋을까"와 같은 아주 사소한 일에 대한 결정에는 부모와 아이의 의견이 다를 수 있다. 부모는 아이의 장래와 같이 큰 선택에 초점을 두어 도움을 주는 것은 필요하지만 사소한 결정은 아이에게 맡기는 것이 현명하다. 작은 결정에 대한 의견의 차이로 아이를 질식하게 만들면 결국은 부모와의 관계에 큰 손상을 입을 것이기 때문이다.

(9) 성숙, 성장과 발달

부모의 역할이란 일생 동안의 노력이다. 자식은 부모에게 어린 시절부터 부모의 사망에 이르기까지 아이의 개념으로 남는다. 90세의 노인이 70세의 아들에게 길 조심하라는 말을 한다는 얘기가 있는 것이 이를 증명한다. 하지만 가족의 관계는 가족의 성원들이 변화함에 따라 변한다. 보편적으로 가족 체제에서는 가족원의 성장으로 인한 변화가 지속적으로 일어난다. 아이가 발달하고 성숙한다는 것은 서서히 부모로부터 분리되어 독립한다는 것을 의미한다. 이 과정은 태어나면서부터 시작되어 청년기에 그 절정을 이룬다.

프로이트(Freud)는 어린이의 성장환경이 어린이를 건강하게 성장하도록 그 가능성을 최대화시키기도 하고 또 다른 한편 신경성의 어린이로 자라게 할 가능성도 있다고 한다. 건강한 아이는 어머니와 둘만의 관계에서 시작한다. 태어나서 한동안 아이는 엄마와 두 사람과의 관계만을 알고 지낸다. 점차적으로 아이는 어머니와 자신의 두 사람 이외에 아버지가 가족으로 있어 어머니와 자신과 연결되어 있다는 것을 알게 된다. 이렇듯 세 명의 가족관계가 결정적인 역할을 한다. 만약에 어머니가 두 사람만의 관계 이외에 다른 가족과의 관계를 맺을 수 있는 능력이 없고 아이가 아버지와의 친한 관계를 맺지 못하도록 막는다면 이러한 질투심은 아이의 애정에 커다란 악영향을 미치게 된다. 융(Jüng)은 "어머니의 품 안에서 심리적 건강의 위험 없이 오래 머무는 것이 불가능하다. 인생은 독립을 향해 나가라고 명한다."라고 말한다.

가족원 세 사람의 관계를 제대로 맺을 수 없다면 그 사람의 인간관계에는 문제가 생길 수 있다. 만약에 어머니가 두 사람만의 관계를 강조했다면 그 아이는 성장하여 한 사람 이외의 사람과 관계를 맺는다는 것을 상상할 수 없고 따라서 아이 갖는 것을 원치 않을 수가 있다. 결혼하기를 두려워하는 사람이나 두 사람 이외에 다른 친구를 만들 수 없는 부부는 호수에 비친 자기 모습만을 사랑하는 나르시스 콤플렉스의 반영인지 모른다. 만약 아이를 건강하게 키우고 싶다면 아이가 실수를 하는 경우가 있다 하더라도 아이에게 좋은 모범이 될 수 있는 사람과의 관계를 다양하게 갖도록 장려해야 한다.

아이의 성장하는 과정을 이해하려면 아이의 모든 행동이나 상태가 그것으로 끝이 아니라는 것을 알아야 한다. 만약 자신의 딸이 동성연애와 비슷한 시기를 거친다고 해서 끝까지 동성연애자가 되는 것은 아니다. 학교에서 일년 휴학을 하고 다른 일을 한다든지, 특별하고 눈에 띄는 머리 모양을 했다든지, 정치적으로 어느 특정한 노선을 택한다든지, 또는 아무 것도 하기 싫어한다든지 하는 것들에 대해 영원히 그렇게 하지 않는다는 것을 이해해야 한다. 이는 다만 아이의 발달과정에서 실험단계일 수가 있다. 이러한 아이들에게 "나가 죽어라", "이 막된 자식아", "너를 낳고 미역국을 먹은 내가 원망스럽다" 등등의 언어를 사용한다는 것은 아이가 앞으로 자신의 인생을 탐색할 수 있는 길을 막는 것이다.

아이들은 종종 "내가 하는 것을 우리 부모가 안다면 아마 큰 일이 일어날 것이다"라는 말을 하곤 한다. 이는 부모가 원치 않는 것을 자신이 하고 있다는 것을 자각하고 있다는 증거이다. 성숙한 부모는 아이가 설령 그렇듯 바람직하지 못한 행동을 하고 있으면서도 부모가 원하지 않고 있다는 사실을 알면서 하고 있다는 것을 알고 있다. 따라서 아마도 그 시기에 발달적인 차원에서 아이가 한 번 해 보고 싶은 행동인가 보다라는 생각으로 넘길 수 있다. 부모는 아이의 편에서 감싸주는 것이 중요하며 그런 행동 때문에 미리 아이를 배척하거나 원치 않는 아이라는 느낌은 주지 말아야 한다.

부모 역할의 목적은 아이에게 최대한의 성장을 보장해 주는 것이다. 에릭 프롬(Erich Fromm, 1956)은 가장 기본적인 사랑이란 책임, 돌봄, 존경, 인간이 성장할 수 있는 모든 지식을 동원하는 것을 의미한다고 한다.

부모는 아이가 어떤 사람이 되려는지에 대하여 안내자로서 도와야 하며 강압적이 되어서는 안 된다. 아이에게 음식을 많이 먹으라고 강요하는 것이 식성이 까다로운 사람으로 일생을 살게 할 수 있듯이, 부모의 간섭이 먼 훗날에 아이의 인생에서 잘못된 것으로 평가될 수 있다.

아이들이 세상에 대해 정보를 얻는 주요 원천은 그들의 인생 경험과 환상의 세계에 대한 탐험에서이다. 부모가 이러한 활동을 박탈한다면 이는 아이를 정서적으로 학대하는 것이다.

지선이는 아버지가 자신이 경험을 하려고 하는 것을 항상 못하게 막는다는 불만을 토로한다. 무엇이든 자신이 하는 일은 아버지의 관점에서는 잘못된 것이고 아버지가 자신보다 더 잘 할 수 있다는 것을 보여주면서 항상 자기 위에 군림한다는 것이다. 이렇듯 아이의 일에 일일이 간섭하는 것은 아이가 장래에 자신의 인생을 개척할 수 있는 길을 방해하는 것이고 부모의 경험을 통해서만 배울 수 있다고 암암리에 가르치는 것이나 마찬가지이다.

혜진이는 집안의 장녀로서 부모의 사랑과 보살핌을 많이 받고 자랐다. 하지만 부모는 항상 혜진이가 잘못될 것을 우려하여 물가에 가지도 못하게 하였고 위험하다고 생각되는 모든 행동에 제재를 가했다. 혜진이는 성장하여 고소 공포증 환자가 되었고 미국에서 생활을 함에도 불구하고 자동차 운전을 할 수 없어 남에게 전적으로 의존하는 삶을 살고 있다.

아이의 건강한 성장과 성숙을 축하해 줄 줄 아는 부모는 정서적으로 건강한 부모라 할 수 있다. 부모가 아이의 발달적인 요구가 항상 변화되는 사실을 알고 이에 적절하게 적응할 수 있다면 그 부모 또한 아이의 변화속도에 맞추어 성장할 수 있는 부모이다. 융은 신경성의 환자는 성장에 실패한 것이 그 원인이라고 한다.

만약에 아이의 성숙과정이 순조롭게 이루어진다면 부모로부터 독립하여 이 세상에서 자신의 위치를 확고하게 할 수 있다. 부모로부터 독립이 이루어지게 되면 아이들은 자신의 위치를 세상에서 찾게 되고, 독립된 인격체로서 아이들 자신의 인생에 대한 책임을 지게 되고, 생활을 위해 돈을 벌고, 사회에 적응하며, 결혼하여 아이를 낳고, 자신이 키워졌던 것과 같이 아이들을 키우는 책임을 기꺼이 지게 된다.

(10) 가족의 균형

가족성원들은 독립적이면서도 서로 연결이 되어 있어야 한다. 가족집단은 개별 가족과 그들의 상호작용 두 가지로 구성되었다. 민주적 가정의 목적은 가족성원 모두가 건강하게 발달하는 체제로 되어 있다. 부모와 아이들의 관계가 핵심이고 나머지 식구는 그 다음으로 중요한 위치를 차지해야 하는 것이 좋은 가정의 구도이다. 하지만 기능이 원만치 못한 가정에서는 이러한 구도가 약하게 되어 있다. 예를 들어 아버지가 가장 중요하게 생각해야 할 아내와 자녀들을 제치고 자신의 어머니를 가장 우선으로 생각한다면 이는 잘못된 가정의 구도라 말할 수 있다.

사람들은 가끔 자신이 수행해야 할 두 가지 역할에서 긴장을 한다. 예를 들어 자신의 아이들을 돌보고 그들의 발달에 책임을 져야 하는 역할과 늙으신 부모를 봉양해야 하는 역할이다. 여기서 위험한 것은 효자로써 부모를 봉양하는 데 치중을 하게 되면 자녀들의 필요에 소홀하게 된다는 것이다.

가정이 기능적이 되려면 세대 간의 선이 적절하게 유지되어야 한다. 부모와 아이들의 관계가 우선이고 그 다음으로 할아버지 세대에 대한 배려가 이루어져야 한다. 할아버지 세대는 모든 가족과 동등한 대우를 받아야 하지만 할아버지 세대의 필요가 지배적이 되면 그 가정의 균형은 깨지게 된다.

세준이가 바로 이런 경우에 속한다. 세준이의 아버지는 세준이가 5세 때에 돌아가셨다. 세준이 어머니는 할아버지댁에 세준이의 양육을 맡기고 떠나서 거의 연락이 없었다. 세준이는 성장하여 결혼하였고 회사를 차려 부인과 함께 일을 하였다. 아이들이 태어나자 세준이는 자기 어머니를 불러 자신의 아이들을 돌보아 달라고 부탁하였다. 그러나 그의 어머니는 세준이의 부탁을 거절하였다. 하지만 세준이가 사업에 큰 성공을 하였고 가정부를 두자 그제야 어머니는 세준이의 집으로 왔다. 그 어머니는 집안의 모든 일에 참견을 하였고 세준이는 자기 어머니의 뜻을 우선으로 여겼기 때문에 그 집에는 문제가 끊일 날이 없었다.

한편, 가족에서 우선으로 여겨야 할 것은 부모와 자녀와의 관계이다. 만약에 할아버지 세대가 아이들과 연합하여 부모에게 대항한다면 마치 회사에서 회사직원이 회사의 직속상관을 거치지 않고 무슨 문제이든 직접 회사 사장에게 가져가서 회사의 균형을 깨뜨리는 것과 같이 가족 내의 균형이 깨질 수가 있다.

민주적인 가정에서는 가족 성원 모두에게 필요한 기본적인 권리를 상호보완적으로 인정해 주어야 한다. 개개인은 서로 다르지만 모두가 독자적인 개인으로서 존경을 받아야 한다. 각 개인은 자신의 의견이나 권리, 또는 비판 등에 대해 알고 행동할 권리를 가지고 있으며 다른 가족성원들은 이를 들어 주어 가족의 균형을 중요시해야 한다.

또한 민주적인 가정의 부모는 아이가 태어나서부터 독립된 사회인이 될 때까지 책임이 있다는 것을 생각해야 한다. 부모는 아이들에게 역할 모델이 되어야 하며, 사랑을 주는 동시에 아이의 발달에 청사진을 제공해 주어야 한다. 하지만 가족간의 애정이란 서로 주고 받는 것이다. 부모의 사랑을 받고 자란 아이는 사랑을 할 줄 아는 사람으로 자라게 되고 이러한 의미에서 부모와 자녀는 서로 사랑의 애착관계가 이루어지는 것이다.

부모들은 대체로 부모의 역할을 하면서 성장한다. 아이의 성장단계마다 부모로서 해야 할 의무와 책임이 요구되는데 이러한 요소들이 사람을 성숙하게 만든다. 아이를 갖게 되면 개인으로서, 배우자로서, 또는 부모로서의 역할에 균형을 이루는 방법을 배워야 한다. 융통성과 성숙함이 가족생활의 필요한 요소를 절충하는 데 상당히 중요한 역할을 한다.

부모의 역할로부터 회피한다는 것은 자신의 발달로부터 회피를 하는 것이나 마찬가이다. 이는 미숙한 나르시스즘이라 할 수 있다. 어떤 부모는 오직 유아 때에만 아이를 다룰 수 있다. 그 부모는 너무나 미숙하여 아이가 성장을 하게 되면 부모역할을 할 수가 없게 된다. 어떤 부모는 유아를 아주 싫어하는데 이는 아마도 자신의 유아적인 면을 참을 수 없기 때문일 수가 있다. 사랑과 도움을 주고 절충을 하려는 의지가 인생을 풍부하게 하는 부모역할의 핵심일 수가 있다. 아이 갖는 것을 원치 않는 사람들은 아이를 기르면서 받을 수 있는 중요한 발달의 혜택을 누리지 못하는 것이다.

한 여성은 아이를 낳게 되면 자신의 성공적인 직업을 포기해야 할 것 같아 아이 갖는 것을 두려워하였다. 그녀가 35세가 되었을 때 너무 늦기 전에 직업을 포기하는 경우가 있더라도 자식을 가지려고 남편과 상의하여 결정하였다. 하지만 나중에 아이를 가진 후에 아이를 위하여 직업을 포기한 것이 그토록 행복을 가져다 줄 줄을 몰랐다고 고백했다. 그녀는 "나는 내가 아이를 사랑할 때에 어떤 일이 일어날지를 미처 깨닫지 못했다"는 말로써 어머니가 된 기쁨을 표현하였다.

(11) 자기애성 성격장애의 원인

가족이 어떠한 체제로 운영될 것인가 또는 아이를 어떠한 환경에서 자라게 할 것인가 등등은 결혼하기 전에 이미 결정되어야 할 사항들이다. 만약에 아이를 잉태하고 기르는 태도를 부부의 즉흥적인 필요에 의해 아주 쉽게 그리고 자기중심성에 의하여 결정한다면 그 아이는 고통스러울 수밖에 없다. 이렇듯 자기중심적인 부모에게서 태어나 성장한 아이들은 자기애성의 성격

소유자가 되기 쉽다.

자기애성 성격이 형성되는 원인은 여러 가지로 그 이유를 찾아 볼 수 있다. 그 원인은 배우자를 잘못 선택했을 때와, 독자로 자랄 경우, 자기중심적인 부모 밑에서 성장하는 경우 등 여러 가지로 그 원인을 찾아볼 수 있는데 다음에서는 그 원인을 조명해 보고자 한다.

가. 배우자를 잘못 만나는 경우

아이가 태어나기 오래 전부터 부모들이 갖추어야 할 가족의 기능이 잘못되어 있는 경우가 많다. 부부 상호간에 존경심이 있을 경우에는 서로 상이한 점이 있다 하더라도 이는 고무적으로 받아들이고 그 결혼은 믿어지지 않을 정도로 금실이 좋은 관계를 오랫동안 지속한다. 하지만 결혼에 대한 문제는 그 동안 부부가 자라왔던 배경, 즉 교육, 가족환경, 사회환경이 극단적으로 달랐던 사람들이 다만 혼인 연령이 넘어 다시는 배우자를 만나지 못할 것 같은 생각에서 결혼을 하게 되면 큰 어려움이 생길 수 있다. 부부간의 상호작용이 어떠한 부모가 될 것인가를 결정하는 요인이 되기 때문이다.

또한 여인이 남자를 선택할 때에 그 사람은 실패자이기는 하지만 자신에게 아이를 줄 수 있다는 생각에서 결혼을 하였다면 그녀의 그런 생각이 그대로 아이들에게 전달되어 어머니는 능력이 있고 아버지는 실패자로 아이들에게 비추어질 수 있다.

효숙이는 자기의 부모가 동등하게 상호작용을 할 수 없고 항상 한 사람이 다른 사람을 경멸하고 있다는 것을 느꼈다. 그녀의 어머니는 항상 아버지의 술 마시는 습관에 대해 비판했고 그리고 집에서 필요한 곳을 고칠 수 있는 일 이외에는 돈을 벌어 오지 못함에 대해 불평을 하였다. 효숙이 아버지는 잡역부였지 남자가 아니었다. 효숙이는 자기 아버지는 약하고 자신의 부모가 잘못 결혼하였다는 것을 느꼈다.

어떤 결혼이라도 한 사람이 자신감이 없다면 그 결혼은 불안정하다. 한 쪽이 다른 쪽을 문제해결자로 생각하면서도 역설적으로 서로의 다른 점에 대하여 위협을 느끼기 때문이다.

아이들은 집안의 화목을 위하여, 설령 자신에게 심리적인 장애가 생기는 희생을 감수하는 경우라도, 최선의 노력을 기울이려는 노력을 한다. 정서적으로 학대를 받은 아이들은 대체로 몸이 아픈 증세를 보이는데 이는 보편적으로 부모의 잘못된 결혼 때문에 생겨난 스트레스가 그 원인이 될 가능성이 높다. 그 아이는 부모의 고통 때문에 자신의 성장에는 문제가 있으나 부모를 위하여 고통을 가능한 한 자신이 감수하려는 노력을 한다. 이는 부모들이 자신들의 결혼에 대한 문제보다 병이 난 아이에게 관심을 기울이게 되면 그들의 문제는 생각할 겨를이 없어진다는 생각에서이다. 아이는 본능적으로 병이 든 자신에게 부모의 관심을 끌어들여 부모들의 화합의 장을 만들어 주려는 노력을 하게 된다. 아이는 "나는 병이 든 상태가 오히려 좋아. 왜냐하면 부모가 내 병에 대하여 관심을 갖고 낫게 하려는 노력을 하는 동안에 부부간의 문제는 조용해질 테니까"라는 뜻을 가지고 있다. 아이는 만약에 부모의 결혼이 파경에 이르게 되면 자신의 입지가 어려운 환경에 내쳐질 것 같은 본능을 감지하고 있기에 병이 든 상태를 더 선호하게 되는 것이다.

또한, 경제적인 이유로 결혼을 하는 것은 아이에게 불행한 결과를 초래하는 파괴적인 행위이다. 과거에는 중하층이나 중층의 남자가 중상층의 아내를 맞아 신분을 높이고자 한 경우가 많았다. 경제적인 이유로 결혼한 사람은 항상 불안한 상황에 처하게 된다. 권력은 돈이 있는 배우자에게 있게 되고 돈이 없는 쪽의 배우자는 더 가난하게 사는 쪽으로 잘못될 경우가 많기 때문이다. 한 남자가 경제적인 이유 때문에 결혼을 하였는데 그 남편은 자신이 부인의 부동산 관리인으로 남는 것에 대한 두려움에 항상 쫓기고 있었다. 이렇듯 동등하지 않은 결혼은 불안정을 초래하므로 부모의 결혼관계가 단단하게 결속되어 있지 않다는 것을 아이는 감지할 수 있다.

나. '계획된' 부모의 역할이 아닌 경우

의식적이거나 무의식적이거나 부모들은 자신의 아이들을 가지려는 계획을 해 왔다. 부모가 때로는 임신이 우발적인 것이라는 말을 하지만 그 임신은 다만 계획하지 않은 아이라는 뜻이 옳다. 심리적인 입장에서는 무의식적이란 의식적인 것과 같은 것으로 간주된다. 우발적이라는 것은 상당히 드문 일이기 때문이다. 대부분의 경우에서 원하지 않는 임신이란 원하는 임신이지만 다만 어린이를 기를 때에 책임을 지고 싶지 않다는 뜻이 내포되어 있다.

인생의 길을 선택할 때에 우리는 선택에 대한 윤리적인 책임을 지게 된다. 하지만 임신에 대한 책임은 일생을 통해 감수해야 하는 것이다. 이 때문에 때로는 부모가 이를 피하고 싶은 마음이 드는 것이다. 이러한 태도가 아이를 학대하는 결과로 이어져 성격장애자로 성장하게 만들 수 있다.

다. 원치 않은 아이

아이들은 부모가 자신들에게 욕구불만이거나 실망했을 때 이를 안다. 희영이는 이러한 기분을 다음과 같이 표현한다.

"나는 실망 속에서 태어났다. 내 언니가 6세 되었을 때에 어머니는 언니와의 애착 관계에 대하여 생각을 하고 있었다. 엄마는 다른 아이가 태어나면 언니와의 애착관계가 나빠질 것을 생각하였고 또한 아버지에게는 아들을 낳을 것이라고 약속을 한 상태이었다. 아버지는 딸이 태어났다는 소식을 들었을 때 굉장히 화를 내었고 나를 보기 전 몇 시간 동안 그저 마구 길을 쏘다녔다고 한다. 내 삼촌이 신생아인 나를 그에게 전달했는데 아버지는 그 삼촌과 한동안 말도 하지 않았다."

어머니가 만성적인 우울증에 시달리게 되면 아이가 태어났을 때 축복하는 기분이 들지 않는다. 신생아는 어머니의 거부반응을 느끼며 자신이 원치 않는 아이인 것을 감각적으로 알게 된다. 아이에 대하여 비현실적인 환상을 갖고 있는 어머니들은 현실적으로 아이들은 항상 귀엽고, 꼭 안아주고 싶으며, 달콤하지만은 않다는 데서 환상이 깨진다. 사실상 부부가 서로 원해서 가진 아이는 부모에게 아주 사랑스럽고 서로가 기쁨으로 상호 보완한다. 하지만 어떤 아이들은 태어나면서부터 설령 그 아이의 행동, 즉 울고 대소변을 보고 하는 것이 다른 아이와 다를 것이 없는 정상적인 행동이라 할지라도 처음에 생각했던 환상과는 아주 다르게 지각되어 그런 행동을 부정적으로 생각하고 아이와 애착관계가 일어나지 않을 수 있다. 아주 나쁜 경우는 아이가 실망스럽다는 것을 그 아이에게 알리는 것이다. 그 아이가 사랑스럽거나 또는 아니거나와 상관없이 부모를 괴롭히는 명실상부한 괴물이 되어 미움의 관계가 이루어질 수 있다.

의학적으로 건강하게 자라지 못한 아이는 이러한 조건의 결과일 수가 있다. 이렇듯 사랑을 받지 못한 아이는 뚜렷한 신체적인 결함이 없다 하더라도 정상적으로 성장하지 못할 수가 있다. 부모의 사랑을 제대로 받지 못한 아이는 사실상 신체적인 성숙에도 문제를 보이며 그 원인은 정서적인 박탈감으로 간주된다. 이러한 경우에는 또한 심리적으로도 성장하지 못한다.

라. 독자의 경우

어떤 부모에게는 아이들이 너무 많아 아이들을 개개인이 부모로 부터 적절한 관심을 받을 수가 없는 경우가 있다. 하지만 독자일 경우에는 과보호와 개인에게 쏟아지는 중압감 때문에 신경성이 되기 쉬운 위험을 안고 있다. 독자는 가족 내에서 그의 자기중심성적인 필요가 힘들지 않게 채워질 수 있는 위치에 있기 때문에 위험한 상황에 있다고 하겠다. 독자는 집안 내에서 과도하게 평가되는 데서 그 문제는 시작된다. 부모의 모든 기대가 한 아이에게 집중되고 그 아이는 그러한 상황에 상당한 압력을 받게 된다. 아이가 부모에게서 듣는 "너 밖에는 없어," "너는 내 유일한 희망이야," "네가 결혼하기까지 기다리기가 힘들어," "언제 손자를 보게 될까?" "너는 전문직업에 종사해야 해," 등등의 말들이 아이에게는 부모를 실망시켜 드리지 말고 즐겁게 해 드려야 겠다는 마음의 압박으로 다가온다.

롤로 메이(Rollo May)는 그의 책 『사랑과 의지』(Love and Will,

1969)에서 다음과 같이 말하고 있다.

산아제한 때문이나 다른 부득이한 이유로 독자만을 갖겠다고 생각하는 부모는 그 불쌍한 아이가 얼마나 심리적인 부담에 시달려야 하는지를 고려해야 한다. 독자를 가진 부모들은 아이를 과보호하려는 유혹을 떨쳐내지 못하고 있다. 그 아이가 부르면 부모는 뛰어가고, 그 아이가 속삭이면 부모는 어쩔 줄 모르고, 병이 났을 때는 죄책감에 시달리고, 잠을 자지 못할 경우에는 그 아이가 신경쇠약증에 걸릴 것 같아 걱정을 한다. 이러한 아이는 자신이 처한 상황 때문에 부모가 원하는 바와 설령 다르게 되기를 원한다 해도 될 수가 없는 처지가 된다. 그 아이의 자유는 상당히 박탈될 수밖에 없고 자신이 감당할 수 없는 왕실에 태어난 왕자와 같은 무게를 안고 살아야 한다.

이러한 독자에게 한쪽의 부모를 잃는 것과 같은 문제가 봉착됐을 때에는 건전하지 못한 관계로 발전할 수 있다. 독자인 한 남자아이가 세 살 때 아버지를 잃고 편모슬하에서 자랐다. 그 아이는 인생의 모델로써 아버지를 가져본 적이 없었다. 그 아이와 어머니는 위험할 정도로 가까웠고 그 아이가 어머니와의 가까운 관계가 다른 사람과의 관계를 맺는 데 문제가 되었다. 어머니는 그 아이가 친구와 대화를 할 때에도 보통 이상으로 간섭을 하였고, 그 어머니는 다른 남자친구와 만나지도 않았고 별다른 친구도 없었다. 그 아이가 어머니의 단 하나인 인간관계이었고 그 아이를 통한 대리경험으로 인생을 살고 있었다. 만약에 그 아이에게 한 명이나 두 명 정도의 형제가 있었다면 또는 그 어머니가 다른 친구들과 만나고 있었다면 상황은 달라졌을 것이다.

옛날처럼 대가족 제도에서는 미숙한 부모의 역할이 할아버지 할머니나 고모, 삼촌과 같은 사람에 의하여 어느 정도 보완이 되었다. 하지만 독자를 가진 가정에서는 아이가 소외되면 부모 이외의 그 어느 사람도 도움을 주지 못하는 상황이 된다. 독자에게는 자신의 부모로부터 건전한 독립심을 갖기 위하여 다른 역할 모델을 찾을 수 있도록 격려해 주어야 한다.

(12) 자기애성의 부모

자기애성의 부모는 가족 내에서 자신들을 최고의 자리에 배치한다. 아버지는 제왕으로 언덕의 꼭대기에 위치해 놓고 어머니는 궁전의 여왕이다. 부모는 자신들의 자기중심적인 욕구를 제일 중요하게 생각하고 다른 가족성원들의 필요는 그 다음으로 제쳐놓는다. 자기중심성의 부모는 '우리' 라는 가족 공동체의 의식보다는 '나' 를 강조하기 때문에 나르시스즘의 필요를 충족시켜 주어야 할 나이의 아이들에게 문제의식을 심어 준다. 자기중심성의 부모는 "내가 너를 낳았다"라는 개념을 크게 부각시켜 아이를 갖는 경험이 오직 부모자신에게 국한되어 아이는 이 경험에서 제외되는 것과 같은 생각이 들게 한다.

이처럼 이기적인 부모는 자신의 욕구를 첫째로 충족시켜 줄 것을 기대하고 있다. 한 소년의 아버지는 그 소년에게 말하기를 "내가 우선이다"라고 말했다. 부모의 자기중심적인 욕구는 아이와 갈등을 일으키게 마련인데 이는 아이의 나이가 어릴수록 그 갈등은 심각하게 마련이다. 미국의 월 스트리트저널(Wall Street Journal)에 에드워드 윈(Edward Wynne)이 기사를 기고하였는데 그 기사에는 이러한 내용이 실려 있다.

"결혼한 부부가 아이를 가지려는 계획을 세웠다면 아주 심각하게 부모의 역할에 대해 생각해야 하고 충실하게 그 역할을 수행해야 한다. 이는 인생에서 자신이 달성하고자 했던 성공의 목적을 희생해야 할 상황에 처하기도 하는데 이 희생들은 직장에서의 승진, 지리적으로 멀리 떨어진 곳으로의 이사, 또한 쉽게 이혼하는 것과 같은 일들을 포기해야 할 경우가 포함된다."

부모가 된다는 것은 상당한 책임과 희생이 따른다. 가족 내 모든 성원들에게 필요한 모든 충족을 동등하게 하기 위하여 최대한의 노력을 보이는 것은 부모로서 심각하게 책임져야 할 중요한 사안이다.

2. 전제적인 부모

보편적으로 부모는 전제적이 되기 쉽다. 이는 아이는 미숙하다는 생각에서 자신들이 아이들을 이끌어 주고 훈육해야 한다는 노파심이 작용하기 때문이다. 하지만 아이들이 설령 부모의 눈에는 미숙하게 보여 실수를 할 것만 같아도 어려서부터 비록 나이가 어릴지라도 그들의 의지와 통찰이 민감하고 정확하여 어떤 경우에는 인생의 갈림길에서 부모보다 더 올바른 길을 선택할 수 있는 것이다. 이 장에는 전제적인 부모(Tyrannical Parent)의 성격성향과 그들이 흔히 잘못 생각하고 행동하는 아이의 양육에 대한 실수에 대해 살펴보고자 한다.

(1) 언덕 위의 황제

부모에게 사랑을 받지 못하고 성장한 사람은 이에 대한 부족함을 보상하기 위해 다른 가족성원에게 전제적인 군주로 군림할 수 있다. 전제적인 부모는 자주 잔인함과 비융통성 그리고 화를 잘 내는 형태로 아이들을 다룬다. 그의 기분은 광범위하게 그리고 예측불허하게 움직이며 가족성원 모두가 그에게 복종하고 그의 요구를 들어 주어야 한다고 생각한다. 그와 그의 자녀들은 그를 언덕 위의 제왕이라고 생각하며 어머니가 이러한 성격을 가지고 있을 경우에는 여왕이라고 생각한다. 전제적인 부모는 자기중심적인 성격장애를 갖고 있으며 그의 필요가 적절히 채워지지 않아 가족성원들을 교란시키는 것으로 보상을 받으려 한다. 이러한 분위기에서 생활하는 아이들은 불신과 두려움의 감정을 가지고 성장한다.

가정은 부모뿐만이 아니라 가족성원 모두를 위한 것이다. 하지만 전제적인 부모에게 가정은 자신을 중심으로 자신의 뜻대로 움직여져야 한다고 생각한다. 기준이는 자신의 형이 집에 친구를 데리고 왔을 때 일어난 사건이 너무나도 황당하여 친구를 집에 데려 올 생각을 전혀 하지 못한다. 그의 부모는 아이들이 놀 때에 혹시 불미스러운 일이 일어날지도 모른다는 걱정을 지나치게 하여 지속적으로 형이 친구들과 놀고 있는 상황에 끼어 들었다. 그 친구들은 너무나 불편하여 일찍 집으로 돌아갔다.

집안의 내부를 꾸밀 때에 전제적인 부모들은 아이들을 위주로 꾸미지 않는 경우가 많다. 예를 들어 집을 하얀색으로 집안을 꾸미면 의자에 앉을 때나 집에 들어올 때에 집안이 더렵혀질 것을 걱정해야 한다. 부모들이 집을 아주 고급스럽고 예쁜 물건들로 장식을 하게 되면 이는 성인들만을 위한 집이지 아이들을 위한 집은 아니다. 『믿는 만큼 자라는 아이들』의 저자 박혜란씨는 집을 항상 정돈하기보다는 어지럽혀 놓는 것이 아이들을 창의성 있게 키우는 방법 중의 하나라는 말을 한다.

(2) 전제적인 분위기

지배적인 부모는 가정에서 자주 전제적인 분위기를 조성한다. 많은 전제적인 부모는 "네가 내 집의 지붕 밑에 사는 한은……," 또는 "내 집에서는 불행할 권리가 없다"라는 말을 한다. 그들은 자녀가 화가 나 있으면 문제가 무엇인지를 알려고 하지도 않고 "웃어라"라고 명령조로 말한다.

여란이의 아버지는 항상 "행복해라. 네가 행복한 한은 나도 행복하다"라고 말을 했다. 하지만 여란이에 의하면 항상 행복이라는 뜻의 범주에는 논쟁의 여지가 있었다. 그녀를 행복하게 하는 것은 아버지가 행복해 하는 것과 일치하지 않았다. 그녀는 집에 있을 때에 행복 이외의 조건은 표현할 수도 또는 서로 나눌 수도 없는 제한적인 분위기를 느꼈다. 여란이는 이 제한된 감정을 다른 사람과의 관계에까지 연장시켜 인간관계에서 자신의 마음의 문을 열 수가 없었다. 그녀의 아버지는 가족의 조화를 위해서는 가족이 느끼는 정직한 기분을 표현하지 못하게 했다. 아버지는 그녀의 내면적인 세계와 욕구에 대해 공감하고 감정이 이입되는 것을 원치 않았다.

전제적인 부모는 자기 혼자서만 일을 열심히 한다는 생각으로 항상 집안 분위기를 무겁게 만들며 아이들에게 일할 것을 강요한다. 그는 아이들에게는 그들이 해야만 하는 일이 있는 것을 모르는 것 같다. 아이들은 학교에서 공부를 해야 하고, 악기를 배우며, 스포츠를 하고, 집안에서 작은 일을 돕는다고 해도 그들이 마치 아무 것도 하지 않는다는 듯이 불평을 자주 한다. 어떤 아이들은 집안을 청소하는 것과 집안식구를 위해 음식을 장만하는 일을 종용받는다. 아이들의 필요를 위한 시간은 계산에 넣지 않는다. 어느 소녀는 저녁 시간을 자신의 아버지를 위해 써야만 했다. 그녀는 버스 정거장에서 아버지를 기다려 같이 집으로 돌아와야 했고 저녁밥을 지어 드리고 설거지를 해야 했으며, 저녁식사 후에는 아버지와 대화를 해야 했다. 만약에 딸이 저녁에 다른 일을 한다고 하면 아버지는 마음 아파했다. 이러한 아이에게는 책임만 주어졌지 자신의 인생을 위해 발전해야 할 동기유발이나 권리는 주어지지 않았다.

기분이 때로는 부모의 무기가 된다. 아이가 부모의 만성적인 나쁜 기질, 즉 화내고 신경질 부리는 두려움 속에서 생활하면 정서적인 채찍질과 함께 사는 격이 된다. 이러한 아이들은 항상 억울하게 처벌받는 것과 같은 기분으로 생활한다.

전제적인 것은 자주 신체적인 폭력으로 이어진다. 이러한 위험이 발생할 때에 아이들은 그의 인생과 안전에 위험을 느낀다. 도형이가 8살이었을 때 아버지를 따라 잡으려고 뛰다가 아버지와 부딪쳤다. 아버지는 미친 사람처럼 폭발을 하면서 그를 때렸다. 다른 부모들은 아이들을 위협할 때에 마치 때릴 것처럼 손을 높이 쳐드는 경우도 있다. 하지만 실제로 아이를 때리지는 않는다. 이렇듯 실제로 때리지 않고 때리는 척 하는 행동으로 아이들을 학대하지 않았다고 자신을 방어하지만 이러한 통제 후에는 그 동안 참아왔던 분노의 감정이 폭발하는 경우가 종종 있다. 이렇듯 언제 어떻게 폭발할지 몰라서 살얼음판 위를 걷는 것처럼 생활하게 되면 아이들은 두려움에 떨며 복종적이 되고 부모가 언제 어떻게 반응할지를 몰라 부모를 믿지 못하게 된다.

밖으로 표출되지 않은 심리적인 전제조건은 기분에 대한 전제주의라고 할 수 있다. 부모가 아이들에게 "지금 내게 말걸지 말라. 내 기분이 어떤지 모르겠니?"……, "입다물어", "오늘 아빠에게 말하지 마라. 아빠는 사무실에서 상당히 힘든 날을 보냈으니까" 라는 말을 서슴없이 하는 경우에 아이들에게는 분노의 감정을 표출하거나 부모를 비판할 수 있는 기회가 심하게 제한된다. 한 소녀는 "내가 분노를 표현하고자 할 때마다 어머니가 그러한 일을 참지 못하고 허용하질 않았다. 어머니에게 내 의견을 말할 수 있는 기회는 내게 주어지지 않았다"고 씁쓸하게 말했다.

은숙이의 아버지는 사실이든 아니면 상상이든 은숙이가 저지른 아주 조그마한 실수에도 매를 들어 집안은 항상 두려움과 겁에 질린 분위기였다. 그녀는 "아버지의 기분은 폭력적이고 예측불허했다. 한 주일 가족의 운명은 하찮은 그날의 농구시합 결과에 달려 있을 수도 있고, 그 어느 사소한 것이라도 아버지의 화를 돋울 수 있었다. 전화 교환수와도 소리를 지르고 싸우고 어떤 때는 전화까지 집어던져 깨뜨리곤 하였다. 어떤 경우에는 많은 사람들 앞에서 사람을 때리는 경우도 있었는데 사실은 그의 분노가 나를 더 두렵게 만들었다. 밥을 먹은 후 아버지가 바지의 혁대를 풀면 배가 불러서 푸는 것인지 아니면 나를 때리려고 푸는 것인지를 구별하기 힘들었다. 지금은 그가 때린 사실보다도 그 두려움을 더 기억한다."고 말한다.

은숙이의 어머니는 이러한 전제적인 분위기에 수동적이어서 은숙이를 아버지의 비이성적인 공격으로부터 막아주지 못했다.

(3) 끔찍한 폭력학대에 대한 사례

심하게 전제적인 행동을 표출하는 부모는 때리고, 화상을 입히고, 심하게 무시하여 아이들을 신체적으로나 정서적으로 평생 동안 두려움에 떨게 만든다. 이러한 부모들은 심리적인 망상의 병에 시달리거나(신이 나에게 아이를 때리라고 명했다. 등등), 또는 공격적인 성격장애를 가지고 있어 자신의 욕구나 욕구불만을 아이들을 때리는 방법으로 표현하는 사람이거나, 아니면 종교의 맹신자이거나, 또는 내면이 혼란하여 폭력적인 행동을 통제하지 못하는 사람들이다.

한 아버지는 성질이 급하고 화가 나면 신체적인 학대를 가하는 사람이어서 부인으로부터 이혼을 당한 상태였다. 초등학교 2학년에 다니는 아들이 공부는 하지 않고 심부름시킨 돈을 오락실에서 써버린다고 옷을 벗겨 매를 때린 후 전기줄로 손을 묶은 뒤 장롱에 매달고 15일 동안 방에 감금하고 밥도 주지 않았다. 이 사건을 알게 된 경찰은 아버지에게 살인미수죄를 적용하여 구치소에 감금하였다. 아버지가 감금된 뒤에 그 아이는 누구도 보살펴 주는 사람이 없는 집에서 지낼 수밖에 없었다.

신체적인 학대를 받은 아이들이 상처를 입고 병원에 실려오게 되면 그때에 마음속으로 느낀 부모에 대한 분노와 욕구불만은 오랫동안 사라지지 않고 마음에 남는다. 이와 마찬가지로 심리,

정서적으로 학대를 받은 아이들도 처음에는 그리 크게 나타나지 않은 것 같아도 신체적인 학대와 같이 마음의 상처로 오랫동안 남는다. 아이들 학대의 어려운 점은 부모는 상당한 힘을 행사하고 아이들이 자신을 방어할 수 없다는 데 문제가 있다. 하지만 이러한 학대의 대가가 한 세대에서 끝나지 않고 다음 세대로 대물림하는 데 더 큰 문제가 있다.

비록 부모의 행동이 극단적으로 폭력적이지는 않다고 해도 전제적인 부모는 자신의 아이들이 부모의 폭력적인 태도를 받아들이지 못하는 것에 대하여 가학적이거나, 신경을 건드리거나, 꾸짖거나 하는 행동으로 다룬다. 잔인함이 때로는 농담과 같이, 또는 그저 지나가는 말과 같이 들린다고 해도 아이들은 그 말 속에 숨겨져 있는 부모의 거부적인 생각을 감지한다. 한 아버지는 "우리는 너희보다도 돼지를 기르는 것이 낫겠다."는 말을 했다. 또 다른 어머니는 이슬이에게 "이번 크리스마스 때에 어떤 선물을 갖고 싶으냐? 하지만 네 선물을 살 돈이 없다. 내년에는 어떨는지…"라는 말을 했다. 이슬이의 어머니는 성탄절에 이슬이에게 전화를 하는 법이 없다. 하지만 이슬이의 언니에게는 전화를 항상 한다. 이슬이가 어머니의 전화를 기다리다 못해 전화를 걸면 그의 어머니는 아무렇지도 않은 듯이 지금 금방 너의 언니와 통화를 했다는 말을 하곤 한다. 이러한 경우는 아이를 심리적으로 학대하는 것이다.

형진이의 어머니는 어떤 날 그에게 충고를 해 주면서 "너는 이제는 이것을 알만한 나이가 되었고 또 이를 알만큼 못나기도 했다"라는 말을 덧붙였다. 그래서 형진이가 왜 그런 말씀을 하느냐고 물었더니 그 어머니는 "나도 모르겠다. 그냥 내가 자랄 때에 어머니가 항상 내게 그 말을 했다"라고 답변했다.

많은 부모들은 자녀들이 그들의 외모에 대해 편안한 마음을 갖도록 도와 주는 것이 얼마나 중요한지를 모른다. 아이들의 외모를 가지고 놀려대거나, 흉한 부분을 고쳐주지 않는다거나(예를 들어 치열이 정말 흉한데 치아의 교정을 해 주지 않는 것), 아이들이 얼굴을 꾸미고 화장하는 것을 전적으로 부정하게 되면 아이들의 사회적인 발달에 장애를 가져올 수 있다.

지희는 18세가 되는 해에 미팅에 가고자 미용실에 들려서 머리를 하고 기분 좋게 집에 돌아왔는데 아버지가 새로운 머리스타일에 대해 야단을 했다. 그녀는 아버지가 자신이 예쁜 것에 대하여 편안치가 못하고 그녀가 남의 눈에 띄지 않게 그저 평범한 상태에 만족한다고 느꼈다. 아버지는 딸의 성장이 남자의 눈에 뜨일 것 같아 위협을 받았고 성숙한 여인으로 성장하는 것을 인정하지 않으려 하였다. 이러한 결과는 지희에게 자신이 성(性)을 느낄 수 있는 사람이라는 것을 수용하는 데 상당한 어려움을 겪게 하였다. 그녀는 그 후에 상당히 뚱뚱해졌고 전혀 매력과는 거리가 먼 사람으로 자기비하를 하면서 살았다.

(4) 융통성의 부재와 위선

전제적인 부모는 아이들이 모든 것을 완벽하게 하기를 바라는 융통성이 없는 성향을 가지고 있으면서도 자신들은 잘못을 저질러도 용납을 하는 위선적인 성격을 지니고 있다.

다빈이 아버지는 아이들이 자신을 거부할 것 같아 이에 대해 불안하고 두려워서 융통성 없이 거칠게 아이들을 다루고 있었다. 아버지는 자신이 단호하지 않으면 아이들이 자신을 버릴 것 같은 생각이 들었다. 사실은 융통성을 가질 수 있는 능력은 대단히 강한 것임에도 불구하고 다빈이의 아버지는 대부분의 전제적인 부모의 생각과 마찬가지로 융통성이란 약함을 나타내는 것이라고 생각했다.

규홍이는 아버지를 어느 곳에 모셔다 드리기 위해 운전을 하였다. 그 곳에 가는 길을 규홍이가 더 잘 알고 있었음에도 그 아버지는 자신이 지시하는 길로 가라고 종용하였다. 아버지가 가르쳐 준 길이 멀고 복잡하다는 말을 하자 그 아버지는 소리를 지르며 어른의 말에 순종을 하지 않는다고 야단을 하였다. 아버지의 융통성의 부재가 결국 규홍이에게 복잡하고 먼 길을 택해 아버지를 모셔다 드리게 만들었다.

성호 아버지는 사회적으로 상당히 명망이 있는 직업에 종사하고 있다. 그는 직장에서 상사에게 무조건 복종적이다. 하지만 부하가 조금만 신경에 거슬리는 말을 하면 그 자리에서 폭발하는 위선적 인물이다. 퇴근하여 집에 오면 식구들과는 거의 대화를 하지 않고 불편한 분위기를 조성한다. 그리고 항상 "자식농사 잘못지었다."라는 불만을 폭로한다. 조그맣게 자영업을 하는 성호는 아버지가 이루어 놓은 것 만큼 사회적인 성공을 이루지 못했다는 죄책감과 함께 자신이 아버지께 원하는 자식이 아니라는 것을 감지하고 어머니께만 자신의 문제를 의논하는 아버지 없는 자식이 되었다.

(5) 전제적인 행동의 결과

전제적인 부모 밑에서 성장하는 아이들은 심리적으로나 신체적으로 깊은 상처를 입는다는 것은 피할 수 없는 사실이다. 어떤 아이들은 자신이 받았던 저주를 다음 세대에 세습한다. 또 다른 부류의 사람들은 자기 부모와 비슷한 잔인한 사람에게서 얻을 수 없었던 사랑과 애정을 찾아 헤맨다.

명선이는 아버지가 자신을 대했던 것과 같이 자신을 대하는 남자와 사귀고 있는 것을 발견했다. 그는 비판적이었고, 냉정했으며, 그녀를 위험에 빠뜨리거나 거부했고 정서적으로나 신체적인 즐거움을 느끼지 못하게 만드는 사람이었다. 그녀는 강박적인 필요로 그의 애정을 구하면 구할수록 또한 좋은 관계를 맺으려고 노력하면 할수록 더욱 더 거부를 당했다.

전제적인 사람과의 만남에서 대체로 아이들은 약해지는 것을 느낀다. 기섭이는 물질적으로는 풍족하게 채워주지만 정서적으로는 아무 것도 해 주지 못하는 그의 아버지 앞에서 항상 피곤함을 느낀다. 기섭이는 자기 아버지에게 전화하는 것을 아주 싫어한다. 기섭이는 아버지가 자신에게는 전혀 전화를 하지 않고 자신이 아버지에게 전화를 하면 듣지 않는다는 것을 안다. 기섭이는 아버지의 기본적인 인간관계에 대한 불안정감은 사람들이 그와 함께 있기를 꺼려한다는 두려움에서 시작되었다는 것을 깨달았다. 그의 아버지는 이러한 두려움에 대한 반응을 기섭이를 향한 적개심으로 나타냈다.

가끔 아이들은 자신들에게 금지된 행동을 함으로써 부모의 전제성에 반항을 한다. 만약에 아이가 성적으로 혼란하다면 이는 부모의 성에 대한 격렬한 부정에 대한 반응일지도 모른다. 이러한 반항은 그 자신을 파괴시킨다.

경미는 자신의 독립을 시도하기 위해 아버지의 집을 떠난 후에 부모가 반대하는 사람과 결혼을 하였다. 그녀는 그 사람을 사랑하지 않았고 이렇듯 짝을 잘못 만나 자신을 파괴하는 결혼은 아버지의 전제성에 대한 반발이라는 것을 깨달았다. 그녀의 아버지는 전제적인 사람이었고 그녀의 어머니는 아버지의 기분을 맞춰주는 노예와 같았다. 경미는 이러한 일에 반항을 하여 자신이 좋아하지도 않는 사람과 결혼을 하여 덫에 걸린 것과 같은 기분이었다. 하지만 자신의 남편이 위협을 느낄 것 같아 자기 인생에서 의미를 줄 수 있는 다른 사람과의 관계를 맺으려는 노력도 하지 않았고 이혼은 생각조차 하지 못했다.

전제적인 부모는 자신의 독재성을 알지만 이를 통제하지 못하는 데 문제가 있다. 전제적인 성격을 알게 되는 것은 가족의 제도 속에서 항상 부정적인 태도를 보이는 것이다. 이러한 사람은 전문가의 도움을 받을 필요가 있다. 그대로 방치하면 가족성원의 인생을 망칠 수 있기 때문에 전제적인 성격을 변화시켜, 가족구성원들은 존경받을 만한 인격을 지닌 사람들이라는 사실을 배우게 하는 것이 급선무이다.

3. 소유욕이 강한 부모

탐욕스러운 부모는 아이가 자랄 수 있는 가능성을 꽁꽁 묶어 독자적인 성격으로 성장하지 못하게 만드는 부모를 의미한다.

이러한 부모들은 규칙과 강요와 과보호의 사랑과 죄의식으로 아이들을 질식시킨다. 이러한 부모들은 아이들이 독자적으로 독립된 인생으로 살기 위하여 상당기간이 걸리는 성장의 과정을 허용하지 않는다. 자식을 질식시키는 부모는 자신들은 크게 희생하고 부양의 책임을 과하게 지면서 아이들의 인생과 마음이 자신에게 되돌려지기를 바라는 과한 투자를 한다. '나는 너의 모든 것을 원한다'가 그 내면에 깔려 있는 생각이다. 소유욕이 강한 탐욕적인 부모는 목마르게 아이들의 사랑과 관심을 받기 원한다. 이 장에서는 소유욕이 강한 부모의 양육태도가 아이의 성격형성에 어떠한 영향을 미치는지에 대하여 논의하고자 한다.

(1) 질식시키는 부모

소유욕이 강한 부모는 아이들이 부모로부터 독립하는 것을 원하지 않고 아이들이 세상을 향하여 나갈 수 있는 모든 잠재력을 제한시킨다. 이러한 부모는 아이들을 친구로 간주하여 자신이 화가 났을 때 위로를 해 주기를 바라며 또한 흉금을 털어놓고 자신의 편이 되어 주기를 바란다. 이러한 경우는 아이를 정서적으로 학대하는 것과 다름이 없다. 이러한 일은 아버지가 딸에게 또는 어머니가 아들에게 지나친 요구를 하는 데서 비롯된다.

경선이의 아버지는 자기의 우울한 생각을 밝게 해 줄 편지를 자기에게 보내달라고 딸에게 요구했다. 그 아버지는 경선이가 없이는 살 수 없다고 했다. 그 후에 경선이는 돈을 은행에서 빌려 그녀의 오빠에게 빌려 주라는 아버지의 권고를 받고 큰돈을 은행에서 빌려 아버지를 기쁘게 해 줄 요량으로 오빠에게 빌려

주었다. 사실상 그녀는 아버지의 문제를 해결해 주는 사람이었고 어머니 대리역할을 했으며 집안에서는 경제적인 후원자 역할을 하고 있었다. 경선이가 이러한 자신의 역할을 알아차렸을 때에 그녀는 아버지의 요구와 압력으로부터 분리되는 것이 자기의 인생에서 절실하다는 생각이 들었다.

미희는 아버지가 가장 아끼는 딸이었는데 그녀는 항상 어머니가 아버지를 위하는 것만큼 아버지에게 잘하지 못하고 있다는 말을 아버지로부터 되풀이하여 들었다. 이렇듯 어머니와 비교하여 경쟁하는 마음을 가지게 함으로써 그 아버지는 자신과 부인 사이의 좋지 못한 관계를 딸에게 보상받으려는 시도를 하였다. 그 아버지는 이러한 방법으로 그녀가 어머니와 동일시하지 못하도록 만들고 있었다.

명숙이 역시 아버지의 보호자 및 시녀노릇을 하고 있었다. 그녀의 어머니는 아버지의 시중을 드는 것에 지쳐서 "너는 너의 아버지 딸이니까 아버지를 돌봐드려라"라는 말을 했다. 명숙이는 아버지를 기쁘게 해 드릴 생각에서 음식을 하고 집안을 청소하곤 하였다.

미국의 대통령 토마스 제퍼슨도 이렇듯 질식시키는 부모의 역할을 한 것으로 유명하다. 딸에 대한 그의 사랑은 지나칠 정도였다. 자신이 행복하기 위하여 그는 딸들의 지속적인 보살핌과 애정이 필요했다. 그는 딸 마사에게 쓴 편지에서 "이 세상에서 너만큼 나를 행복하게 또한 비참하게 만드는 사람은 없다"라고 썼다. 그 후 10년 뒤에 딸 마리아에게 쓴 편지에는 "너와 너의 언니에게 대한 나의 사랑은 끝이 없다. 내가 내 인생에서 다른 것들을 거들떠보지 않는 이유는 너희들이 나를 필요로 하지 않을 때까지 내 사랑을 지속적으로 주기 위함이다"라고 썼다.

제퍼슨의 자식에 대한 집착은 아마도 그의 자라난 배경과 무관하지 않을 것이다. 그는 몬티첼로라는 마을에 살았는데 그 마을은 자기 어머니가 사는 곳에서 4마일 떨어진 곳에 있었다. 그는 몬티첼로에서 법에 관한 일을 하고 있었다. 하지만 그의 직업으로는 충분한 돈을 벌지 못했고 어머니가 계신 곳까지 가는 차편이 없어서 어머니에게서 돈을 가져올 수 없는 형편이라 궁핍하게 지냈다. 그 시절에 그는 부모의 계속적인 애정과 관심이 필요했지만 이에 대해서는 굶주리고 있었음이 분명하다. 그가 그의 딸들을 사랑하는 것은 아내에게나 보일 수 있는 정도의 강도 높은 애정을 표현한다. 그는 누구에게서나 자신이 첫번째로 꼽히는 사랑받는 사람이 되기를 원했고 그의 그러한 의도는 그의 딸들에게 전해져 "내가 너희를 필요로 할 때에는 세상의 무엇보다도 항상 나에게 먼저 그 기회를 주어야 한다"고 강조했다. 그러한 이유로 그 딸들의 고려사항은 자신이나 다른 가족이 아닌 아버지가 항상 첫째였다. 그 딸들의 인생은 각 발달단계에서 하고 싶은 일을 할 수 없이 참으로 비참했다. 토마스 제퍼슨은 미국의 대통령이 되었고 그의 딸 마사는 영부인 역할을 맡았다.

청년기의 영호는 자신의 가학적인 어머니에 대하여 다음과 같이 말을 한다.

"나는 나의 어린시절이 욕구불만으로 가득 차 있었던 것을 기억한다. 나의 어머니에 대한 느낌은 이중적으로 다가왔는데 그 하나는 그녀에 대한 사랑의 느낌이었고 또 다른 하나는 그녀가 나를 소유하려는 것에 대한 극심한 반항의 감정이었다. 그녀는 나를 껴안고 가학적인 태도로 뽀뽀를 해댔는데 내가 어머니에게서 도망가려고 하면, 내가 소리를 지르고 분노로 화를 낼 때까지 못 가게 꼭 껴안고 있었다."

영호의 아버지는 영호가 세 살 되었을 때에 영호를 떠났다. 영호 어머니의 행동은 영호를 소유하려는 행동이었고 영호의 생각으로는 어머니가 자신의 인생에서 두 번째 남자인 영호를 잃지 않으려는 듯한 행동이라는 생각까지 들었다.

한 변호사의 아내는 남편의 성격에 불만이 많아 부부간의 금실이 좋지 않았다. 그 가정에는 독자 아들이 있었는데 그 어머니는 아들과 같이 자기를 원했고 항상 아버지는 다른 방에서 자도록 밀어내었다. 그 아들은 엄마의 연인이자 아들이었고 엄마의 소유물과 같은 역할을 감당해야 했다. 이 아들은 결국 마마보이와 같은 인생을 살았고 자신의 힘으로 독립된 인생을 살지 못해 40이 넘도록 모든 것을 어머니께 의존하며 인생을 살고 있다.

이 책의 제4장에서 작가 토마스 울프에 관해 자세히 언급을 하고 있다. 토마스 울프 또한 어머니의 소유물과 같은 아이로 성장하여, 이로 인해 발생된 성격장애로 힘든 인생을 살았다.

아이들은 부모의 외로움과 우울증을 감지하게 되면 이를 채워주려는 노력을 하게 된다. 그들은 유머로 부모에게 웃음을 선사하고, 그들을 보호하며 그리고는 자신을 묶어 놓으려는 부모로부터 독립하기를 주저한다. 그들은 그들이 집을 떠났을 때에 부모가 혼자 집에 남게 된다는 것과 아이들로부터 거부를 당해 부모들이 외로워 할 것에 대해 지나치도록 민감하게 생각한다.

부모가 근친상간에 대한 느낌이 있을 경우에는 자녀가 자라서 식구 이외의 사람과 성적인 경험을 가질 수 있다는 사실을 외면하려 한다. 많은 아버지들은 자신의 딸이 청소년기에 들어가기 이전까지는 상당히 만족해 하고 보람을 느낀다. 청소년기에는 아버지의 역할에 대해 압박을 받는데 딸의 성적인 발달과 함께 근친 사랑에 대한 감정이 있다면 이에 대한 태도를 바꾸어야 하기 때문이다. 만약에 아버지가 딸에게 수녀처럼 살기를 종용한다면 그 딸의 성적인 문제는 일단 생각에서 제외되어 딸과 함께 살 수 있기 때문에 아버지의 역할이 훨씬 수월해진다고 생각한다. 딸이 수녀처럼 살기를 원치 않을 경우에 아버지는 자신의 마음을 편케 하기 위해 가능한 한 딸의 행동에 제한을 하고 싶은 욕망이 생긴다. 이에 따라 성적인 행동을 탐험하고 싶어하는 아이들은 난잡한 아이이거나 또는 창녀와 같이 취급을 하려든다. 이러한 경우에는 심리적 병리현상으로 질투의 감정이 개입되는데 집착이 강한 부모는 아무도 믿을 수 없다는 말로 가족구성원의 마음을 심하게 교란시킨다.

질식시키는 부모는 아이들이 멀리 떠나갈 수 있다는 사실에 공황적인 두려움을 갖는다.

희주의 어머니는 그녀가 독립하려는 시도를 결코 용납하지 못했고 무의식적으로도 그녀가 집으로부터 독립할 때 거쳐야 하는 필요한 단계를 고의적으로 하지 못하도록 막았다. 그녀의 부모는 결혼을 하면 집에서 나가 독립할 수 있다는 말을 하거나 아니면 집에서 나가 사는 아이들은 질이 좋지 않은 아이들이라는 말을 계속하곤 하였다. 희주는 가끔 집에서 나가 사는 모험을 강행하기도 했지만 그때마다 억지로 집으로 다시 돌아오는 일을 반복해야 했다.

이러한 아이들은 비록 집에서 나가 살게 되더라도 계속적으로 부모를 방문할 것을 종용받는다. 집에서 멀리 떨어진 곳에서 대학을 다닐지라도 방학마다 집에 돌아와 방학을 집에서 보내야 하며 집에 오지 않을 것 같으면 부모는 대단한 상처를 입는다.

아이들에게 집착하는 부모들은 아이들이 잘못하여 그들의 인생을 망친다는 생각을 가지고 있다. 이에 따라 아이들에게 인생을 개척하게 허용하기보다는 오히려 부모의 입장에서 아이들의 인생을 관리해 주는 방향으로 살아가기를 바라고 있다.

한 청소년은 자랑스럽게 자신의 부모가 자기를 위해서 무슨 일이든지 다 처리해 주고 있다고 말한다. 하지만 아이들의 가능성을 믿는 부모는 절대로 아이들이 할 수 있는 일을 그들을 위해 해 주지 않는다. 과도하게 도와 주는 것은 아이를 위하기보다는 장래를 망치는 일이기 때문이다.

아이들에게 집착하는 부모는 다만 위험하거나 실망할 수 있는 일에서 아이들을 보호할 뿐이라는 말을 한다. 이렇듯 과보호하는 일이 생기게 되면 아이가 세상에 대하여 선택할 수 있는 폭이 줄어들 수밖에 없다. 선영이의 부모는 선영이를 과보호하려는 생각이 많았다. 선영이가 모험을 시도하고 그 일의 결과가 좋지 않을 때면 항상 "그것 봐라 내가 무어라고 하든"이라는 말로 그 아이의 모험심에 제재를 가하였다. 그 부모는 아이가 새로운 것으로의 도전을 시도하는 것을 원하지 않았고 새로운 것이 더 나을 수 있다는 생각 대신에 그것이 항상 좋지 않다거나 위험하다는 생각을 심어 주었다.

부모가 아이들의 발전을 제재하는 것은 자신들의 발전을 제재하는 것이나 다름이 없다. 융통성이 있는 부모는 아이들이 건강하게 발전할 수 있다는 것을 발견할 때에 인생의 진정한 기쁨을 누릴 수가 있는 것이다.

(2) 관리인의 부모

어떤 부모들은 어린이들을 이끌어 나가는 것이 그 아이들의 생각을 따르는 것보다 중요하다고 생각한다. 그들은 어린이들에게 정확성을 강조하며 "부모님이 제일 잘 안다"라는 생각을 아이들의 마음에 심어 놓는다. 아이들의 관리인 역할을 하는 부모들은 대부분의 경우 "아이들이 제일 잘 안다"라는 말을 인정하지 않으려 한다.

관리인 타입의 부모를 둔 아이들은 항상 먹을 음식, 읽을 책, 가야 할 대학, 결혼할 사람, 등에 대하여 부모의 지속적인 제안과 명령을 받으면서 자란다. 이러한 부모는 항상 아이들보다 몇 단계 앞서 간다. 만약에 자기 자식이 의과대학을 다니면 벌써 부모는 그가 일할 병원의 내부장식에 대해 생각하고 있으며, 그 아이가 의학연구나 의대에서 가르치는 직업을 선택할 것인가에 대해서는 생각지도 않는다. 왜냐하면 그 부모는 자기 아이가 병원을 개업한다는 것을 이미 결정했기 때문이다.

중상층의 계층들이 사는 동네에서 살고 있는 전형적인 관리인 타입의 한 어머니는 지나치게 과민했고 외향적인 성격에 자신의 집이나 인생에서 항상 모든 것이 정리정돈이 되어 있어야 했다. 그녀는 모든 것이 자신의 통제하에 있어야 마음이 놓였다. 그녀는 자신의 집을 기숙사나 여름캠프처럼 모든 것이 미리 계획하여 움직이게 운영하였다. 그녀는 너무나 많은 규칙을 세워놓고 아들이 마음놓고 움직이지 못하도록 집안을 운영했다. 그녀는 아들에게 그녀가 정해 준 악기를 매일 오후에 연습하도록 하였다. 만약 그 아들이 연습을 하지 않는다면 친구와 노는 것이 허용되지 않았다. 그녀는 아들에게 그녀가 정해 준 책을 매주 읽고 독후감을 쓰도록 하였으며, 숙제하는 시간은 정해졌고 그 아들은 이러한 규칙을 꼭 지켜야 했다.

그 어머니는 유명한 아이들의 헌신적인 어머니에 관한 수기를 즐겨 읽었다. 그녀는 가족을 잘 이끌어 나가며 가족에게 헌신적인 자신에 대해 자존심을 가졌다. 하지만 결과는 본인이 생각한 것과 상당히 달랐다. 그녀의 아들은 계속적으로 자신을 자해하여 병원의 응급실로 실려가는 자기파괴를 하고 있었고 학교에서는 친구들과 선생님에게 가학적인 행동을 하여 문제아로 취급을 받았다.

또 다른 관리인 타입의 어머니는 자기 딸에게 매일 5시에는 미술을 배우러 가라고 명령을 하였다. 만약에 그녀의 아이들이 저녁식사 시간에 늦게 오게 되면 그들 자신들이 저녁을 차려먹게 하였다. 저녁을 먹으라고 말을 하였을 때에 아이들이 이층에 있다가 즉시 내려오지 않을 경우에는 저녁을 굶겼다. 그녀의 딸은 이러한 결과로 거식증(anorexia nervosa)의 환자가 되었다. 이러한 병에 걸린 것은 어머니의 관리로부터 결사적으로 빠져 나오려는 시도라고 볼 수 있다.

위에서 제시한 경우는 좀 심각한 경우라고 볼 수 있지만 많은 부모들이 자기 아이들을 위하여 다음과 같은 경향을 보인다. 많은 부모들은 자식들의 성공과 성취에 대하여 너무나 초조하기 때문에 오히려 반대급부로 되돌리는 경향이 있다. 성수는 평범한 바이올린 연주자였다. 하지만 그의 어머니는 아들이 굉장한 연주자가 되기를 기대하고 성수의 바이올린 교사에게 지극 정성을 다 쏟았다. 그녀는 그러한 자신의 정성에 감사할 날이 올 것이라면서 지속적으로 성수에게 압력을 가했다. 하지만 그토록 강압적인 음악에의 권유에 그는 그만 음악 공부를 포기하고 말았다.

수빈이는 어려서부터 피아노에 탁월한 재능을 보였다. 그녀의 어머니는 그녀가 음악 콩쿠르에서 재능을 보이자 아예 학교를 쉬게 하고 집안의 피아노 방에 밖으로 열쇠를 채워 놓고 하루에 6시간 이상을 연습하도록 하였다. 친구가 와도 그냥 돌려 보냈고 오로지 식사를 한 후에 피아노 연습만을 하게 하였다. 그녀의 재능은 음악회에서 청중의 박수갈채를 받았다. 수빈이가 고등학교를 졸업하자 곧 그녀를 외국으로 유학을 보내게 되었는데 수빈이는 외국으로 가자마자 피아노를 그만두고 그곳에서 한 남자를 만나 결혼하여 음악가의 길을 그만두고 말았다.

어떤 가정에서는 경직된 관리인 타입의 부모역할을 하면 질서 정연한 규칙 아래 집안이 무난하게 돌아간다고 생각하기 때문에 아이들의 융통성을 방해하는 경우가 있다. 이러한 집에서는 식사할 때의 태도에 대해서도 굉장히 경직되게 아이들에게 교육시킨다. 이는 어른들이 수저를 들기 전에 아이들이 먼저 식사를 할 수가 없고 어른들이 질문을 하기 전에 아이들은 밥상에서 대화를 하지 못하게 했다. 어른들이 말씀을 할 때에는 중간에 끼어 들 수가 없었고 또한 식사가 끝나기 전에는 밥상에서 일어날 수도 없었다. 이러한 규칙이 내포한 의미는 아이들은 어른들에게 아무 것도 줄 수가 없다는 뜻이고 아이들이 하고자 하는 대로 놔두면 집안은 무질서하게 된다는 생각이 담겨져 있다. 아이들은 동등한 가족 성원으로서의 권리도 없고 또는 존중의 대상이 되지도 못했다.

관리인 타입의 부모는 아이들의 직업에 대해서도 옳은 방향으로 이끌어 주는 것보다도 훨씬 더 독재적인 태도를 보인다. 경원이의 아버지는 의과대학에서 유명한 의사교수였다. 경원이는 의과대학에 지원해서 입학시험에서 떨어졌지만 치과대학에는 들어갈 수 있었다. 경원이는 치과대학에 들어간 것이 기뻤다. 하루는 아버지가 경원이를 부르시더니 의과대학에 아버지의 영향으로 합격하게 되어 너는 의과대학으로 가게 되었다는 말을 하였다. 경원이가 난생 처음으로 자신의 실력으로 치과대학에 들어가는 것을 성취하였지만 아버지는 그 아들의 개인적인 성취에 대해 좋은 반응을 보여주지 않았다. 이러한 아버지의 뜻을 경원이는 알아차리고 의과대학으로 진학을 하지 않았고 치과대학에서 공부하여 치과의사가 되었다. 그리고 그는 치과의사로서상당한 자부심을 가졌다.

어떤 아이들은 가족으로부터의 독립을 두려워한다. 그들은 자신의 일을 찾기보다는 부모의 사업에 들어가서 부모를 위해 일을 한다. 부모가 부자거나 권력이 있으면 아이들의 결정에 상당한 영향력을 갖는다. 집안에 돈이 있다면 아이들을 돈으로 사려는 경향이 있다. 어떤 때는 아주 분명하게 조건을 내세운다. 즉, 내가 원하는 학교에 들어가게 되면 나는 네가 원하는 차를 사주겠다든지, 아니면 네가 좋은 대학에 들어가면 네가 원하는 모든 것을 주겠다든지 하는 식의 얘기는 수시로 듣는 말들이다.

경희는 부잣집으로 시집을 갔고 그녀와 그의 남편은 서울에서 떨어진 곳에 집을 샀다. 그녀의 시아버지는 집안의 돈을 관리하고 있었는데 그들에게 부엌을 고칠 것을 제의하는 것이 아니라 요구하였다. 경희의 남편은 그의 부모로부터 충분하게 독립하지 못했기 때문에 번번히 부모의 요구에 동의하였고 이렇듯 부모로부터 독립을 하지 못한 남편 때문에 그들의 결혼에 금이 갔다.

소유욕이 강한 부모는 돈을 조금씩 나누어 준다. 거기에는 분명한 위협의 뜻이 내포되어 있는데 이는 네가 우리의 말을 듣지 않을 경우에는 유산을 못 받게 된다는 것이다.

윤정이의 시부모는 돈은 많지만 아들을 그의 밑에 두고 보람이 없는 일을 시키면서 돈을 조금씩 동냥하듯이 주곤 하였다. 네가 내 밑에서 어려운 일을 다 처리하고 우리를 죽을 때까지 보살피면 우리의 유산을 주겠고 그렇지 않으면 아무 것도 없다는 뜻이 담긴 메시지를 항상 아들에게 보내곤 하였다. 그 아들은 그 밑에서 온갖 잡일을 하다가 부모에게 모든 정이 떨어져 아예 아이들을 데리고 이민을 가 버렸다.

관리인 타입의 부모는 아이들이 올바른 결정을 한다는 데에 대한 믿음이 없다. 그들은 아이들이 그들만의 모험을 하는 것을 그냥 내버려 두지 못하고 항상 자신의 경제적인 조건으로 내세워 자녀들을 조종하려 한다. 이러한 부모 밑에서 성장한 아이들은 독립적으로 아무런 일도 못하게 된다.

(3) 사생활의 존중

아이에게 집착하는 부모는 그들의 사생활, 소유물, 비밀, 편지, 또는 신체 등에 대하여 별로 존중해 주지 않는다. 그들은 부모의 권리로써 아이들의 정서적 또는 신체적인 문제들을 자신들이 원하는 대로 개방할 것을 요구해도 된다고 생각하고 있다. 이는 아이들의 사생활에 대한 침해일 뿐만 아니라 아이를 소유하려는 욕구라고 생각된다.

아이들 일에 관여가 높은 부모는 그들의 편지나 일기를 읽는다든지, 전화통화를 몰래 도청한다든지, 심한 경우에는 아이들을 최면에 걸리게까지 하여 그들의 사생활을 침해하는 데 아무런 거리낌이 없다.

동희는 12세인데 갑자기 돌변한 부모의 태도를 이해할 수가 없다. 전에는 동희가 친구를 방문하거나 밖에 일이 있어 나가는 데에 아무런 제재가 없었다. 하지만 그녀가 청소년기로 접어들자 모든 것이 변했다. 동희는 다음과 같이 말을 한다. "갑자기 부모가 내 온몸에 스며드는 것 같았다. 내 방의 문은 언제나 열려 있어야 했고 내 전화의 통화는 항상 도청되었다. 나는 24시간 감시체제 아래에 있는 것 같았다. 나의 부모는 언제나 내가 어디에 있는지를 알고 싶어했다."

동희는 부모의 계속적인 감시가 그녀를 거짓말쟁이로 만드는 것 같다고 말한다. 동희의 부모는 이토록 딸을 감시하는 이유는 자기 딸이 문제에 휘말리지 않게 하기 위한 것이라고 자신들의 행동을 정당화한다. 수년 동안 동희는 혼란한 시기를 지냈다. 그녀는 자신의 체험이 제한되어 있었고 부모의 행동이 자기생활에 침투되어 부모가 하던 것과 같은 행동을 자신이 반복하는 것 같았다. 그녀는 결혼 2년 후에 성생활에 대해 모든 흥미를 잃었고 상담원을 찾아가 치료를 받았다. 그녀의 성에 대한 불감증은 부모가 항상 바랐던 그녀의 몸에 대한 통제를 자기 자신이 하고 있다는 것의 표현임이 밝혀졌다.

동희의 결과는 참으로 참혹했다. 그녀는 성생활에 만족을 하려는 생각은 전혀 하지 않았고 성에 대하여 자유로운 환상조차 갖기가 어려워서 그녀는 성적으로 전혀 무관심하게 되었다. 만약에 성에 대한 즐거움을 환상에 의존하고 있었다면 부모가 동희의 사생활을 갖지 못하게 하였던 일이 그녀의 성적인 환상마저 빼앗아 간 것이고 그녀에게 성적인 즐거움조차 못 느끼게 만든 것이다. 동희는 성에 대한 환상을 가지게 되면 곧 죄의식을 느꼈기 때문에 그녀는 실제로 환상을 심리적으로 억압하였다. 이는 동희의 사생활을 좌절시켰던 부모가 그녀의 심리적인 성에 대한 흥미마저 좌절시키는 결과로 만들었다. 사생활이란 사치가 아니라 우리생활의 필요인 것이다. 동희가 성인이 되어 더 이상 부모의 간섭이 없다 하여도 그 동안 부모가 그녀에게 해왔던 행동이 내심으로 각인이 되어 그녀의 태도를 제한하고 있었다. 동희는 이러한 문제를 심리 치료를 받고 깨달을 수 있었고 그녀 자신이 어머니가 되어 자기 가족에 대한 결정권을 가지고 이를 시정하려는 노력을 하였다.

방의 문을 항상 열고 지내라는 가정환경에서 자란 아이들은 사생활을 갖기 위해 옷장 속으로 숨어버리는 일도 있다. 이렇듯 계속해서 문을 열고 지내야 하는 가정에서 자란 아이들은 아주 노출을 심하게 하는 사람이 되거나 아니면 몸을 감추고 은폐하는 사람이 될 가능성이 있다. 이는 아이들 심신의 건전한 발달을 방해하는 경우가 된다. 아이들의 방문은 자신들에 의하여 잠겨져야 하며 그들은 사생활을 가질 권리가 있다. 부모가 이러한 사실을 소홀히 할 경우에 이러한 사소한 일들이 아이들의 성숙에 얼마나 중요한 일인지를 깨닫지 못하는 것이다.

어떤 부모는 아이들의 공상에 참견함으로써 사생활을 간섭한다. 이러한 행동은 근본적으로 잘못되었는데 공상이란 현실이 아니고 아이들이 공상적인 생각을 필히 현실화하지 않는다는 데서 더더욱 그렇다. 부모가 아이들의 환상의 세계에 간섭한다는 것은 아이들이 그들의 개인적인 문제를 환상이란 매체를 통해 해결하려는 방법을 방해하는 것이다. 한 부모는 11세 된 자신의 아들이 12세 된 친구와 전화 통화하는 것을 들었다. 그들은 성적인 환상을 서로 교환하고 있었다. 그 부모는 너무나 당황하여 아들을 간섭하기로 결정하였다. 이러한 보호를 빙자한 간섭은 아이와 부모 간의 신뢰관계를 무너뜨린다. 아이들은 자신들의 사생활을 가질 권리가 있고 그것이 환상일 경우에는 더더구나 그렇다. 그리고 부모에게 이에 대해 정당화할 필요는 없는 것이다.

(4) 과보호적인 부모

11세 된 아이가 발가락이 퉁퉁 부어 가지고 왔다. 분명히 그 발가락의 뼈가 부러진 것이다. 아이는 놀고 있는데 바위가 떨어져 발가락이 부러졌다고 했다. 그의 부모는 왜 좀더 조심하지 않았느냐고 야단을 했고 "아이고 이 사고뭉치야"라는 말을 했다. 그랬더니 그 아이가 하는 말이 만약에 14세가 되도록 한 번도 뼈가 부러져 보지 않은 아이가 있다면 그 아이는 전세계의 기록을 깰 것이라는 말을 했다.

만약에 아이가 가끔 뼈가 부러지는 모험을 감행하지 못한다면 그 아이는 게임에 참여하지도, 자전거를 탈 수도, 롤러스케이트를 타지도 못하는, 그 어느 스포츠에도 참여할 수 없게 된다. 하지만 정작 위험한 일은 부모가 과보호를 하게 되면 아이들의 잠재력을 개발시키지 못하고 보통 이하의 사람으로 전락시킬 우려가 있다. 과보호 아래 성장한 아이들은 보통 이하의 성취자가 되기 쉽다.

과보호를 하는 부모는 불필요한 모험은 하지 못하게 하는 경향이 있다. 사고의 위험이 있으니 자전거를 타지 말라고 하든지, 통계적으로 20세 이전에 운전하면 사고의 위험이 크기 때문에 자동차는 20세가 되기 이전에는 운전할 생각을 하지 말라, 또는 익사하는 경우가 있으니 물놀이를 가지 말라, 또는 공중화장실은 더러우니 사용하지 말라든지, 아니면 모르는 사람에게는 말을 걸지 말라든지, 항상 가장 나쁜 경우를 대비하라 그리하면 너는 실망하지 않을 것이다, 등의 부정적인 말을 하곤 한다. 하지만 이러한 경고들은 아이들에게 사람들이 그들을 학대할 것이다, 실망시킬 것이다, 버릴 것이라는 자기충족의 예언, 즉 저주와 같은 생각을 갖게 만들기 때문에 특히 위태롭다. 아이들을 상처받는 것으로부터 보호해야 한다는 생각이 아이들을 더 아프게 키우는 결과를 초래한다.

준호는 일반적으로 사회적인 관계에서 소외되었다. 그 이유는 그의 어머니가 다른 아이들과의 접촉하는 것을 항상 두려워하고 있었기 때문이다. 준호는 "나는 항상 주변 사람이었다. 나는 다른 아이들과의 직접 경험을 가진 적이 없다. 나는 그들이 한 일들에 대해 그들에게서 듣거나 아니면 어머니를 통해 들었지 사실상 그들이 하는 일에 참여해 본적이 없다. 어머니가 못하게 했기 때문이다. 나와 놀 수 있는 친구를 찾으면 어머니는 항상 이를 좌절시켰다. 나는 내 자신을 모든 것에서 단절시키고 나니 자신감도 없어졌고 인생에 도전하고 싶은 마음도 없어졌다"라고 회상한다.

어떤 부모들은 실제로 자신들이 어렸을 때 당했던 문제들을 자신의 아이들에게 경험시키고 싶지 않기 때문에 과보호를 한다.

예준이는 어떠한 이유로 아버지가 예준이의 여동생을 자신으로부터 보호하고 있는지의 이유를 몰랐다. 예준이는 아버지가 기회만 된다면 언제나 자기 여동생을 상해하는 범죄자가 될 수 있는 사람과 같이 자신을 취급한다고 느꼈다. 예준이는 나중에 아버지가 어렸을 때 자신의 형으로부터 학대를 받았다는 것을 알게 되었다. 그 아버지는 어떤 가정의 아이들이든지 서로에게 위험하다고 생각하고 있었다. 예준이 아버지는 그의 아이들이 서로 건강하게 사랑할 수 있다는 잠재력을 보지 못했고 아이들의 관계가 애정의 상호작용으로 발전할 수 있다는 가능성을 허용하지 못했다.

걱정한다는 것은 아무 것도 성취할 수 없기 때문에 이 또한 에너지의 낭비이다. 만약에 부모가 아이들에게 어떠한 특정 문제에 대해서 도움을 줄 수 없는 상황이라면 아이들의 능력을 믿고, 만약 아이들이 어떤 문제를 도와 달라고 청하면 그때에 도와주는 것이 옳다. 부모가 아이들의 인생을 걱정하는 것으로 방해를 한다면, 그들은 세상이 곧 끝난다는 것과 피하지 못할 큰 재해가 올 것이라는 것을 기대하는 것과 같다. 이를 일명 "큰 재해에의 기대"라고도 하는데 이는 아이들이 이 세상을 사는 능력에 대한 자신감을 없애 주는 역할을 한다.

과보호의 부모는 아이들에게 역설적인 메시지를 전달한다. 그들은 자신의 아이들이 건강하게 자라서 결혼하고 손자를 낳기 바란다. 하지만 다른 한편으로는 부모에게 방문을 더 자주하고 전화를 자주 걸며 부모와 자식 간의 연결고리를 더욱 더 탄탄하게 유지하기 바란다. 그들은 한 손으로는 주고 다른 한 손으로는 빼앗는다. 아이들이 독립적으로 성장하기를 바라지만 한편으로는 독립적이 될 수 있는 기회를 주지 않는다.

한 여인은 말하기를 "내 어머니는 모든 것을 대신 해 주었다. 내가 12살이 될 때까지 목욕도 나 스스로 하지 않았다." 불행하게도 이 여인은 자신의 몸이나 자신의 소유물들을 어떻게 보살펴야 할지를 몰랐다. 그녀는 회사에 취직하여 간부가 되었는데 건강을 소홀하게 여겼고, 소유물을 자주 잃어버렸으며, 집은 점점 더 어수선하게 되었고, 모든 경비를 지불해야 하는 것을 잊었다. 그녀의 어머니가 모든 것을 해 주었기 때문에 그녀는 자신에 대해 책임지는 것을 배우지 못했다. 아이들이 자율적이 되는 데 방해가 되는 부모는 아이들이 세상에 나가 실수하기를 바라는 것과 같다. 살아남는 데 필요한 정보를 갖지 못하게 되면 이 또한 난처한 일이다. 그녀의 집에 일하는 사람이 일을 하러 와서 그녀의 직장에 전화를 하였다. 집에 있는 많은 물건들이 흐트러져 있었고 옷장의 문이 열려 있었으며 옷이 사방에 널려 있어 아마도 도둑이 들어왔었는가 보다고 생각했기 때문이다. 하지만 이는 도둑이 든 것이 아니라 그녀의 보통 생활이 항상 그토록 어지럽혀져 있는 상태이다.

기성이는 어머니와 아버지 모두에게 상당히 의존적이다. 그는 여자를 사귀지 못하고 있었는데 이는 어머니와의 애착관계에 의존하고 있었기 때문이다. 그는 사실상 성적으로 불능이었으며 사람에게 권총을 쏘는 데 불발인 꿈을 계속해서 꾸었다. 이러한 현상은 그가 자신의 힘으로 어떤 일을 결정하려 할 때면 반복적으로 일어났다.

다른 젊은 청년은 어머니와 굉장히 가까웠다. 그의 어머니는 그의 잠재력을 폄하하여 자신과 애착의 관계로 계속 남기를 원했다. 어머니는 그가 항상 어디에 있는지를 알려주기를 바랐고 그의 일거수일투족을 훤히 알고 있어야 했다. 그는 어머니가 자신의 성증을 쥐고 있다는 느낌이 들어 여자와의 관계가 성도착증으로 발달되었다. 이는 극단적인 경우라고 해도 소유욕이 강한 부모의 심각성을 보여주고 있다. 과보호를 받는 아이들은 자신의 에너지를 부모가 움켜쥐고 있다는 생각에 자신의 건강한 발달을 위해 부모의 지배에서 극적인 방법으로 탈출의 필요성을 느끼고 있다.

(5) 순교자형의 부모

순교자의 역할은 가끔 집착하는 부모에게서 나타나는데 이는 자신들이 모든 것을 아이를 위해 희생하고 있다는 것을 깨닫게 하기 위한 수단이다.

기순이는 어머니가 된다는 것은 자신의 자율성과 직업을 포기해야 하는 것으로 알고 있다. 이는 자신의 어머니가 그녀에게 적용해 온 방법이었기 때문이다. 기순이는 자기 어머니의 만성적인 우울증을 동반한 알코올중독이 전적으로 어머니가 되기 위하여 자신의 직업을 포기했기 때문이라고 생각하고 있었다. 따라서 기순이는 단호하게 자신의 아이를 갖지 않기로 마음먹었다. 그녀의 마음에 아이를 갖는다는 것은 질병과 희생과 정신병리와 연결되었기 때문이다.

희진이의 부모는 항상 "너희들을 낳기 전까지는 모든 것이 좋았는데…… 너희들이 세상에 나오기 전까지 우리는 행복했는데. …"를 되뇌이곤 하였다. 어머니가 아이를 위해 희생하였다는 말이나 행동은 아이들을 상당히 우울하게 만드는 일이다.

옥준이의 어머니는 이웃 친구들에게 자신은 식구들에게서 괴롭힘과 소외를 당하는 어머니로 보이게 행동을 한다. 이는 아이들에게 죄책감을 느끼게 만들고 싶기 때문이다. 옥준이는 자기 어머니의 친구로부터 전화를 받았는데 그 내용은 어찌하여 어머니 집에 난방을 고치는 값을 지불하지 않았느냐는 꾸지람의 내용이었다. 사실상 그녀의 어머니는 집의 난방을 고치기에 경제적으로 옥준이보다 훨씬 나은 처지였다. 하지만 그 전화의 의도는 그 딸에게 어머니에 대해 충분하게 관심을 주지 않는다는 죄의식을 심어주기 위함이었다.

가족 내에서 모두들 책임을 회피하기 때문에 괴롭힘을 당하는 주부는 전형적인 순교자형이다. 그녀는 항상 어느 누구도 자신을 도와 주지 않는다는 불평은 하고 있지만 이를 변화시키려는 노력은 하지 않는다.

우진이의 어머니는 결혼을 하였을 때에 남편과 아이들을 위하여 모든 것을 희생해야 겠다는 생각을 가졌다. 그녀는 하나의 오버코트를 7년 동안 입었고, 그 누가 보아도 가족을 위해 희생한다는 것을 알만하게 행동을 하였다. 하루는 아무도 휴일의 저녁 준비를 돕지 않는다고 불평을 하여 우진이가 도우려고 부엌에 들어갔다. 하지만 그 어머니는 "나는 누구의 도움도 필요 없다. 나 혼자 하는 것이 좋다"라는 말을 하였다.

우진이의 아버지가 다른 여자와 사랑에 빠졌을 때 그 어머니는 배신감을 느꼈다. 그녀는 당황함과 분노를 명백하게 표현하여 그녀의 '완전한 결혼'으로 보이던 결혼 생활이 문제에 봉착했다. 그녀는 남편과의 좋지 않은 관계에 자신의 책임도 있다는 것을 인정하려하지 않고 이혼을 하기보다는 좋지 않은 결혼관계의 고통을 감내하려 했다. 얼마만큼의 대가를 치르든지 그녀는 고통을 감수하려 했다.

그녀는 우진이 부부가 집을 사려할 때에 어느 정도의 돈을 갚을 기한을 말하지 않은 채 빌려주었다. 우진이의 부부가 휴가를 맞아 여행을 떠났을 때에 그녀는 "그래? 너희들은 돈도 많구나. 내 돈은 언제 갚을래?"라고 하면서 전형적인 순교자 타입으로 우진이의 행복을 시기하였다.

부모들은 자기 아이들을 위하여 모든 정성과 돈을 쓰면서 희생을 한다. 하지만 대부분의 부모는 순교자 같은 태도를 보이지 않는다. 아이를 사랑하는 부모는 자기 자신의 본분에 대하여는 희생을 하지 않으면서 아이들에게 자신이 갖고 있는 것으로 도와 주는 역설적인 행동을 잘 소화한다. 희생이 의미 없이 생각될 때에 또는 희생이 부모의 가학적인 만족으로 채워질 때에 이는 부모나 아이들 모두에게 큰 짐으로 다가온다.

4. 버리는 부모

보편적으로 부모는 자기 아이들의 양육을 책임지고 그들의 필요를 충족시켜 주면서 아이들이 책임 있는 성인으로서 성장하도록 돕는다. 하지만 우리 사회에는 여러 가지 이유로 자식들을 버리는 경우가 허다하다. 아이를 버린다는 것은 물리적으로의 버림을 의미하기도 하지만 또한 심리적으로 아이를 버리는 경우도 많다. 이 장에서는 어떠한 경우가 아이를 버리는 부모(abandonment parent)인지에 대하여 살펴보고자 한다.

(1) 버리고 떠나기

아이들은 기본적으로 부모에게 의존하여 결속되어야만 생존이 가능하기 때문에 부모가 없거나 부모의 도움이 없이는 살아남기가 어렵다. 하지만 일부의 부모들은 결혼할 때의 결혼에 대한 희망과는 달리 인생을 사는 과정에서 겪는 경제적인 어려움, 이혼, 자살 또는 심리적인 문제 등으로 아이들을 버리고 떠난다. 이러한 사실은 아이들에게 냉혹한 두려움으로 남게 된다. 우리 사회에서는 IMF를 맞이할 때에 직장을 잃은 부모들이 부부간의 갈등으로 인하여 어머니는 집을 떠나고 아버지가 아이들을 기를 길이 막막하여 아이들을 보호소나 고아원에 맡기는 일이 많았다. 경제적인 이유뿐만이 아니라 십대의 엄마가 아직은 부모로서의 책임을 질 수 없음에도 실수로 임신을 하여 영아를 버리는 일이라든지 아니면 이렇듯 신체적인 버림 이외에도 심리적인 냉대로 아이들을 버리는 부모들을 현대사회에서 흔히 볼 수 있다.

부모가 아이들에게 주는 안정감은 심리적으로 건강한 아이가 되는 데 필요불가결한 요소이다. 죽음과 같은 이유로 부모를 잃는 것이 불가피할 때에는 아이는 무의식적으로 버림을 받았다고 생각하게 된다. 이러한 경우에 그 아이의 인생을 위하여서는 남겨진 친척으로부터 특별한 도움을 받을 필요가 있다.

하지만 많은 부모들은 부모라는 짐을 버리는 것으로 부모의 어려운 문제를 해결하려고 한다. 예를 들어 이혼한 부모가 아이들과는 상관이 없다는 잘못된 생각에서 아이를 버리는 경우와 또는 삶의 무게를 못이겨 자살하는 경우가 이러한 경우에 해당된다. 또 다른 경우는 이보다 더 미묘한데 이는 아이들을 기숙사가 딸린 학교로 보낸다든지 아니면 아이를 보는 사람에게 전적으로 맡긴다든지 하는 방법으로 아이를 방치하는 것이다.

아이를 버리는 부모는 그들의 행동에 대하여 그럴듯하게 합리화한다. 자신의 아이에게 흥미를 잃은 이혼을 한 부모나 또는 경제적인 어려움으로 아이를 다른 기관에 맡길 수밖에 없는 부모는 인생에서 그들이 할 수 있는 최선이라는 핑계를 대고 있지만 사실 그 내면에는 아이들을 돌보는 책임으로부터 자유롭고 싶다는 의도가 내포되어 있다. 자신의 아이를 친척이나 또는 양육기관에 맡기면서 부모는 아이들에게 나름대로의 최선을 다했다는 생각으로 자신을 방어한다.

부모의 부재에 대한 영향은 경우에 따라 다르다. 어떤 때는 어린아이가 부모를 잃었음에도 불구하고 상당히 잘 적응하는 경우가 있다. 부모로부터 버려진 아이들이 가족의 다른 구성원, 즉 할머니나 고모 등의 손에서 자라게 될 경우가 있다. 이러한 경우에 설령 주어진 환경이 수용할 만하며 때로는 살던 집의 환경보다 물리적인 조건이 더 좋다 하더라도 부모의 대리라는 심리적인 공백 상태는 없어지지 않는다. 아이가 버려진 느낌으로 고통을 받게 되면 가족, 학교 또는 이웃과 같은 사회적인 인간관계에 문제가 있게 된다. 아이들은 불안해하고, 우울증에 걸리며, 신경과민의 습관과 악몽을 꾸게 된다. 하지만 이러한 손상은 늦은 시기가 될 때까지 나타나지 않는 경우가 허다하다. 아이가 어렸을 때에 경험한 부모의 부재현상은 아이가 신체적으로나 정서적으로 건강하게 자랄 수 있는 기회를 박탈하는 것과 같다. 지속적인 부모의 부재현상은 정서적으로 아이에게 당시에는 알려지지 않았던 박탈감을 느끼게 한다. 그러나 아이가 어렸을 때 버린 부모는 아이에게 책임을 다하지 못했다는 것조차 의식하지 못하는 경우가 많다.

아이를 버리는 일은 부모가 자신의 인생에 만족을 하지 못했을 때와 자기애성인 장애를 가졌을 때에 빈번히 일어난다. 부모들이 아이들을 버렸을 때에는 아이의 입장에서 그들의 필요를 생각하기보다는 오직 자기 자신의 필요만을 생각할 때에 아이를 버릴 수 있게 된다. 부모가 자신의 직업에 대해 심하게 욕구불만일 경우에 아이를 돌보는 일 때문에 내 직업을 제대로 수행할 수 없다는 생각이 들면 아이를 버리고 떠나게 된다. 직업을 잃고 생계가 막막할 경우 아이를 고아원에 맡기고 떠나는 부모 또한 많다.

수연이의 아버지는 이를 행동으로 옮긴 사람이다. 그의 아이들이 청소년이 되자 그는 가족을 버리고 배를 사서 멀리 떠나갔다. 그 후 수연이는 가끔 아버지를 봤지만 전혀 가깝게 느껴지지 않았다. 이러한 역할모델을 보고 자란 수연이가 알코올중독자나 떠돌이와 같이 무책임한 남자와의 관계를 계속해서 맺는다는 것은 이해가 충분히 가는 일이다.

방랑벽이 있는 부모는 자유롭게 떠돌아다니고 싶은 욕구가 강하다. 이러한 사람은 책임감을 적대시한다. 종수의 아버지는 전문대학의 교수임에도 불구하고 욕구불만의 방랑자였다. 때때로 그는 온 가족을 버리고 한동안 잠적하곤 하였다. 종수는 결혼하기를 꺼려했는데 그의 무의식 속에서 성공적인 방랑아가 되고 싶은 욕망이 있었기 때문이다. 종수는 아버지의 무책임감에서 한발 더 나아가 가족상황에 얽매이고 싶지 않았고 그 누구에게도 빚을 지거나 책임을 지고 싶지 않았다.

혁이는 온갖 열성을 가지고 자신의 일에 정진했으나 인간관계는 어머니를 제외한 그 아무하고도 맺으려는 노력을 하지 않았다. 그는 자신의 부모가 별거하기를 원했고 어머니는 혼자서 여행을 했으며 항상 그의 어머니는 아버지 없이 훨씬 나은 삶을 살 것이라는 말을 하였다. 혁이는 젊어서 결혼을 하였고 두 아이를 가졌다. 하지만 자기 부모가 그랬듯이 만족할 만한 가족관계를 이끌어 나가지 못했고 부부간의 결속관계 또한 좋지 않았다. 혁이 부부는 이혼을 하였고 혁이는 주말에 아이들을 데리고 놀아주곤 하였다. 하루는 혁이가 아이들을 데려오려고 가족의 집에 당도하였을 때, 그의 딸이 엄마에게 "아버지와 함께 가야만 하나요?"라고 묻는 소리를 들었다. 그때부터 그는 자기 아이들을 전혀 보려고 하지 않았다. 그는 의식적으로 만약에 그 자신이 아이들에게 원하는 아버지가 될 수 없다면 아예 아버지 노릇을 하지 않는 것이 더 좋다고 생각했다. 이렇듯 미숙하게 자식을 버린다는 결정은 무의식적으로 자신의 부모가 예전에 행했던 아이를 버리는 일을 답습하는 것이었다. 혁이는 처음에는 자녀의 양육비를 주지 않으려고 하였다. 법정에서 아이들의 양육비를 주라는 결정이 나오자 그는 아이들을 보지도 않고 전화도 받지 않았다. 아이들을 보지 않으면서 그는 생각에서 조차 아이들을 지워버렸다.

혁이는 자기 아이들이 물질적으로 필요한 것은 갖추어져 있다는 것으로 의식적으로 자신의 행동을 합리화하려 하였다. 하지만 그는 자신이 그렇게 행동을 하는 것이 아버지로서 아이들에게서 버림을 받았기 때문이라고 생각하였다. 딸이 자신의 아버지 역할이 온전치 못해 이에 대한 불만을 토로하고 있다는 사실을 부인한 것이다. 이렇듯 아이를 버리는 부모는 아이들이 얼마나 아버지를 필요로 하는지를 상상조차 할 수 없다. 아이들이 특정한 때에 의식적으로나마 아버지를 만나는 것은 그들의 성장 과정에서 필수적인 요건인 것이다.

부모가 자신의 전문직이거나 또는 흥미 있는 일에 몰두했을 때에 부모로서의 책임을 만족스럽게 수행한다는 것은 어려운 일이다. 여행을 하면서 물건을 팔아야 하는 직업을 가진 사람이나, 배를 타는 마도로스 또는 군인들은 자주 집을 비워야 한다. 집에서 남아 아이를 돌보아야 하는 쪽의 부모는 심한 스트레스를 받으며 두 사람의 역할을 수행해야 한다.

지나의 어머니는 자기 남편이 사업 관계로 집을 비우는 시간이 많은 것에 대하여 항상 불평을 해 왔다. 그녀는 아이들이 성장을 했음에도 항상 아이들을 자기와 가깝게 두어야 한다는 생각을 하고 있었다. 아이들이 대학이나 대학원에 재학을 하고 있어도 자유시간은 항상 가족과 같이 보내야 한다고 생각하였다. 만약에 아이들이 그렇게 행동을 하지 않으면 이는 어머니를 사랑하지 않는다는 뜻으로 받아들였다. 지나의 어머니는 극심할 정도로 소유욕이 강한 부모였고 그녀의 아버지는 일을 위해 아이들을 버린 아버지였다. 심리적으로 아이들은 오직 한 사람의 어머니와 한 사람의 아버지만을 갖는다. 양아버지는 설령 그가 한없이 좋은 사람이라고 하더라도 생부를 대신하기는 어렵다.

이러한 이유에서 어느 집에 또는 외국에 입양된 아이들이 결국에는 자기를 낳아 준 생부모를 찾는 행동이 이해가 될 것이다. 생부모를 찾는 이유는 양부모가 잘못을 해서가 아니라 아이들이 참을 수 없는 충동으로 자신의 생부모를 만나고 싶은 욕망이 끊임없이 나타나기 때문이다.

(2) 이혼

이혼을 한 부모들은 흔히 항상 서로 파괴적이고 싸움을 하는 부모 밑에서 아이들이 성장하는 것보다는 차라리 혼자서 아이를 기르는 것이 낫다는 말들을 한다. 하지만 이는 그러한 생각을 가지고 쉽게 이혼에 임하는 부모의 잘못된 생각이다. 오늘날의 부모들은 자신들 부부의 관계가 아이들의 두려움과는 커다란 관계가 없다는 생각을 한다.

부모가 이혼을 하게 되면 아이는 본능적으로 자신이 원하는 것과 부모의 생각 간에 갈등이 존재할 수 있다는 생각을 하게 된다. 훈이 아버지는 훈이가 세 살 때 훈이를 버렸다. 그의 아버지 역시 어렸을 때 자신의 아버지로부터 버림을 받았다. 훈이는 일 년에 한 주일 또는 두 주일 동안 멀리 떨어져 사는 아버지를 만나는데, 그 동안에도 훈이를 책임지고 있는 어머니는 자신의 책임에 대해 욕구불만을 털어놓았다. 훈이의 어머니가 다른 남자를 만나고 있을 때 훈이는 아버지에게 가서 살고 싶었다. 하지만 어머니는 아버지를 믿지 못하고 훈이를 보내지 않았다.

부모가 이혼을 하게 되면 양쪽의 부모는 아이와의 관계를 계속 유지하기 위하여 아이가 사는 가까운 곳에 살아야 할 책임이 있다는 의견이 있다. 하지만 훈이의 아버지는 먼 데로 이사를 감으로써 아버지의 역할에 기본적으로 무책임하였다. 부모의 역할이란 오랜 기간 동안 아이들에게 전적으로 책임을 지는 것을 의미한다. 각자의 상황에 따라 아이를 키우는 문제에 대하여 심사숙고를 해야 하겠지만 부모의 책임감이 부모의 역할을 올바르게 하는 것만은 틀림이 없다.

어떤 이혼한 부부는 아이들에게 부당한 혼란과 불편함을 주지 않고 동등하게 아이들을 기르는 책임을 지기 위해 실험적으로 가까운 거리에서 살고 있다. 어떤 경우에 이혼한 가정의 아이들은 한 집에서 살고 부부가 번갈아 가면서 그 집에 와서 아이들을 돌보는 실험을 하기도 한다. 이혼이란 그 독특한 성격상 이상과는 거리가 먼 상황이다. 하지만 부모들의 책임 분배가 동등하도록 하는 노력을 기울여야 하는 것은 중요한 사안이다.

이혼이나 별거를 하는 가정의 아이들은 자신의 불확실한 위치에 상당히 민감하고 가정에서 추방당하지나 않을까 하는 위협이 항상 그들의 머리 속에서 맴돌고 있다. 남편으로부터 별거를 당한 한 여인은 자신의 아이들이 아직도 아버지와 함께 있기를 즐거워하는 것에 대하여 상당히 심기가 불편하였다. 그녀는 배신을 당한 기분이었고 아이들을 아버지한테 돌려보내겠다고 위협하였다. 아이들이 좋아하는 어머니가 되려는 그녀의 자기중심적인 사고가 이토록 불안전한 상황에서 아이들이 어머니가 어떻게 또 언제까지 자신들을 책임질 것인가에 대하여 시험하는 줄을 깨닫지 못하였다. 아이들이 부모를 거부하는 상황이 있다고 하더라도 아이들을 버린다는 위협은 하지 말고 끝없이 참고 이해해야 한다.

이혼에 대한 갈등은 부모와 자식간의 관계로 쉽게 옮겨갈 수 있다. 한 소년은 이혼한 아버지에게 자신이 대학을 마칠 때까지 등록금을 대어 줄 수 있느냐고 물었다. 아버지는 퉁명스럽게 "내가 왜 그런 책임을 져야 하느냐"고 대답하였다. 하지만 그 소년의 질문은 강요하거나 위협적인 것이 아니었고 다만 아버지의 자신에 대한 마음을 읽어 내려는 것에 불과하였다. 이러한 경우에는 긴장상황에서 나타나는 방어적인 반응보다는 열린 마음으로 토론하는 것이 마땅했다. 그 아버지의 대답은 적절하게 마음을 열기에는 너무나 감정적으로 치우쳐 있었다.

외국에서는 이혼할 경우 대체로 아버지는 아이를 떠나고 어머니가 아이들을 기를 수 있는 권리를 이양받고 아버지는 가끔 아이들을 방문하는 것이 통례이다. 하지만 이와 반대의 경우로 어머니가 아이들을 떠나고 아버지가 아이들을 맡아 기르는 일도 발생한다. 어느 쪽의 부모가 아이를 떠나는 것을 선택하든지 자유와 무책임한 것이 혼돈이 되면 그 선택은 파괴적이다.

이혼이 발생하면 가능한 한 아이들을 보살피는 일에 대해서는 부부간에 동등하게 책임을 져야 한다. 이혼이 결혼의 결속관계를 깨뜨린다고 해도 아이들은 두 사람 공동의 책임이다. 한쪽의 부모에게서 자라난 아이들 1,800명을 대상으로 조사를 한 결과 인생의 훈련과정과 건강에 많은 문제를 가지고 있었고, 학교에서는 결석이 많았고 성취도는 낮았다고 보고되었다. 이런 가정에서는 부모가 어린이들을 자신의 대화상대로 여겼고 그 결과 아이들은 실제 나이보다 조숙하게 자랐다. 그들은 나머지 한쪽의 부모마저 자신을 버릴 것 같은 불안한 생각으로 고통받고 있었다.

(3) 자살

자살은 부모가 아이를 버리는 또 다른 하나의 방법이다. 부모의 자살은 아이의 심리 속에 자신들이 버려진 것으로 생각되게 하고 이는 아이의 심리성장에 상당히 파괴적이 될 수 있다. 아이들은 자주 부모의 죽음이 자신에서 비롯됐다는 죄책감을 갖는다. "만약에 내가 좀더 잘했더라면 아버지는 자살을 하지 않았을 텐데…"라는 생각을 아이는 한다. 한 아버지는 아이들에게 자기를 돌보아 달라고 계속해서 애원을 하였다. 하지만 어떠한 이유에서인지 그 어느 아이도 그렇게 하지 못했다. 그 아버지가 자살을 했을 때 아이들은 공황적인 두려움을 느꼈고 영원한 죄의식 속에서 살아가야 했다. 자살은 책임을 회피하는 것뿐만이 아니라 고통과 죄의식을 아이들에게 상속하는 것이다. 부모의 자살은 아이들에게 자식을 낳지 않겠다는 결심을 하도록 영향을 미칠 뿐만이 아니라 그들 자신의 인생에 대하여 책임을 질 수 있는 능력에도 손상을 입힌다. 또한 자살은 자손에게 내려지는 저주와 같아서 자손 역시 다른 가족에 비해 자살을 하는 경향이 많다. 한 예를 들면 신경성으로 병을 앓던 할머니가 높은 곳에서 뛰어내려 자살을 했는데 10대의 손녀 역시 강한 자살의 환상을 가지고 있었다.

(4) 심리적인 버림

나리의 어머니는 욕구불만이 생길 때마다 "내가 만약에 인생을 다시 살 수 있다면 어린애는 절대 갖지 않겠다. 여행이나 하면서 내 시간은 내가 쓰겠다"라는 말을 하곤 하였다. 이는 설령 어머니가 아이를 실제로 버리지 않았다 해도 아이를 버리고 싶다는 정직한 고백이며 아이는 이를 철저한 거부의 행위로 받아들이게 된다. 그 어머니는 나리가 5세 때부터 고등학교를 졸업할 때까지 여름 수양회에 강제로 보내어 아이를 버리는 행위를 행동화하였다. 아이를 여름 수양회에 보내는 것으로 어머니는 여름을 자기 것으로 만들었다. 다른 부모들은 자신들이 여행을 떠날 때에 아이들은 아이를 돌보는 사람에게나 또는 가정부에게 맡기고 떠나 자신들의 시간을 갖곤 하였다. 한 젊은이는 부모가 항상 집에 없는 관계로 가정부가 자기의 숙제에 서명을 해 주곤 했다는 것을 기억하고 있었다.

부모가 자신들의 일에 얽매여 아이에게 나누어 줄 시간이 없다는 것은 사실상 아이를 버리는 것과 같은 일이다. 부모가 대학원 학생일 경우에는 더 많은 문제가 도사리고 있다. 학교의 공부 때문에 아이들에게 시간을 내 줄 수 없을 뿐만이 아니라 경제적으로도 부족하여 가족의 필요한 것을 제공해 주지 못하기 때문에 아이들은 사실상 두 배로 고통을 당할 수 있다.

아이가 지원서를 써야 한다든지 아니면 고지서를 지불해야 하는 것과 같이 어떤 일을 결정해야 하는 순간에 부모의 도움이 필요하여 요청을 하면 어떤 부모들은 지극히 냉담한 반응을 한다. "너의 아버지(또는 어머니)한테 가서 요청해라," 또는 "나는 네 문제에 관여하고 싶지 않다," 등으로 다른 쪽의 부모나 다른 가족성원한테 책임을 전가한다. 그러면 사실상 그 아이는 필요한 도움을 받지 못하면서 결핍된 부모의 사랑과 관심을 감지한다. 자신의 아이들과 관여하기 싫어하는 부모는 여러 가지 방법,

즉 술, 마약, 잠, 무관심 등의 태도로 신체적 또는 정신적으로 자신을 피폐하게 만들어 아마도 이를 아이들을 회피하는 방법으로 활용하는지도 모른다.

어느 한 종교에 전적으로 열심인 부모가 아이들에게 다른 종교를 가진 사람과는 결혼을 할 수 없다는 포고를 하게 되면 이 또한 아이들을 버리는 것이나 다름이 없다. 아이들이 부모와 같은 종교를 가진 사람이나 아니면 다른 종교를 가진 사람과 결혼을 하든지 간에 부모의 사랑이 오직 조건적이라고 생각할 수 있기 때문이다. 종교가 다른 사람과 결혼을 한다는 이유 때문에 아이를 거부하는 부모는 아이들이 필요할 때 도움을 주지 못하는 부모이다. 만약에 두 사람이 서로 다른 종교를 믿고 있다면 종교의 갈등 때문에 이 두 사람의 결혼은 잘못일 수 있다. 하지만 앞으로 다가올 수 있는 이러한 어려운 상황에 대한 설명을 해 줄 수는 있어도 이는 두 사람의 선택에 맡길 일이지 부모가 강요할 일이 아니다.

아이들은 또한 종교 때문에 버려질 수도 있다. 규현이의 아버지는 규현이가 교회에 가기로 마음을 먹자 그를 신앙심이 돈독한 그의 할아버지에게 넘겨 버렸다. 규현이의 아버지는 전혀 종교적인 사람이 아니었고 그는 아버지역할을 단순히 포기한 사람이었다.

부모는 가끔 아이들이 저지른 잘못에 대한 대가로 아이들의 생일을 잊는다든지, 아이들에게 선물을 주지 않는다든지, 긍정적인 말을 해 주지 않는다든지, 아이들이 흥미 있게 탐구하는 것을 지지해 주지 않는다든지 하는 것으로 자신들이 아이들에 대하여 어떻게 느끼고 있는지를 보여준다. 부모의 사랑을 불확신하는 아이들은 자기들이 버려질 수 있다는 두려움에 사로잡힌다.

한 소년은 다음과 같은 말을 하였다.

"내가 아파서 침대에 누워 있는데 엄마가 '한 시간 후에 돌아올게' 라면서 장을 보러 나갔다. 하지만 한 시간은 벌써 지나갔는데 아직 엄마는 돌아오지 않았고 나는 발작적으로 엄습하는 두려움에 잠옷 위에 옷을 걸쳐 입고 엄마를 소리쳐 부르며 집에서 뛰쳐나갔다. 나는 엄마가 이웃아주머니들과 잡담을 하고 있는 것을 발견하였다. 나는 안도의 숨을 쉬고 울면서 엄마에게 아무도 돌아오지 않을 것 같았다는 말을 했다. 그 동안 몇 번에 걸쳐 나의 부모는 말다툼을 하고 나면 어머니는 떠난다는 소리를 남기고는 집을 나갔다. 아마도 오랜 시간 동안의 산책을 했을 것이다. 그러면 나는 아버지 무릎에 매달려서 엄마가 영원히 돌아오지 않을 것 같은 두려움에 아버지께 엄마를 데리고 오라고 졸랐다. 아버지는 내 청을 거절하면서 엄마가 정말로 떠난 것이 아니라는 말을 했다. 그리곤 엄마는 정말로 돌아왔다. 하지만 어린아이가 이러한 일을 어떻게 알 수 있을까? 내 기억으로는 버려진다는 것에 대한 두려움을 처음으로 느낀 것은 아마도 세 살 때일 것이다. 아버지는 여행을 많이 했고 나는 아버지와 함께 가고 싶었다. 한 번은 아버지가 할아버지 집 근처로 여행을 가게 되어 나를 데리고 여행을 갔다. 그가 일을 하는 동안에 나를 할아버지 집에 맡기려는 것이었다. 내가 그 집에 머문 것은 3일 정도였는데 나는 퀴퀴한 냄새가 나는 집에 하얀 머리의 사람과 남겨졌을 때의 두려움을 기억한다. 나는 아버지가 할아버지 집을 떠나는 순간에서부터 그가 돌아오는 시간까지 매일 울었는데 아버지가 영영 돌아올 것 같지 않은 생각이 들었기 때문이었다. 내 불쌍한 할아버지 할머니는 그 일을 영영 잊지 못했고 나 또한 그랬다"고 그 소년은 회상한다.

이러한 경우는 특수한 어느 부류의 아이에게서만 일어날 수 있는 일이라고 간과하기 쉽지만 자라는 과정에서 부모로부터 버림을 받을 것 같은 두려움은 많은 아이들이 느끼는 보편적인 감정이다.

강희는 자기가 태어나면서부터 심리적으로 어머니가 자신을 버렸다고 생각한다. 그녀의 어머니는 강희를 양육하기 위한 노력을 하지 않는, 즉 아이를 전혀 돌보지 않는 어머니였다. 강희는 어머니를 미워할 수조차 없었는데 이는 어머니의 존재를 아예 느끼지 못했기 때문이다.

강희는 "어느 정도의 선에서 우리 엄마는 하녀와 같았다. 그녀는 나에게 필요한 물리적인 요소를 최소한으로 충족시켜 주었다. 머리빗이나, 칫솔, 구두, 양말과 같은 것은 나에게 사 주었다. 하지만 그 이외에는 아무 것도 해 주지 못했는데 나의 말을 들어 줄 수 있는 귀도 없었고, 나를 위해 존재하지도 않았고, 하다못해 나에게 상처를 주거나 싸우는 것과 같은 어머니의 존재에 대한 느낌을 받지 못했다. 나는 사람들과 서로 만지고 대화를 하며 주변 사람들이 나를 기다려 주고 그들과 친하게 지내는 것이 얼마나 즐거운 일인지를 모르고 자랐다. 지금 나는 다른 사람들에게 지나치게 해 주고, 지나치게 양보하면서 그녀가 했던 것과는 정반대의 행동으로 어머니 같은 역할을 하면서 내 마음의 진공 상태를 채우고 있다. 이는 의식적으로 내 자신으로부터 나를 분리시키는 내 자신을 소모하는 역할로서의 행동이다. 나는 엄마가 없었기 때문에 누구든 만나는 사람에게 엄마의 역할을 하고 있다"라고 주장한다.

이와 비슷한 상황의 아이들 중에 어떤 아이들은 자신이 고아나 아니면 입양된 것과 같은 환상을 갖는다. 진양이는 부모로부터 심리적으로 버림받은 것 같은 황량한 기분을 갖고 있었다. 그녀는 자기가 좋아하는 할머니가 자신을 낳아 주었다고 생각했고 자기 부모는 자신의 출생과는 아무런 관계가 없다는 생각을 하였다.

부모가 이혼 수속을 밟고 있는 5세 된 여아는 자신이 버려지거나 소외될 것 같은 두려움을 다음과 같은 꿈으로 표현하였다.

"나는 저수지 한 가운데 있었는데 엄마가 나를 놓아 버렸지만 나는 물에 빠지지 않고 수영을 했다. 아버지가 그 곳에 계셨지만 그는 다른 사람과 전화만 하고 있었다."

그 소녀는 실제로 수영을 못하는데 그 아이를 꿈 속에서 엄마가 손을 놓아 버렸고 아버지는 자기 자신만을 생각하는 사람으로 나타났다. 하지만 그 소녀 자신이 자기를 돌볼 수 있다는 것을 깨달았기 때문에 이 경우는 다른 경우보다 그래도 나은 상황이었다.

정서적으로 안정된 아이들은 자신과 부모와의 관계와 부모 상호간의 관계가 강하고 믿을 수 있는 애착관계로 결속되어 있다는 것을 확신한다. 양육하고 보살핀다는 것은 부모의 기본적인 책임이며 아이의 내심에 확신을 주는 것은 가족이 생존할 수 있는 비법이다. 이러한 심리적인 안정은 부모가 시간과 노력을 얼마만큼 아이들에게 투자하느냐에 달려 있으며, 아이들은 부모가 얼마만큼 혼신의 힘으로 아이들에게 책임을 지는지를 지각하는 것으로 생긴다.

5. 중독성의 부모

현대사회에서 중독증은 여러 가지 방면에서 이미 널리 확산되어 있다고 해도 과언이 아니다. 중독이 심한 경우에는 마약, 술, 도박 등의 중독으로 이는 결국 인생을 패망으로 이끄는 경우를 가져온다. 하지만 이에 못지 않게 흡연에 대한 중독, 섭식에 대한 중독, 일에 대한 중독, 종교에 대한 중독, 텔레비전에 대한 중독, 컴퓨터에 대한 중독 등, 셀 수 없을 정도의 중독증 때문에 심신으로 시달리는 경우가 허다하다. 이 장에서는 중독성의 부모(addictive parent)가 아이에게 어떤 영향을 미치며 또한 중독증이 인간의 성격성향에 어떠한 영향을 미치는지에 대하여 논의하고자 한다.

(1) 중독적인 가족

브래드쇼(Bradshaw)는 미국의 PBS TV에서 '가족'이라는 시리즈의 호스트를 해 왔고 상담자이며 신학자이며 또한 한때는 로만 가톨릭의 신부이기도 했던 사람인데 그는 한동안 알코올중독으로 고생을 했었다. 브레드쇼는 다음과 같은 말을 하였다.

"17년 간의 알코올중독으로 고생을 해 왔던 나는 술병의 마개를 닫은 지 21년이 지났다. 나는 내가 알코올중독자가 되리라고는 꿈도 꾸지 못했다. 내가 어렸을 때에 나는 아버지의 알코올중독과 그에게서 버려진 느낌으로 수많은 밤을 울면서 지새었다. 나는 밤마다 침대에 쪼그리고 앉아서 그가 돌아와 어떤 끔찍한 일이 벌어질지 모르는 채 공포에 떨었다. 나는 알코올중독을 끔찍이 싫어했고 알코올중독이라면 어떤 짓을 해서라도 이를 막고 싶었다. 나에게서는 아버지가 매일매일 알코올중독으로 술을 마시면서 행패를 부리던 기억이 머리에서 떠나지 않았다. 30세가 되었을 때 로만 가톨릭의 신부가 되려는 수업을 10년이나 받은 후에 나는 텍사스 주의 한 병원에 알코올중독을 고치려는 의도에서 자발적으로 입원을 하였다."

역설적으로 알코올중독 가정의 아이들은 알코올중독이 되기 쉽다. 만약에 알코올중독이 되지 않으면 알코올중독인 사람과 결혼을 하거나 또는 다른 종류의 중독장애가 있는 사람과 결혼을 하기도 한다.

알코올중독증의 가정에서 성장한 사람들은 가족을 하나의 요소라고 보기보다는 하나의 체제로 보는 경향이 있다. 알코올중독증을 가진 사람은 성인이지만 아동과 같이 미숙한 점이 많고 이와 같은 사람들에게는 비슷한 공통점이 있는데 이는 그 원인이 그들 자신의 문제라고 보기보다는 가족의 유전이라고 생각하고 있다는 것이다.

브레드쇼는 "나는 나의 흥분에 대한 중독증, 사람들을 즐겁게 하면서 인정을 받으려는 성향, 나의 지나친 책임감, 사람과 가까워지기를 꺼려하는 문제점, 미친듯한 강박적인 생활태도, 내 자신을 심하게 비판하는 점, 냉정한 나의 감정, 끊임없이 좋은 사람으로 보이려는 행동, 자신이나 타인을 통제하려는 강한 욕구, 등이 내 성격이 이상하기 때문에 나타나는 성향이라고 생각했다. 나는 이러한 행동이 어려서 알코올중독증의 집에서 자라 온 사람들의 전형적인 성격이라는 것을 꿈에도 생각 못했다. 내 강박적인 삶의 태도는 내 인생에 손상을 입히는 결과를 초래하였다. 나는 일하고, 물건을 사고, 담배를 피우고, 음식 먹는 것을 강박적으로 하였다. 나는 알코올중독으로부터 회복하는 단계에 있었음에도 불구하고 심하게 강박성향이었다. 나는 아직까지 중독자였다. 이러한 중독적인 성향의 나 자신에 대한 깨달음이 나를 더 치료받게 만들었다"고 자신에 대한 회고를 한다.

알코올중독증의 가정에서 자란 사람들은 대체로 다음과 같은 공통점을 공유한다.

① 중독증, 강박증의 행동을 하며 결혼도 중독증의 사람과 한다.
② 환상을 가지며 부정적이다.
③ 자신과 타인을 가차없이 비판한다.
④ 타인과 자신과의 경계선을 갖는 능력이 부족하다.
⑤ 부적절한 행동에 대한 인내심이 없다.
⑥ 남에게 지속적으로 인정을 구한다.
⑦ 남과의 가까운 관계를 갖기가 힘든다.
⑧ 자신을 위해 권리를 주장할 때마다 죄의식을 자처한다.
⑨ 진실을 쉽게 말할 수 있는 데도 거짓을 얘기한다.
⑩ 의지력이 약하다.
⑪ 행동하기보다는 반응을 한다.
⑫ 실패에 지나치게 당당하다.
⑬ 감각이 마비된다.
⑭ 통제할 수 없는 변화에 지나치게 반응한다.
⑮ 다른 사람과 다르게 느낀다.
⑯ 불안해하고 지나치게 경계한다.
⑰ 낮은 자존감과 부끄러움이 내면화되어 있다.

⑱ 사랑과 동정을 혼돈한다.

⑲ 일을 잘 끝마치지 못한다.

⑳ 너무 심각하다.

㉑ 지나치게 의존적이고 버려짐에 대하여 지나치게 두려워한다.

㉒ 희생자로서의 생활을 한다.

㉓ 분노와 개인적인 비판에 두려워한다.

㉔ 통제력이 부족한 것에 두려움을 느낀다.

㉕ 지나치게 책임감이 높거나 아니면 책임감이 없다.

위에서 제시한 checklist를 살펴보면 알코올중독증 가정의 아이들은 술에 대한 반응만을 의미하는 것이 아니라는 것이 분명하다. 여기에는 분노, 통제의 문제, 중독에 대한 감정의 부재현상 등에 대하여 반응을 하는 것이다. 이러한 성향은 알코올중독증의 가정에서 버려짐과 부끄러움에 대한 비극적인 결과로서 나타나는 반응이다.

아이의 이러한 부끄러움은 그들 부모와의 믿음이 없는 관계에서 비롯된다. 성향에 대한 지표에 따르면 대부분의 문제는 인간관계에서 비롯된다. 이러한 성향은 또한 강박적인 뿌리에 대한 이해의 실마리를 제공한다. 강박적이고 중독증적인 행동은 심리병리적인 관계로서 그 결과는 인생에 큰 손상을 가져온다. 위에서 제시한 지표를 살펴보면 알코올중독증의 가정에서 생활한다는 것은 얼마만한 기능마비를 초래하는지 짐작할 수 있다. 위의 지표는 강박적인 행동의 원인을 아는 데 많은 도움이 된다.

알코올중독의 가정은 곧 강박적인 성격의 가정이다. 이러한 가정에 속해 있는 모든 사람은 그들의 필요를 충족시키지 못하기 때문에 생활하는 데 많은 괴로움을 느낀다. 어떤 사람은 알코올중독증의 가정에서 생활하는 것을 수용소에서 생활하는 것과 비교하였다. 수용소에서 살아 남은 사람들이 후유증에 시달리듯이 알코올중독증의 가정에서 생활한 사람들도 마찬가지로 여러 가지 후유증에 시달리게 된다. 이러한 가정에서 생활한 아이들이 치료를 받지 못한다면 이러한 후유증으로 나머지 인생에서 괴로움을 당할 것이다.

(2) 버려짐

알코올중독증의 가정에서는 만성적으로 괴로움을 당하였기 때문에 모든 가족성원들은 만성적으로 스트레스에 적응하려는 시도를 한다. 모든 가족성원들은 지나치게 경계를 하며, 불안해 하고 만성적인 두려움에 시달리게 된다. 이러한 환경에서는 인간에게 기본적으로 필요한 조건을 갖추기가 불가능하다. 모든 사람들은 서로 상호적으로 의존하게 된다.

만성적인 스트레스의 가장 큰 결과는 무관심으로 유기된다는 것이다. 알코올중독으로 인하여 실제로 신체적인 유기도 문제가 되지만 또 다른 종류의 유기는 심리적인 것으로 아이들이 마치 존재하지 않는 것과 같은 무시를 당하는 것이다. 아이를 위해서 그 아무도 없고 아이들은 보고 배울만한 상대도 또한 의존할 상대도 없다. 만약에 아버지가 알코올중독이고 어머니가 아버지한테 중독이 되어 있다면 어머니와 아버지는 서로 상호간에 의존되어 있는 상태이기 때문이 어머니도 중독자로 보는 것이 옳다. 이러한 상태에서 어머니가 아이들을 돌볼 수는 없는 것이다.

중독자들은 서로가 서로를 필요로 하고 또한 그들의 마음에는 자책감이 기본적으로 깔려 있다. 이렇듯 서로 필요로 하는 두 사람이 자책감에 싸여 있을 때에는 아이들에게 사랑을 주거나 자신을 존중하는 사람으로서의 모습을 보여줄 수 없다.

일반적으로 아이들은 자신을 보호하려는 본능에서 자기중심적으로 되기 쉽다. 하지만 알코올중독의 가정에서는 이러한 자기중심적인 필요를 충족시킬 길이 없다. 이러한 이유에서 아이들은 내면적으로 환상과 부정의 연결 고리로 부모와의 애착관계를 갖고 궁극적으로는 고통을 줄이려고 자신에게 몰두한다.

또 다른 형태의 유기는 학대이다. 알코올중독자의 가정에서는 모든 형태의 학대가 존재한다. 술이 생각과 표현에의 조절기능을 상실하게 만들기 때문에 알코올중독의 가정에서는 신체적, 성적, 또한 정서적으로 심하게 망가지는 것이 보통이다. 알코올중독자 중의 2/3는 신체적인 학대자이고 근친상간의 50%는 알코올중독자라고 추정을 한다.

알코올중독자의 가정은 서로를 심하게 덫에 걸린 것 같이 만든다. 이렇듯 덫에 걸린 것과 같은 양상이 또 다른 형태로 아이를 버리는 것이다. 알코올중독자의 가정은 점점 더 서로 엉키고 덫에 걸린 것 같이 만든다. 아이들은 양쪽 부모의 필요와 전체적인 가족체제의 균형을 위해서 그 가정에서 빠져 나오기가 어렵다. 가정의 체제가 불균형일 때에 아이들은 가정의 균형을 지키려는 노력을 하기 때문이다.

브레드 쇼(Bradshaw)는 "우리 가정에서 아버지는 없었다. 내가 11세가 되었을 때에 그는 실질적으로 언제나 집에서 떠나 있었다. 나는 집안의 장남이었다. 이 가정에는 남편이 필요하였고 나는 엄마에게 심리적으로 남편의 대리인 역할을 하였다. 어머니가 이를 결정한 것이 아니라 집안의 체제가 이를 필요로 했다. 나는 내 동생들에게 '작은 부모'가 되었는데 가정의 체제가 그렇게 요구했기 때문이다. 내가 13세가 되었을 때에 나는 동생들에게 용돈을 주었다"고 말했다.

또 다른 가정에서는 남편의 알코올중독이 그 가정의 딸을 어머니의 희생양으로 만들었다. 그 어머니는 결혼할 때에 그 아이를 임신하고 있었는데 그 이유 때문에 결혼을 하게 되었다. 어머니는 아버지가 알코올중독이라는 것을 알게 되었고 그 분풀이를 어린 딸에게 하였다.

또 다른 경우는 아이를 계획하지 않았는데 사고로 임신하게 되어 기능이 마비된 가정에 아이가 태어나게 되었다. 그 아이는 어머니의 자궁에서부터 심리적으로 버림을 받았다. 그는 그 가정에서 '잊혀져 버린 아이'였다. 그의 부모는 그에게 "꺼져 버려라 우리는 아이 하나를 더 키울 수 없다"라는 태도로 그를 대했다.

알코올중독의 가정에서는 부모가 훈련이 되어 있지 않기 때문에 아이들에게 훈련이란 있을 수가 없다. 훈련이란 이름으로 나쁜 교육의 규칙이 주어지고 이는 사실 훈련이라는 말을 할 수도 없이 아이들에게 일방적으로 주어진다. 이는 아이들의 행동의 향상이나 또는 그들이 인생에서 좋은 목표를 가지고 정진할 수 있는 일과는 아무런 상관없는, 주로 부모 자신들의 인생에 대한 분노와 짜증에서 아이들에게 벌을 자주 주고 일관성이 없는 행동으로 훈련을 대치하는 것이다.

알코올중독 가정의 환경은 부모의 관심과 인생방향에 대한 지도가 필요한 아이들에게 적어도 15년 간 부모로부터 이러한 혜택을 받을 수 없게 한다. 그들은 버려진 것이다. 부모를 항상 필요로 하는 아이들에게 이러한 필요가 충족되어지지 않기 때문에 이들은 구멍이 난 컵과 같은 환경에서 살고 있는 것이다. 그들이 성장하여 외모로는 어른과 같이 보이고 말은 하지만 그 속에는 그들의 필요가 전혀 충족되어지지 않은 불만족의 아이들이 있는 것이다. 이 구멍이 난 영혼이 강박관념을 충동하는 원천이 되고 있다. 이러한 사람은 사랑, 관심, 칭찬, 술 그리고 돈에 대한 집착이 강하다.

이러한 충동은 내면이 비어있는 데서 비롯된다. 성장한 사람은 다시 어린 시절로 돌아가 어머니와 아버지를 가질 수 없기 때문에 아이일 때 충족되어져야만 했던 필요를 전혀 충족시킬 수 없다. 그들은 이미 어린 시절을 잃었기 때문에 성인으로서의 행동만 할 수 있고 아무리 원한다 해도 다시 아이로 되돌아 갈 수는 없기 때문에 그 문제가 심각한 것이다.

(3) 중독증과 강박성향

알코올중독의 가정은 강박적인 가족의 원형으로 생각한다. 역사적으로 알코올중독이나 마약중독에 빠져 있는 가족들은 비기능적이면서 강박으로 중독이 되어 있다. 이러한 가족성원들의 양태는 분명하다.

수치(shame)라는 요인이 기본적으로 깔려 있는 강박적인 가족은 혼자서는 생활을 하기 어렵기 때문에 서로의 필요에 의하여 의존하는 결혼을 양산시키고 이러한 가정에서 태어난 아이들은 버려졌다는 치욕에서 헤어 나기 어렵다. 이러한 결혼의 희생양이 된 아이들은 자신들이 그러한 상황을 아무리 싫어한다 하더라도 이러한 부모의 생활을 그대로 답습하는 데 문제가 있다.

권위, 통제, 완벽주의, 비판, 경멸, 남의 탓, 분노 등은 자신에 대한 수치스러움이 인간관계로 전환된 양상이다. 자신에 대한 수치스러움이 자신을 방어하는 환상적인 상태로 대치되었을 경우 그들의 엄격한 역할과 중독증은 수치스럽게 느끼게 되지 않는다. 이러한 부모는 자신들이 모든 것을 다 안다는 식으로 비판하고 통제하며 남의 탓으로 돌리고 강제성을 띄면서 자신이 마치 대단한 힘을 가진 사람처럼 행동한다. 이렇듯 수치를 모르는 부모의 행동이 오히려 아이들에게는 수치를 느끼게끔 만든다.

분노는 알코올중독 가정에서 볼 수 있는 전형적인 양상이다. 분노는 그 자체의 중독성을 가지고 있다. 분노는 알코올중독자인 아버지가 제대로 기능을 수행하지 못할 때 이를 무마시키는 목적으로 잘 나타난다. 분노는 자신이 남에게 노출되는 것을 막는 기능을 가지고 있어 자신을 임시로 보호할 수는 있지만 다른 사람들을 자신에게서 멀리 쫓아버리게 한다.

예를 들어 아버지가 며칠을 계속해서 술을 마신다. 그 결과로 며칠 동안 일을 하지 못한다. 일을 하러 갔을 때에 상관이 싫은 소리를 한다. 집에 돌아왔을 때, 그는 자신의 행동에 대해 수치를 느낀다. 그는 아들의 자전거가 앞마당에 뒹구는 것을 본다. 그는 아들을 찾아 교육적인 교훈이라고 생각하고 아들에게 화를 내기 시작한다. 이러한 잘못된 행동은 자신이 아버지의 의무를 잘하고 있다는 착각으로 자신에 대한 수치의 상처를 씻는다. 아들은 이러한 아버지의 행동을 수치스럽게 받아들인다. 분노는 아버지의 수치를 격감시키기 위하여 아들을 수치스럽게 만드는 방어적인 수단을 지닌다.

알코올중독자의 가정에는 대단한 수치심이 존재하기 때문에 수치심이 인간관계로 전환되는 상황은 계속된다. 잘못된 교육적인 교훈은 부모의 수치심을 전환하는 전략을 뒷받침해 준다. 권위, 통제, 남을 탓하는 것, 비판과 완벽주의는 잘못된 교훈에 의해서 더 격앙된다.

아이들은 부모를 환상적인 애착관계로 이상화하게 되고 이에 따라 그 아이들은 자신들이 부모로부터 버려진 것에 대한 분노, 아픔, 외로움과 수치심을 그 다음 대인 자기 아이들에게 대물림하게 된다. 자신들이 받았던 것을 부모에게 되돌리기보다는 다음 대에게 대물림하게 되는 것이다.

(4) 강박 또는 중독적인 행동

인간에게서 있을 수 있는 큰 문제 중의 하나는 강박 또는 중독적인 행동이다. 중독증이란 인간의 마음을 좁게 만들고 의지력을 파괴한다. 이는 통제를 불가능하게 하며 우리 인생은 우리의 선택에 의해 결정되는 것이 아니라 몇 세대에 걸친 잘못됨의 연속이라 할 수 있다. 중독증에 걸리면 인생은 더 이상 자유롭지 못하다.

중독증이란 마약류나 아니면 알코올중독으로 국한할 수 있으나 우리 문화에서는 여러 가지의 중독증이 많은 사람들에게 널리 퍼져 있다고 하여도 과언이 아니다.

화학류의 약물에 중독되어 있는 청소년들의 부모들은 어느 종류이던 중독이 되어 있다는 것이다. 이들의 중독증들은 일 중독,

종교 중독, 섭식 중독, 상호의존 중독, 부모의 아이들에 대한 중독, 담배 중독, 분노 중독 등등이다.

중독증이란 분위기를 자의로 바꾸는 병적인 관계의 경험을 말하며 이는 인생을 망치는 결과를 초래한다. 병적인 관계는 버려졌다는 느낌에 의해서 생기는 경우가 많다. 건강한 인간관계를 가질 수 없는 것은 수치심의 결과이며 수치심이란 대체로 인간관계에 문제가 있을 때 생기기 때문이다. 자신을 돌보아 주는 사람과의 관계에 일단 문제가 생기면서 그들을 믿을 수 없다는 생각이 들 때에 아이들은 아무도 의지할 수 없다는 생각이 들게 된다. 그들은 자신과 다른 사람에 대해서 더 이상 믿지 않게 되고 그 결과 그들은 인간관계를 현실적이 아니고 환상적으로 몰고 가면서 자신에게 더욱 더 몰두하는 형태의 행동을 보이게 된다. 이러한 행동이 병적인 관계로 발전하는 것이다.

에릭슨(Erikson)은 아이가 세상에 태어나서 가장 먼저 습득해야 하는 사회심리적인 단계는 믿음이라는 말을 한다. 만약 아이가 자신을 돌보아 주는 어머니와의 관계가 불신으로 맺어지면 성장하는 과정에서 지속적으로 부정적인 문제가 발생할 수 있다는 것이다.

병적인 관계란 망상이 개입된 관계를 의미한다. 망상과 부인이란 중독과 강박적인 행동의 중심을 이루는 요소이다. 부인은 자신과 남에게 해롭게 작용한다. 망상이란 현실에서는 일어나지 않는 일을 일어난다고 믿는 것을 말한다.

환각적인 애착관계는 여러 가지로 사실을 현실감각과는 다르게 정의하게 만든다. 이는 열렬하게 사랑에 빠진 형태로 나타나기도 하고, 좋고 올바르다는 느낌으로 황홀감에 빠지기도 하며,

성(性)적으로 정복하려는 것, 먹는 것으로 포만감을 느끼는 것, 굶음으로 의식의 변화를 가져오는 것, 물건과 돈에 대한 집착, 약물에 의한 취함 등의 형태로 나타난다. 모든 강박증과 중독증에 대한 행동은 환각과 연결이 되어 있다.

강박증과 중독증의 행동은 배고픔, 목마름, 또는 일에 대한 필요성과 같이 물리적인 필요를 말하는 것이 아니다. 이는 감정의 변화를 말하는 것이다. 강박증과 중독증은 느낌을 조정하려 한다. 이는 버려졌고 수치를 느끼는 것으로부터의 느낌을 변화시켜 더 이상 외롭다거나 텅빈 것 같은 느낌을 받지 않도록 해 주는 역할을 하는 것이다.

제스(Jesse)는 한 가정의 아버지로 알코올중독과 성에 대한 중독증까지 겸하고 있었다. 이 두 가지는 자주 함께 나타나는 증세이다. 그는 그의 어머니와 불신의 관계로 맺어져 있었고 그 어머니는 자신의 아버지로부터 버려졌던 과거를 갖고 있었다. 제스는 두 명의 수양아버지를 가지고 있었는데 두 사람 모두 알코올중독이었고 그 중 한 사람은 제스와 그의 어머니에게 신체적인 학대를 가했다. 그의 어머니는 제스를 성적인 느낌과 분노를 거부하는 잘못된 교훈으로 가르쳤다. 제스는 수동적이면서 공격적이었다. 그는 진정한 남자는 울지도 않으며 두려움을 갖지도 않는 것이라는 가르침을 받고 자랐다. 16세에 제스는 제시카(Jessica)를 만나 결혼을 하였다.

제시카는 그녀의 아버지와 불신관계이었는데 이는 그녀의 어머니가 알코올중독으로 성인이지만 실질적으로는 어린이와 같은 상태였고, 근친상간의 희생자였으며, 질병에 찌들어 항상 침대에서 생활을 하였기 때문이었다.

제스와 제시카는 세 명의 아이들을 두었는데 첫번째 딸아이는 제시카가 16세가 되던 해에 태어났고 사실은 이 아이를 임신했기 때문에 그들은 결혼을 하게 되었다. 그 아이는 자신이 원하지 않은 아이라는 것을 태어나면서부터 느꼈다. 그 딸은 '잃어버린 딸'이 되었으나 극도로 책임감과 성취감을 가진 그녀는 어머니의 희생양이 되었다. 그녀는 일찍이 일을 하게 되었고 중독증의 사람과 두 번 결혼했고 이혼함으로 인해 만성적인 우울증과 소외감으로 고통을 받고 있었다. 그녀는 그녀의 어머니와 이모와 할머니가 그랬듯이 남자를 미워했다. 그녀는 자기의 인생에 대해 혼란해 했고 이를 어떻게 바꿔야 하는지를 몰랐다.

잭(Jack)은 13개월 뒤에 태어났는데 그는 두 세대에 걸쳐 처음으로 남자로 태어났다. 그 두 세대는 무의식 속에 남자를 미워하고 있는 마음을 가지고 있었다. 그는 그의 아버지 제스가 알코올중독으로 가정을 버렸기 때문에 가족을 돌보는 사람이 되었다. 잭은 그의 어머니와 어설픈 관계로 결속이 되어 있었고 어머니의 남편역할을 희생양으로 하고 있었다.

잭은 극도의 책임감과 성취감을 가진 아이였다. 그는 자신의 어머니와 이모와 할머니를 돕는 사람이 되었고 집안의 책임자이며 어머니의 정서적인 남편의 역할을 했다. 하지만 이러한 그의 역할에 대한 불만이 알코올중독으로 그를 이끌었다. 그는 13세 때부터 비밀리에 술을 마셨고 15세 때는 심하게 알코올중독이 되었다. 그럼에도 불구하고 그는 학교에서는 리더십을 발휘하여 반장도 되었고 기수도 되었다.

대학에서 일 년 공부를 한 뒤에 그는 목사가 되기로 결심을 하였다. 그의 어설프게 결속되어진 어머니와의 관계와 그의 내면에 잠재한 리더십의 두 가지 상반된 성향이 목사가 됨으로써 안전하다는 생각이 들게 하였다. 하지만 그는 심한 알코올중독으로 인하여 목사의 직업을 수행하지 못하였고 알코올중독증의 치료를 받을 수밖에 없었다. 그는 그의 부모가 결혼을 한 것과 같이 임신으로 인하여 결혼을 하게 되었다. 그는 두 아이를 낳았고 결혼은 소원한 관계를 7년 동안 유지하였고 계속하여 알코올중독 치료를 받고 있다.

세 번째 아이는 제이콥(Jacob)으로 그 역시 계획하지 않고 사고로 가진 아이로 부모에게 잊혀진 아이이다. 그는 제스와 제시카의 망가진 인생의 절정에 태어났다. 그는 그 부모의 외롭고 슬픈 결혼관계를 이어받은 세 번째 아이이다. 가족의 비극이 그 아이에게는 이어지지 않기를 바라는 마음에서 그의 누나와 형이 그를 부모를 대신하여 돌보아 주려는 노력을 하였으나 그는 자신이 전적으로 버려졌다고 느껴져서 집에서 도망을 쳐서 사라져 없어지는 것으로 자신의 분노를 나타내었다. 그는 17세에 여자 친구에게 임신을 시켜 자신의 부모가 했던 전처를 밟아 결혼을 하게 되었다. 그 역시 성인이지만 아동과 같은 사람과 결혼을 하여 세 아이를 낳았고 그의 아버지가 했던 것처럼 그 아이들을 버렸다. 제이콥의 첫째 딸은 극도로 책임감이 있는 아이로 성장해서 그의 두 동생들을 돌보았고 그녀의 부모에게도 어머니와 같은 역할을 하였다. 나머지 두 딸들은 심한 약물 중독자가 되었다.

위에서 제시한 한 가족의 역사는 알코올중독자의 가정이 어떻게 세대를 내려가면서 비극적이 되는지에 대한 고전적인 예이다. 각 아이들은 또 다시 중독자가 되고 서로가 서로에게 덫이 되고 있다. 이들 가족은 서로 뒤엉켜져서 그들의 개인적이고 유일한 인생을 살 수 없을 정도로 서로가 상호의존하고 있는 것이다.

6. 근친상간 성향의 부모

근친상간의 금기는 같은 피를 나눈 가족간의 성적인 관계를 금기시하는 것을 말한다. 원시적인 사회에서는 다양한 문화를 접해야 한다는 이유로 가족이나 같은 씨족들의 구성원들을 격리시켜 왔다. 성장한 아이들은 강제로 낯익은 환경에서 떨어져 새로운 가족에 합류하게 하였다. 이는 아마도 본능적으로 근친의 관계란 발달의 측면에서 좋지 않은 영향을 미칠 수 있고 이미 존재하는 가족관계에서 복잡한 인간관계가 관여될 수도 있다는 생각에서 비롯된 행동이라 할 수 있다. 이러한 개념은 구약성경 창세기에서 제시하듯이 "사람은 무릇 그의 부모를 떠나 아내와 합하여 한 몸을 이룰지니라"와 같이 근친상간에 대한 우려를 이미 배려한 것과 같다고 할 수 있다.

같은 가족성원 간에 존재하는 근친상간은 아마도 인간이 존재하는 오래 전부터 있어 왔을 것인데 이의 치욕적인 수치심으로 인하여 그 동안 표면으로 나타내지 못하던 사건들이 근래에 와서 이에 대한 엄청난 악영향 때문에 사회의 표면에 노출되고 있다.

(1) 근친상간의 비극

몇 년 전 한 여학생이 남자친구의 도움을 받아 수양아버지를 살해한 사건이 있었다. 그 여학생의 말은 "그와 같이 짐승만도 못한 인간은 이 세상에 존재할 이유가 없다"는 것이었다. 그 여학생은 수양아버지에게 성폭행을 당했고 이에 대한 심리적인 수치심과 손상된 마음을 어떠한 방법으로도 해소할 수 없어 살인까지 저지르게 된 것이다.

이 경우는 피가 섞이지 않은 수양아버지와의 관계였지만, 실제로 피를 나눈 아버지나 오빠와의 사이에서도 근친상간의 악인연은 사회의 표면에 나타난 것보다도 훨씬 많은 사건이 존재한다. 자브리스키(Zabriskie)에 의하면 백 명 중 한 명의 딸은 아버지와 어떤 종류이든 성적인 관계에 연루되고 있다고 주장한다. 한 심리분석학자의 말에 의하면 "환경이 좋은 집에서도 우리가 상상할 수도 없을 만큼의 근친상간관계가 이루어지고 있는데 이러한 일은 전형적으로 어머니가 부도덕하거나, 약하거나, 적의에 차 있거나, 아니면 어머니가 아이들을 가르치지도 못하고, 인도해 주지도 못하며, 보호해 주지도 못하는, 어머니의 부재현상 속에서 일어난다"고 말한다. 루스와 헨리 켐프(Ruth & Henry Kempe)는 근친상간에 대하여 상당한 깊이로 관찰하고 있는데 많은 아버지가 근친상간으로 이어지는 행동을 행하는 배경에는 어머니가 아버지와 딸에게서 그런 일이 일어나도록 상황을 만들어 주기 때문이라는 것이다. 이러한 일이 일어나는 이유는 어머니가 그녀의 부엌에서나 침대에서의 기능을 딸에게 위임했을 때 일어난다는 것이다. 이러한 사건이 일단 발생하게 되면 딸은 적절한 성적 발달을 하지 못하고 대부분의 근친상간에 대한 희생자들은 그들 자신을 무방비상태로 방치하거나, 또는 가치가 없는 인간이라는 생각을 하고 있거나, 아니면 죄의식으로부터 고통을 받는다. 그들은 수치심으로 인하여 자신의 고통을 그 누구와도 나눌 수가 없고 이 세상에서 자신들의 마음을 쏟아 낼 수 있는 곳도 사람도 만들지 못하고 심리적으로 망가지고 있는 것이다.

46세 된 한 여인이 심리치료를 받으러 왔다. 그녀는 13세가 된 아들이 교통사고로 사망을 한 관계로 심리치료를 받기 시작하였으나 사실상 그녀의 인생은 만성적인 우울증으로 평생을 고통받고 있었다. 그녀는 여태껏 아무에게도 말할 수 없었던 가족내의 근친상간에 대하여 말문을 열었다.

"내 오빠는 자신의 치부를 노출시키고 나에게 그를 만지게 하였다. 나는 그에 대한 두려움으로 집 밖에서 가능한 한 오랫동안 머물었다. 이는 마치 추적을 당해 궁지에 몰린 기분이었으며 나는 쫓기는 짐승과 같은 기분이 되었다. 나는 끝내 모든 것을 포기하였고 그가 하고 싶은대로 하게 놔두었다. 나는 내 자신이 오염되었고 아주 추하게 느껴졌다. 나는 자살을 할 생각을 매일 하게 되었고 사람과 함께 있을 수가 없었으며 어찌하여 다른 사람들은 일과 인생에 흥미를 느끼고, 어떻게 웃을 수 있으며, 학교에 가고 싶은 마음이 드는지에 대하여 이해가 가지 않았다. 나는 다만 세상에 존재하고 싶지가 않았다."

그녀의 첫번째 결혼은 남편의 신체적인 학대에 이기지 못하여 이혼을 하였고 두 번째 남편은 그녀를 심리적으로 학대를 하고 있었다. 그녀는 근친상간의 희생자로 상처입은 인생을 살고 있었다.

근친상간은 오직 직접적으로 신체적인 문제로 끝나는 것이 아니라 더더욱 문제가 되는 것은 가족 내의 심리적인 건강이다.

아들이나 딸이 가족 성원과 근친상간의 관계에 몰입되어 있다면 이는 그들의 잠재력을 실현시키기가 어려울 뿐만 아니라 특히 가족 이외의 사람들과 인간관계를 맺기는 더더욱 힘이 든다. 건강한 애착관계가 아니라 강제로 묶여진 상태의 가족 내의 애착관계가 현대사회에는 생각보다 많이 보편화되어 있다. 부모와 자식 사이의 성적인 관계에 대한 악영향에 대하여서는 그 문제가 너무나 민감하여 그 동안 표면으로 크게 노출시키지 못했었다. 하지만 근친상간과 관계된 성적인 사생활에 대한 침해와 부모가 아이에게 행하는 부적절한 성적인 문제는 생각보다 그 영역이 훨씬 넓고 그 문제가 심각하여 근래에 이르러 이에 대한 문제가 크게 대두되고 있다.

근친상간에서의 큰 문제 중의 하나는 아이들에게 다른 사람과의 관계가 허용되지 않는다. 심리적으로 아이들은 집을 떠날 수가 없고 만약에 그들이 결혼을 했다 하여도 결혼생활이 요구하는 인내심을 가져야 하는 인간관계에서 성공적으로 적응을 할 수가 없다.

아이들에게 신체적으로나 정서적으로 냉정한 부모는 근친상간의 부모나 마찬가지로 아이들에게 해를 끼친다. 자신감의 발달은 아버지가 자신의 딸이 신체적이나 정신적으로 매력적인 아이라고 생각하고 있다는 것을 느낄 때에 가능하다. 아버지의 딸에 대한 이러한 인정이 여자로서의 자신감을 갖게 하고 미래에 자신이 존경할 수 있는 남자와의 관계에서도 가치 있는 사람으로서 자신 있는 관계를 가능하게 한다. 아버지가 딸이 매력적이지 못하다고 생각하고 있는 느낌을 딸에게 줄 때에는 딸은 가학적인 관계에 끌리게 된다.

아버지와 딸의 일반적인 관계에는 어느 정도 성적인 관계가 개입되어 있다. 예를 들어 '아버지의 작은 소녀' 라든지 아니면 '아버지 사랑의 대상' 이라든지 라는 개념이 딸을 향한 마음에 들어 있는 것이다. 아버지가 딸에게 첫번째 남자로서 건강한 사랑의 관계를 배우게 하고 딸은 사랑하는 대상을 무조건적으로 수용할 만하다는 믿음의 느낌을 갖게 한다는 것은 딸의 성적인 발달과정에서 상당히 중요하다.

한 남성우월주의자인 아버지가 딸에게 "나는 어떤 여자든 가질 수 있다" 라고 말을 했다. 이 말의 뜻은 여자는 믿을 수 없는 존재이고 성적인 충동을 통제할 수 없는 존재라는 뜻을 내포하고 있다. 이 딸이 아버지의 집에서 생활하며 아버지의 과보호를 받고 있다가 데이트를 할 경우에 그 딸은 아버지의 기대에 부응하는 남자와 데이트를 나갔다 하더라도 그녀가 돌아왔을 때 그 아버지는 늦게까지 자지 않고 기다리고 있다가 그 동안 무엇을 했으며, 그 남자의 태도 및, 어느 정도까지의 진전이 있었는지 등의 사생활을 침해하는 물음을 딸에게 한다는 것은 근친상간적인 부류의 부모가 자주 행하는 행동이다. 만약에 아버지가 그 남자와의 데이트를 원치 않는다는 것을 알아차린다든지 아니면 그런 가치 없는 남자와 만나는 그녀를 한심하게 생각하고 있다는 것을 딸에게 무의식적으로 느끼게 한다면 그 딸은 아버지의 무의식과 동일시하여 자신은 데이트를 할 가치가 없는 사람이라는 생각을 할 수도 있다.

극단적인 근친상간적인 상황은 성적인 행동을 실제로 보이는 경우이다. 아버지가 딸을 희롱하면서 열정적으로 뽀뽀를 한다든지 또는 직접적으로 음탕한 제안을 하는 것 등을 의미한다. 관계가 더 민감해지면 더욱더 어려운 문제로 발전한다. 부모의 성적인 환상으로 인하여 아이의 성적인 성숙을 방해하든지, 지나친 성적인 자극을 불러일으키게 하든지, 아니면 '근친상간의 불안' 증후군을 갖게 한다든지 한다. 이러한 부모의 행동은 부모의 의식적인 의도보다는 아이의 행동에 미치는 영향으로 평가해야 한다. 즉, 신체적인 접촉이 관여되었느냐가 문제가 아니라 아이가 어느 정도의 불편함을 느끼며 부모와 불건전한 애착관계가 이루어졌느냐에 초점이 맞추어져야 하는 것이다. 가장 보편적인 생각으로 옳게 느껴지면 좋은 것이 아니냐는 생각은 이러한 상황에 적용할 수가 없다. 만약에 지나치게 가까운 애착관계에 대하여 부모나 아이 모두가 기분 좋게 느낀다 하더라도 이에 관한 악 영향은 훗날에 명백해진다. 옳다는 것은 부모의 생각에서보다는 아이의 발달적인 측면에서 옳은 것으로 정의되어야 한다.

아이들의 성적인 발달은 부모들이 어떻게 자신들의 성적인 행동을 통제할 수 있느냐에 따라 결정된다. 부모들은 아들이나 딸을 성적인 대상이 아니라 자신들이 사랑하는 가족으로서 대하여야 한다. 인간관계에서 성적인 환상 없이 사랑하는 관계를 유지한다는 것은 그리 쉽지만은 않다. 이러한 행동에는 어느 정도의 심리적인 조심성이 필요로 된다. 부모는 아이와 목욕을 한다는 단순한 이유로 아이들을 지나치게 자극하여서는 안 된다. 사적인 일이 공적인 일이 되어서는 좋지 않다. 예를 들어 건강한 아이들이 설령 부모 간에 성적인 관계를 맺고 있다는 것을 안다하더라도 이러한 행동이 아이들에게까지 알려지게 행동하여서는 좋지 않다. 어머니와 아들이 또는 아버지와 딸이 한 침대에서 잔다는 것은 위험한 일이다. 침대에서 아무런 신체적인 접촉이 없었다 하더라도 이러한 무의식적인 행동이 아이의 심리적인 성적인 발달에 좋지 않은 영향을 미칠 수 있기 때문이다.

집안의 가족성원이 아무렇지도 않게 집안에서 벌거벗은 채로 돌아다니는 것도 주의해야 할 사항이다. 의도적으로는 아무 것도 숨길 것이 없다는 의미가 내포되었다 하더라도 지나치게 신체를 드러내 놓는 것은 근친 간의 친밀함을 묵과하는 행동이며 아이를 혼란하게 만들 수 있다. 한 여인이 말하기를 그녀가 아주 어렸을 때에 그녀의 아버지는 침실의 문을 열어 놓고 벌거벗은 몸으로 면도를 하곤 하였다. 그 때에 그녀가 침실 곁을 걸어가다가 아버지의 나체장면을 보게 되면 아버지는 화를 내고 그녀를 쫓아 버렸다. 그녀의 아버지는 역설적으로 그녀를 초청하면서 반대로 거부하고 있었다. 이러한 문제는 분명하게 그의 마음에서도 혼돈되었던 것 같다.

(2) 부적절한 역할(나의 딸, 나의 아내)

어떤 가정에서는 부모와 아이의 관계가 왜곡되어 아이가 강제로 부적절한 역할을 맡게 되는 경우가 있다. 이는 어떤 경우에는 부모가 과보호를 하고 어떤 경우에는 남편이나 아내로서의 역할을 강요하기 때문에 아이들은 자율성을 상실하여 독립적인 성인으로서의 성장을 불가능하게 한다. 이렇듯 부적절한 역할 기대에 대한 아이들의 반응은 전적으로 부모에게 항복을 하든지 아니면 전적으로 거부하는 양가적인 반응을 보인다.

부모 중에 사별하여 혼자가 되었거나, 이혼을 하였거나 아니면 미혼의 부모이거나 또는 부부관계가 만족스럽지 못한 사람들은 그들의 외로움을 달래려는 목적에서 아니면 자신에게 관심을 주지 않는 상대방을 대신하여 아이와 아주 가까운 관계를 유지하려는 경우가 있다. 근친적인 결속은 부부가 화합하지 못한 가정이나 아니면 아이들 때문에 부부관계를 억지로 유지하는 가정에서 형성되기 쉽다. 아이들은 부모의 관계가 좋지 못하다는 것을 인식하고 이를 개선해 주려는 노력을 하게 된다. 근친적인 관계의 행동이나 이를 바라는 마음은 아이들이 가끔 이러한 행동으로 부모들을 다시 가깝게 만들 수 있다고 생각하기 때문이다. 아이들이 근친적인 친화로 부모의 관계를 가깝게 결속시키려는 노력을 함에도 불구하고 이루어져야 할 부부의 애착관계가 이루어지지 않거나 또는 관계에 오히려 오점을 남길 수가 있다. 부모의 사이에 끼어서 그들의 관계개선의 노력을 했던 한 젊은 여인은 "만약에 나나 나의 문제가 없었다면 우리 부모들 사이에는 아무 것도 없었을 것이다"라고 말했다.

대현이 부모는 사랑이 없는 결혼 관계를 맺고 있었고 그 결과로 대현이는 분노와 가학적인 성격장애를 가지고 자랐다. 그는 고양이를 괴롭히며 아이들을 밀쳐 떨어뜨리면서 사고 때문에 그랬다고 주장하는 아이였다. 대현이 분노의 뿌리는 그의 부모가 애정이 없는 결혼 생활을 하는 데서 시작되었다. 그의 어머니는 그 도시에서 가장 돈이 많은 사람과 결혼한 사람이었는데 그녀는 남편의 돈을 사랑하였지 그를 사랑한 것이 아니었다. 대현이와 어머니의 관계는 근친적인 애착관계으로 발전하였다. 청소년 때에 대현이는 어머니에게 비싼, 아주 친밀한 관계에서나 주고받을 수 있는 선물을 남편이 아내에게 하듯이 어머니께 선물하였고 어머니는 그러한 선물을 받지 말아야 한다는 생각이 없었다. 대현이 아버지는 대현이의 다른 발달적인 측면을 외면한 채 오직 스포츠 행사에만 끌고 다니면서 자신의 열등감을 만회하려고 하였고 대현이는 아버지에게서 자신을 동일시하는 데 실패하였다. 대현이는 자신의 아버지를 미워하고 존경하지 못했고 어머니가 아버지에게 하듯이 그의 면전에서 비난을 하면서 성장했다. 그의 어머니는 대현이와의 관계를 강조하면서 더 친밀한 관계로 이끌었고 아버지는 가족의 존경을 받지 못했다.

경애의 부모는 그들의 결혼생활이 점점 더 힘들어지자 어머니는 경애를 자기가 지켜야 할 부인의 자리로 몰아 넣었다. "나는 너의 아버지를 더 이상 다룰 수 없기 때문에 그에 대한 책임을 너에게 밀어버렸다. 그리고는 그가 너에게 주는 관심에 많은 질투를 느꼈다"고 경애의 어머니는 경애가 41세가 되었을 때에 고백을 했다. 근친적인 가정에서 아버지와 딸에게 함께 던져지는 이러한 역할의 교환은 자주 일어나는 일이다.

이러한 강제적인 친밀함과 보호는 아이에게 극심한 반발을 일으키게 하여 가능한 한 혼자 있고 싶게 하거나 중압감을 주는 부모로부터 멀리 도망가고 싶은 마음이 생기게 한다. 한 욕구불만에 찬 남자는 결국은 떠나온 어머니에 대해서 "나는 그녀의 파수견이 되는 데 신물이 났다"고 말하면서 부모로부터 자연스럽게 독립해야 할 자신이 이토록 갑자기 마음 아프게 떨어져야만 했던 자신의 신세를 한탄하였다.

아이가 갑작스럽게 부모로부터 떨어져 나오게 만드는 또 다른 경우는 임신을 하는 경우이다. 부모는 그 원인은 알려고 하지 않고 10대에 임신을 하는 것은 철저한 탈선이라고 생각하는 데 문제가 있다. 어떤 10대 소녀들은 불행한 가정의 부모로부터 떨어져 나오기 위해 극적으로 일부러 임신을 한다. 그들은 임신이나 결혼만이 근친적인 경향이 있고 질식시키는 부모로부터의 탈출 방법이라고 생각하거나 또는 그들이 불행한 가정에서 보이지 않는 것으로 압제적인 가정이 성장할 수 있는 가능성이 있다고 생각하기도 한다.

(3) 성적인 침해

아이들에게 자신의 몸은 그 자신의 것이라는 것을 느끼게 할 필요가 있다. 아이가 자신의 몸을 어떻게, 언제, 어디에 두어야 할지에 대한 통제력이 있다는 것을 느낀다는 것은 상당히 중요한 일이다. 어머니가 15세 된 딸에게 비키니 수영복을 입으라고 권유하는 것이 그녀의 사생활에 대한 침해일 수도 있으며 또한 그녀는 어머니의 충고가 자신을 모욕하는 것이라는 생각을 할 수도 있다.

주현이의 독실한 가톨릭 신자인 어머니는 자기 딸이 생리를 시작하자 강제로 산부인과 의사에게 데려가 일 년에 한 번씩 의사의 진단을 받게 하고 그 결과를 자신에게 보고하게 한 것은 그 딸이 처녀인지 아닌지를 알려고 하는 행동이었다. 이러한 사실은 그 딸에게 어머니에 의해 의학적으로 성폭행을 당한 것이나 다름이 없다는 생각이 들게 하였다. 의학적인 배려가 어떤 경우에는 근친상간적인 동기가 유발된 부모에 의해 아이의 신체를 침범하는 데 잘못 쓰여지는 경우가 있다. 관장기구나, 피임과 관여된 약물이나, 자위기구와 같은 것으로 아이가 병이 들었을 때에 아이의 사적인 부분에 부적절하게 쓰는 부모도 있다. 또한 목욕시킬 때에 부모가 근친상간적인 행동으로 아이를 괴롭히는 경우도 있다.

파괴적인 성적인 놀이는 어린 딸이 아버지나 또는 친척 남자들의 성적욕망의 손길에 순응할 때에 일어난다. 기순이의 아버지는 딸에게 너무 긴장하면 남자와의 관계를 가질 수 없다고 납득을 시키면서 딸을 겁탈하는 데 순응을 시키려 하였다. 어떤 경우에는 다른 쪽의 부모가 딸의 성적인 학대에 간접적으로 참여한다. 기순이의 어머니는 자기 남편의 이러한 행동을 모르는 체 방치하였다.

아이를 부모나 형제의 실질적인 성적행위에 강제적으로 순응을 시키지 않는다 하더라도 근친상간 타입의 부모는 아이의 발달과정적인 입장에서는 대단히 파괴적이다. 이러한 부류의 부모는 자기애성인 필요가 충족되어지지 못한 사람들이다. 그들은 아이들로부터의 관심과 사랑, 수용 등을 받지 못해 이에 대한 심리적으로 부족한 현상을 부적절한 근친상간의 형태로 나타내려 한다.

신체적으로 사적인 곳에 대한 침해를 일상적으로 받는 아이들은 부모와 상호관계에서 있어야 하는 만족스러운 애착관계의 느낌을 가질 수 없다. 이러한 아이들은 자신의 부모에 대한 불신을 "집에 두 아이가 있으니까 내가 알기로는 그들이 적어도 두 번 근친상간적인 행동을 했음에 틀림이 없다"라면서 아주 냉정한 느낌으로 부모에 대한 말을 한다.

가. 침실

어느 경우에는 아이들이 성적으로 자극되는 것을 원할 때도 있으나 또 다른 한편으로는 성적인 충동을 두려워하기도 하는 양면성을 갖는다. 오래 전부터 아이들에게 자연적으로 근친상간적인 경향이 있다는 것이 알려져 왔으나 이는 근친상간의 금기라는 명목 아래 금지되어 왔다. 아이들이 부모의 침대로 기어들어올 때에는 아마도 근친상간의 충동을 느낄지도 모른다. 하지만 이와 동등하게 이에 대한 두려움도 가지고 있다. 어떤 부모는 근친상간에 말려든 것은 아이가 원해서 그렇게 되었다고 자신의 행동을 방어하기도 한다. 하지만 아이들은 부모의 통제능력 여부에 따라 이러한 행동이 통제될 수 있다는 것을 시험하는지도 모른다.

아이가 악몽을 꾸게 되면 부모의 침대로 와서 위안받기를 원한다. 이럴 때에 부모와 아이와의 관계는 아이의 근친상간적인 바람과 꿈의 내용 간에 존재하게 된다. 한 여아는 악몽을 3년 동안 매일 꾸었다. 그녀는 악몽을 꾸고 나면 항상 부모의 침대로 와서 부모와 같이 자곤 하였다. 그녀의 아버지는 자신이 그 아이의 악몽을 강화하고 있다는 것을 생각하지도 못했다. 하지만 그 아버지의 어린 시절에 자신도 악몽을 꾸고서는 부모의 침대로 가곤 했던 것을 기억해 내었다. 그 아버지의 딸이 부모와 같이 자고 싶어하는 욕구는 그녀의 근친상간적인 바람에서 나오는 것인데 부모는 이를 강화해 줄 것이 아니라 통제하는 역할을 해 주어야 한다.

아이들이 부모 사이에 심리적이거나 직접적으로 근친상간적인 마음으로 다가올 경우는 부모로부터 버림을 받지나 않을까 하는 두려움이 있을 때가 많다. 아이가 이렇게 느낄 때에는 아버지와 어머니의 사이가 좋지 않을 경우이다. 아이는 이러한 두려움으로부터 자신을 방어해야 하는데 방어하는 방법으로 근친상간적인 생각과 싸우면서도 근친상간의 책략으로 음모를 꾸민다. 악몽은 이러한 의식에 대한 전형적인 반응이다. 한 심리 치료자는 자신의 아이가 악몽을 꾸기 시작하는 때는 분명하지는 않지만 무의식적으로 부모의 관계가 좋지 않아 자신이 연인의 역할을 수행해야 함을 감지했을 때라는 말을 한다. 건강한 가족은 부모들의 사이가 믿음의 애착관계로 맺어졌다는 것을 아이들이 감지할 때에 지속될 수 있다.

부모 중의 한쪽이 동성연애자의 기질을 갖고 있다면 아이들의 자아확립에 위기가 온다. 한 예술가인 아버지가 동성연애적인 성향을 갖고 있었다. 그의 부인은 자신의 오빠와 근친상간적인 관계를 맺고 있었고 예술가의 남편과는 억지로 결혼을 하였으며 아이들은 다만 남편과의 싫은 관계를 만회하려는 수단으로 낳았다. 예술가 부부가 싸움을 하게 되면 아버지는 예술품을 침대 속으로 끌고 들어가 잠을 청했으며 이로써 그의 동성연애의 성향을 강조하곤 하였다. 그들의 침대에서 딸이 14세가 될 때까지 같이 잠을 자곤 했는데 이는 이들 부부간에 성적인 관계가 없었다는 것을 의미한다.

나. 부적절한 대화

또 다른 종류의 근친상간적인 행동은 가족 내에서 빈번하게 성에 대한 농담과 대화를 하면서 특히 자신의 성행위에 대하여 말을 하는 것이다. 근친상간적인 환상을 키우거나 또는 행동으로 유인될 수 있는 가능성은 모두 피해야만 한다. 어떤 부모들은 아들과 딸의 성적인 성숙에 대해 외설적인 농담을 하면서 놀려서 아이들을 당황하게 만들며 혼란을 초래한다. 지숙이의 아버지는 딸의 유방이 너무 크다는 말을 종종 하곤 하였다. 지숙이가 몸의 체중을 감량하였더니 이제는 유방의 크기가 적당하다는 말을 하였다. 그녀의 아버지는 딸이 자기의 입술에 뽀뽀를 해 주기를 원했고 그녀가 결혼을 한 뒤에 그의 뺨에 뽀뽀를 했더니 성을 내며 뽀뽀를 하지 않고 악수하는 것으로 대신하였다. 그녀가 이제는 더 이상 자신의 것이 아니라는 것을 분명하게 실감하며 이에 분개한 것이다.

아이의 성적인 성숙에 대하여 어떤 부모들은 너무나 노골적으로 얘기를 한다. 예를 들어 아버지가 딸에게 생리에 대하여 얘기를 한다든지 어머니가 아들의 야경방사에 대하여 얘기를 하는 것은 모두 옳지 않은 일이다. 특정한 성에 대한 문제는 그 성에 해당되는 부모가 말해 주는 것이 마땅하다. 어떤 사회에서는 아이가 청소년이 되어 성년식을 치를 때에는 반대의 성을 가진 사람은 참석을 하지 못하게 하는 경우도 있다.

아이들에게는 자신의 성에 대하여 질문을 할 수 있는 분위기가 중요하며 마음 편히 성에 대한 이야기를 할 수 있도록 격려해야 한다. 성에 관한 이야기는 아이들이 상당히 수치를 느낄 수 있기 때문에 조심스럽게 다루어야 한다. 부모는 무심코 아이들을 당황하게 만들 수 있다. 여아가 첫번째 생리를 치를 때에는 상당히 당황하여 다른 가족 성원이나 아버지에게 이 일을 알리기를 꺼려한다. 어머니가 무감각하게 딸의 사적인 욕구를 무시하고 이 일에 대해 다른 식구와 논의를 한다면 어머니와 딸의 결속관계가 배신으로 바뀔 수 있다.

어떤 부모는 자신들의 책임을 회피하고 학교가 성교육을 해 주거나 아니면 교회나 책에서 배우거나 또는 친구들로부터 지식을 얻을 것이라고 추측한다. 어린아이들은 자신의 부모가 그들의 성교육에 대한 책임을 지고 건강한 성에 대한 지도를 해 주기를 바라고 있다.

근친상간의 문제에 대한 큰 결과들은 이미 잘 알려져 있다. 근친상간의 행동을 하는 부모들은 그들 아이들의 성생활에 대하여 왜곡하고 있다. 이 결과는 아이들이 건전하고 사랑하는 가족 이외 사람과의 성생활 발달을 막고 있는 것이다.

어떤 문제는 아이들의 신체를 드러내는 것과 연관되어 나타난다. 8세 된 여아가 휴가 때 빌린 집의 부엌에서 가족들이 보는 앞에서 목욕할 것을 강요당했다. 그녀는 자기의 몸을 드러내 놓기가 싫었지만 그녀의 아버지는 강요를 했다. 이 사건은 "만약 네 몸을 보여주면 너를 사랑하겠지만 그렇지 않을 경우에는 사랑을 하지 않겠다"는 뜻이 내포되어 있는 것으로 그 딸은 받아들였다. 결과적으로 그 딸은 몸에 팽팽한 긴장을 느꼈고 온몸이 아파 오는 것을 경험하였다. 그녀는 소화기관에 가스가 차서 불쾌감이 심한 증세를 나타내었는데 이는 아버지가 그녀에게 몸을 노출시키는 데에 대한 방어 체제로써 나타난 것이다.

어머니가 아들에 대해 내심으로 근친상간적인 생각을 품고 있으면 아들은 적절한 사랑의 대상을 찾기 힘들다. 그 아들은 동성연애자가 되거나 아니면 바람둥이가 되거나 또는 그 어느 여자도 자신에게 충분하지 못하다는 생각을 갖게 된다. 어머니가 아들을 성적인 연관관계로 붙잡고 있을 경우에는 남녀 간의 만족스러운 관계를 가질 수 있는 능력이 없어진다. 어머니가 강력한 권위로 압도하거나, 방해하거나, 근친상간적인 경향을 보이게 되면 어떤 경우에는 성에 대한 충동을 전혀 잃어버리는 경우도 있다.

창녀나 성에 대해 혼란스러운 여자는 자신이 그런 인생을 살게된 이유를 남자에게 성적인 학대를 받았기 때문이라고 그 이유를 댈지 모르나 첫번째로 그녀의 가족이 그녀를 그렇게 되도록 만든 장본인이었다는 사실을 의식하지 못하고 있는지도 모른다. 이러한 환자의 많은 수가 사실상 자신의 아버지나 또는 가족 성원 중의 다른 남자와의 근친상간 관계의 경험을 한 것으로 나타났다.

아이들의 성은 그들 부모와의 관계, 애착의 관계, 또는 가족들과의 관계 속에서 시작한다. 자신의 아이들이 성적으로 잘 적응하기를 바라는 부모들은 자신이 얼마나 큰 영향을 가진 역할 모델이라는 것을 명심해야 한다. 근친상간의 금기를 깨닫고 자신의 성적인 필요를 적절히 충족시켜야 한다. 부모는 아이들의 사적인 필요를 존중하고 이를 지켜주는 방법을 배워야 한다. 그리고 성에 대한 주제는 그들에 대한 이해와 함께 솔직한 방법으로 다루어야 한다. 긍정적인 부모는 그들의 자기중심적인 욕구를 채우기 위해 아이들의 사생활에 무례하게 침해를 하거나 또는 그들을 이용하지 않고 아이들의 성적인 질문과 탐구에 항상 개방되어 있어야 한다.

근친상간은 가족 내에 있을 수 있는 가장 강도 높은 비극이다. 일반적으로 중하층 계층의 가정에서 부모가 알코올중독, 마약중독 또는 무직업으로 인생에 대한 희망이 없는 가정에서 이러한 일들이 생길 수 있다고 생각하기 쉬우나 중상층의 가정에도 이러한 일들은 얼마든지 일어날 수 있다. 부모의 성에 대한 성숙도가 그 가정의 행과 불행을 좌우하게 되는 것이다.

3
성격장애의 형성과정

성격장애의 원인은 유전, 환경 및 경험의 상호보완적인 관계에서 기인한다. 그 원인이야 어디에 있든지 일단 성격장애가 형성되면 이는 당사자만이 괴로운 것이 아니라 주변사람까지 아주 괴로운 처지에 놓이게 된다. 최근 들어 급격히 우리사회에 성격장애자가 많이 증가하고 있다. 이는 빠르게 변화하는 사회에서 가정의 붕괴에 그 원인이 있기도 하고, 사회에 대한 부적응이 원인이 되기도 하며, 또한 바람직하지 못한 생활의 경험에 의하여 이러한 현상이 생기기도 한다. 이 장에서는 성격장애의 특성을 유형별로 살펴보기보다는 어떠한 과정을 통해 성격장애가 형성되었는지에 관한 과정에 중점을 두어 논의하고자 한다. 이 장에 포함될 성격장애는 의존적 회피적 성격장애, 강박성 성격장애와 섭식장애, 강박장애와 연극성 장애, 경계선 성격장애 등으로, 그 형성과정에 대하여 살펴보려고 한다. 이에 앞서 성격성향과 성격장애에 대하여 우선 논의하고자 한다.

1. 성격성향과 성격장애 : 의존적, 회피적 성격장애

성격장애는 성격성향의 의미로 정의되어 왔지만 '성향'이란 개념은 그 동안 논쟁의 대상이 되어 왔다. 이 장에서는 첫째로 성격성향의 중심이 되는 부분을 살펴보기 위해 성격장애를 정의하고, 성격장애와 관련된 성격성향의 문제를 살펴보고자 한다. 여기서 중점을 두고자 하는 것은 성격성향과 동기가 성격장애의 동기를 결정하는 데 어떻게 서로 작용을 하였는가 하는 점이다. 그리고 두 가지의 성격장애, 즉 의존적, 회피적 장애를 검토하고 서로 관련된 성향과 동기를 탐색한다. 이 두 가지의 장애는 부적절한 자신의 이미지를 보호하기 위해 부단한 노력을 하지만 이 둘은 서로 다른 방법의 전략을 사용한다. 의존적인 성격장애는 상대방에게 자신의 성취동기를 느끼기 위하여 의존하고, 회피적인 성격장애는 자신의 부적절함이 더 나빠지기 전에 이를 보호하기 위하여 사회적인 접촉을 회피한다.

(1) 성격성향과 장애

가. 성격장애의 정의

애초에 프로이트는 정신병리를 가진 사람에 대해 많은 논의를 하였는데, 그 중에 고전적인 정신분석학에서 언급한 정신질환을 살펴보면 공포증, 집착, 강박관념, 신경성 마비 등을 들고 있다. 하지만 환자들은 이 이외에도 실질적으로 많은 괴로움과 의미심장한 문제들을 매일 겪고 있었고 인간관계의 문제점들에 대해 자주 호소를 하였다. 성격성향을 현재에는 성격으로 부르고 있다. 성격장애라는 말을 처음으로 도입하였던 윌헬름 리치(Wilhelm Reich)에 의하면 '성격의 갑옷(character armor)' 이란 사람이 불안감을 줄이기 위해서 특정한 형태의 행동을 하고, 생각, 지각과 느낌에 적응하는 것을 의미한다고 한다. 이러한 과정을 거쳐 형성되어진 형태의 성격은 융통성 없이 경직되어 있고 불안감으로부터 자신을 보호하기 위하여 더욱더 자신의 갑옷 속으로 움츠러들게 된다는 것이다. 이렇듯 경직된 성격의 형태는 두 가지 방법으로 나타나는데 그 하나는 적응이요 다른 하나는 부적응이다. 인간은 실망, 거부 또는 부끄러움과 같이 원하지 않는 느낌으로부터 회피하기 위하여 타인을 믿고 가까워지기보다는 오히려 마음의 문을 닫아버리는데, 이러한 경우는 어느 한 가지 방법으로 적응을 한 형태이다. 하지만 이러한 형태의 적응이 다른 종류의 문제, 즉 외로움, 소외됨, 지루함 또는 우울함 등과 같은 욕구좌절을 가져올 수가 있는데, 이 경우는 부적응 현상이다.

현재 성격장애로 정의된 사람은 부적응 현상의 성격성향을 지닌 사람을 의미한다. DSM-IV(Diagnostic & Statistical Manual of Mental Disorder: 미국 정신의학회에서 발간한 정신장애 진단 및 통계 편람)에 의하면 성격성향은 '환경과 자신의 관계를 지각하는' 형태로 알려지고 있다. 이리하여 각각의 성격장애는 행동과 경험의 성격형태를 고려하여야 한다. 즉, 다른 사람과 관계를 갖는 방법, 자신과의 관계방법, 생각과 느낌을 지각하는 방법 등이다. DSM-IV에서는 이러한 성향이 소유해야 하는 다음과 같은 4가지의 요인을 중요시하고 있다. 첫째, 그 성격성향은 눈에 띄게 현저하거나 강렬하며 그 사람 문화의 기준에서 자주 또한 많이 이탈되는 것을 의미한다. 예를 들어 그 사람의 부끄러워하는 정도가 너무 심하여 그의 친구들에게까지 그렇게 느껴지는 것을 말한다. 둘째, 그 성향은 폭넓은 여러 가지 상황에서도 분명해야 한다. 예를 들어 반사회적인 성격장애로 진단을 받은 사람은 여러 가지 상황, 즉 집안식구, 사귀고 있는 사람들 또는 잘 모르는 사람들에게서도 반사회적인 성격으로 나타나야 한다. 셋째, 그 성격성향은 시간이 경과해도 지속성이 있어야 한다. 그 성향은 그 사람의 청소년기나 이른 성년기 때부터 그런 성향을 가지고 있으며 그러한 성향은 시간이 경과해도 같은 성향의 성격으로 나타나야 한다. 넷째, 그 성격성향은 부적응적이어야 한다. 그 성격성향은 의미심장한 괴로움을 유발하거나 또는 그 사람의 능력은 사회적으로나 직업적으로 부적절한 기능을 지니고 있어야 한다. 예를 들어 그 사람이 가지고 있는 성향이 너무나 완벽주의자거나 또는 결단을 내리기 어려운 애매모호한 성향이기 때문에 주어진 일을 완수할 수 없어 일에 대한 능률이 떨어지는 것을 의미한다. 또는 타인을 너무 의심하거나 또는 남에게 거슬리는 행동을 하여 타인이 그 사람에게 가까이 가지를 않아 외로움을 느끼거나, 혼자 있거나, 또는 사랑을 받지 못하는 경우를 뜻한다. DSM-IV에서는 성격장애를 다음과 같이 정의한다. "성격장애란 개인이 속해 있는 문화의 기대로부터 현저하게 일탈된 내면의 경험이나 행동에 대한 인내의 형태를 의미한다. 이는 여러 가지 상황에서도 같은 상태로 반복적으로 나타나고, 융통성이 없으며 청소년기나 청년기에서부터 지속적이고 일관되게 오랜 기간 동안 나타나는 증세이며 이러한 증세가 괴로움을 초래하거나 또는 손상을 초래할 때에 이를 성격장애라고 부른다"(p. 629).

성향 자체가 꼭 나쁘거나, 잘못됐거나, 병리적인 것은 아니고 그 성향은 아마도 칭찬받을 만하고, 적응적이며, 사랑받을 만할 것인지도 모른다. 예를 들어 한 남자가 엄격하게 일에 전념하며 그 일에 매우 만족을 느낄 수 있다. 아마도 그의 일에 대한 헌신이 아내가 결혼생활에 불만을 가지고 이혼을 하겠다고 위협을 할 때까지는 문제가 되지 않을 수 있다. 또 다른 경우는 대단히 비판적으로 날카로운 눈을 가진 한 여인은 영화나 신문기사의 조그만 잘못도 놓치지 않고 이를 비판할 수 있는 능력에 자존심을 가지고 영화나 신문 편집자로서의 일을 잘 해나갈 수 있다. 아마도 그 비판 능력은 그녀의 친구들이 그녀를 떠나기 전까지는 문제가 되지 않을 수 있다. 이러한 성향은 주관적인 괴로움이나 사람의 기능에 손상이 오기까지는 부적응이라고 간주할 수 없다.

나. 성격성향과 관련된 문제들

성격성향은 신체적인 조건보다 훨씬 더 복잡하다. 성향(사교적이다, 자기 주장이 강하다, 양심적이다) 등은 동시 다발적으로 일어나는 행동과 내면 경험의 추상적인 집약으로 간주된다. 행동은 남의 눈에 띄지만 내면의 경험은 그렇지 못하다. 내면의 경험은 당사자가 보고하는 것과 행동에 대한 추론을 필요로 한다. 만약에 성향이 주로 지나친 행동(공격적인 행동)에 의해 판단되었다면 두 사람의 판단자가 아마도 이와 같은 의견에 같이 동의를 하였을 것이다. 하지만 성향은 자주 내면의 느낌(즉, 죄의식)과 같이 직접적으로 관찰할 수 없는 것에 의해 판단된다. 이리하여 그 판단은 의견의 일치를 이끌어 내지 못하는 경우가 종종 있다.

올포트(Allport)는 성격성향이란 특정한 방법으로 행동을 하고자 하는 선유경향이라고 정의한다. 올포트는 '판단의 불일치에 대한 이면과 잘못과 실수의 경험적인 관찰을 떠나서 지속적으로 행동을 하고자 하는 각 성격의 독특한 정신적인 구조'가 성격성향이라고 말한다.

'정신적 구조'라는 뜻에는 동기, 목적 그리고 욕구 등이 다른 내면의 경험과 함께 포함되어 있다. 우리는 단순히 '친절하다'는 말을 어느 행동의 하나만을 관찰한 뒤에 말하지 않는다. 적어도 사교적인 동기와 서로 친교하려는 좋은 의지의 느낌이 있을 때 친절하다는 말을 하게 된다.

올포트는 성향이란 첫째로 가치관, 바라는 것, 좋아하는 것, 만족 등등 사람의 의식적인 내면의 경험을 반영한다는 것이다. 우호적인 사람은 회피적인 사람과 다른, 또한 자기 주장이 강한 사람은 양보를 잘하는 사람과 서로 다른 바람을 갖는다. 이러한 내면의 상황이 그 사람의 행동에 영향을 미친다. 둘째로 올포트는 주장하기를 성향이란 언제나 어느 정도의 교차하는 상황에서 지속성을 갖는다고 한다. 우호적인 사람으로 간주되는 사람은 직장동료, 친구 또는 모르는 사람에게까지 친절한 행동을 한다. 셋째, 성향으로 간주되는 행동은 설령 그 행동이 다방면의 표현방법으로 나타난다 할지라도 한 곳으로 응집되는 의미를 갖는다. 우호적인 사람은 다른 사람에게 흥미를 갖고 그들에게 주의를 기울이며 그들에게 도움을 주고, 격려하고, 후원하는 데 적극적이다. 우호적인 것은 폭이 좁은 자극에서 나오는 단순한 하나의 행동이 아니다. 이보다는 전체로 연관된 행동이 여러 가지의 상황으로 표현된다. 넷째로 어떤 성향을 가진 사람은 아주 익숙한 상황에서 표현하는 것과 마찬가지로 새롭고 신기한 상황에서도 똑같이 표현한다.

마지막으로 우호적인 성향은 그러한 행동을 표현하고자 하는 동기를 내포한다. 이는 그러한 행동이 특정한 동기를 만족시키기 때문이다. 우호적인 사람은 단순히 자극에 대해 반응하는 사람이 아니고 다른 사람과 우호적으로 연결되어지기를 원한다. 만약에 우호적으로 대할 사람을 찾지 못하게 되면 친하게 지낼 사람을 탐색할 것이다. 만약에 필요하다면 그 사람은 우호적인 행동을 표현할 수 있는 상황을 만들 것이다.

올포트에 의하면 사교적인 사람은 친구를 원하고, 자기주장이 강한 사람은 다른 사람에게 영향력을 가지기를 원하고, 극적인 사람은 관심을 원하고, 의존적인 사람은 타인의 보살핌을 원하고, 수줍은 사람은 안전을 원하고, 자기애적인 사람은 타인에게 존경받기를 원한다고 한다. 이를 성격성향이라고 명명하는 것이다.

(2) 의존적, 회피적 성격장애

의존적, 회피적인 성격장애는 모두 성취동기의 결여가 반영되어 나타난 성격장애이다. 이러한 장애를 가진 사람들은 자신들은 열등하고 비난을 받을 만하다고 생각한다. 하지만 이 두 가지 장애의 다른 점은 그들이 타인에 대하여 생각하는 방법이다. 하나는 타인들이 친절하고 도움을 준다고 생각하는 반면에, 다른 하나는 타인들은 자신에게 적의를 가지고 있으며 해를 끼치는 사람들이라고 생각한다. 의존적인 장애자들은 다른 사람들이 자신을 보호하고 돌보아 주기를 바란다. 회피적인 장애자들은 비판, 부끄러움, 불안감에 약하고 자신을 보호하기 위하여 다른 사람들을 회피한다. 이 장에서는 이러한 성격성향에 대하여 검토해 보고 그러한 장애가 목적과 동기와 연관하여 어떻게 형성되었는지를 살펴보기로 한다.

가. 의존적인 성격장애

의존적인 성격장애는 성취동기의 결핍이 주요원인이 된다. 자신감, 효율성, 자율성의 결여가 그 특징이다. 이러한 사람은 결정권과 책임감을 다른 사람에게 돌리고 혼자 있을 때에는 자신감의 결여 때문에 어찌할 바를 모르고 자신이 혼자 남아서 자기 자신을 돌보아야 한다는 사실을 두려워한다. 이와는 반대로 인간관계를 가지려는 동기는 상당히 강해서 다른 사람에게 쉽게 동의하고 타인의 지지를 구하며, 하나의 관계가 끝나면 곧 다른 관계를 찾는다. 의존적인 사람은 자신감이 결여되어 있기 때문에 다른 사람의 도움과 지지를 필요로 하고 타인과의 연결고리를 중요시한다.

어느 학자들은 의존적인 사람은 한때 안정적인 애착관계를 경험했던 사람들이라고 주장한다(Benjamin, 1996; Millon & Davis, 2000). 이러한 경험이 타인은 친절하고 도움이 된다고 생각하게 된다는 것이다. 하지만 어린 시절 성장하는 과정에서의 경험이 자율성의 성장을 방해하였고 따라서 능력이 없는 사람으로 느끼게 만들었을 가능성이 높다. 이러한 결과로 주도권과 독립심이 발달하지 못했다. 그 대신 그 사람은 혼자서 일을 처리할 수 없는 능력이 부족한 사람으로서의 자신의 이미지를 획득하게 되었다.

32세 된 한 여인은 언니가 한 명 있는 전통적인 집안에서 성장하였다. 그녀의 아버지는 강했고 식구들은 아버지에게 의존할 만 했으며 어머니는 전형적인 가정주부이었다. 그녀는 어린 시절에 인형과 같은 취급을 받았고 그녀의 언니는 학교에서나 숙제를 하는 것이나 집안에서 모두 보호자처럼 그녀를 돌보아 주었다. 그녀는 사랑스럽고 얌전했기 때문에 학교 선생님은 그녀를 좋아했다. 그녀는 자동차 운전을 배우지 못했기 때문에 항상 그녀의 언니가 운전사 역할을 하곤 하였다.

고등학교를 졸업한 후에 그녀는 전자제품을 수리하는 기술자와 결혼을 하였다. 그녀의 남편은 그녀의 아버지를 닮았고 그 사람은 그녀의 첫번째 사랑이며 오직 하나인 남자였다. 결혼 초기에 그녀의 남편은 그녀가 집에 머물면서 전형적인 아내역할을 하는 것을 좋아했고 그녀 또한 그 역할에 만족했다. 아침에 그녀의 남편은 그녀를 어머니와 언니가 있는 곳에 데려다 주고 퇴근길에 그녀를 데려오곤 하였다. 그녀의 남편은 차츰 그녀에게 지쳐갔는데 이는 그녀가 항상 자신에게 매달리며 모든 것을 의존하여 숨이 막히는 것과 같은 느낌을 받았기 때문이다. 남편은 그녀에게 전문대학으로의 진학을 권유했지만 그녀는 자신이 학교 공부에 성공할지를 의심하였다. 9년 동안 그녀는 교사의 보조자로서 일을 했다. 이 일을 하는 동안 그녀는 계속해서 그녀가 보조자로 일하고 있는 교사로부터 지시와 안내를 받았다. 근래에 와서 그녀의 언니가 차 사고로 세상을 떠났고 이 사건이 그녀에게 공황적인 두려움으로 다가왔다. 그녀는 우울증에 걸렸고 그녀의 남편에게 더욱 더 매달리게 되었는데 그녀의 남편은 이 시기에 이혼을 생각하고 있었다. 분명히 그녀는 언니와 남편이 곁에 있는 한 모든 상황을 참을 수 있었다. 하지만 언니가 세상을 떠났고 남편이 이혼을 생각하자 그녀에게는 분리에 대한 두려움이 엄습해 왔다.

부정적인 자신에 대한 이미지는 자신에 대한 의심을 갖게 한다. 이는 기본적으로 자신감의 결여를 의미한다. 이러한 자신에 대한 불신의 생각은 일을 수행하는 데 불안감을 조성하고 이러한 불안감이 사람이 할 수 있는 능력을 막는다. "나는 혼자서는 일을 할 수 없어." 또는 "만약 내가 버려진다면 나는 살 수 없어." "나는 오직 능력이 있는 사람과 함께 할 때만 일을 할 수 있어." 이러한 부정적인 신념을 가진 사람은 "나는 나를 돌보아 주는 사람에게 내 주장을 할 수 없어"라는 규칙을 가지고 살게 된다. 이러한 사람은 모든 실패를 자신의 능력부족으로 돌리는, 즉 현실을 왜곡하는 융통성 없는 해석을 한다. 이러한 사람들은 "나는 누가 나를 돌보아 주지 않는 한 일을 처리할 수 없다"는 부적응적인 결론을 내린다.

그러면 이러한 사람은 도대체 어떠한 인생경험을 하였기에 이렇듯 자신의 능력을 의심할 수밖에 없는 것인가를 생각해 보지 않을 수 없다. 많은 학자들은 말하기를 보호자의 과보호가 이러한 문제를 낳게 한다고 한다. 아이를 돌보는 사람이 그 아이의 자신감을 의심하고 동시에 자율성과 자유롭게 탐험할 수 있는 기회를 좌절시키게 되면 이러한 현상이 일어난다는 것이다. 과보호되는 아이들은 미래의 재해에 대해 불안감을 조성하는 메시지를 항상 받고 자란다. "조심해라. 다칠라." "내 손을 잡아라 그렇지 않으면 안전하지 못하니까." "내가 할게, 네가 하면 깨뜨릴지도 모르니까." "그건 네가 하기에 너무 어려운 일이야." 이러한 경고는 아이를 위한 진심어린 충고이지만 이러한 메시지에는 아이의 자신감이나 효율성을 얕잡아 보는 메시지가 들어 있다. 그 하나는 아이의 능력에 대한 의심의 메시지이고 다른 하나는 숨겨진 위험을 강조하는 것이다. 이는 또한 아이의 자신감에 불안을 조성하고, 말하는 사람의 권위를 세우고, 능력을 과시하는 것이며 일이나 인간관계에서 자신이 모든 것을 주도하고 싶은 욕망이 숨겨져 있다.

어떤 사람들은 기질적으로 다른 사람에 비해 의존적인 성격을 더 민감하게 타고났을 수 있다. 태어났을 때부터 어떤 아이는 다른 아이에 비해 스트레스에 더 크게 영향을 받는 아이가 있다. 어렸을 때에 부끄러움을 타는 아이는 놀랍게도 지속적으로 부끄러움을 탈 수 있다. 부끄러움이나 공포를 잘 타는 아이는 불안해하지 않는 아이들보다 위험에 대한 지각을 더 민감하게 한다. 아마도 숨은 위험에 대한 메시지를 더 믿는 경향이 있을 수 있다. 이에 더해 실제 인생의 경험에서 불안해 하는 아이의 자신감은 평가절하되어 더욱 더 자신감이 없어진다. 인생에서 부모의 죽음과 같이 실제로 잃는 것과 또는 부모가 집을 나간다거나 아니면 자살을 한다는 것과 같이 반복되어지는 잃는 것에 대한 두려움이 아이의 잠재적인 위험을 민감하게 만들 수 있고 다른 사람으로부터의 보호를 받고 싶은 욕망을 증대시킬 수 있다.

의존적인 사람은 배우자나 친구를 선택할 때에 자신감이 있는 사람을 선택하는 경향이 짙다. 의존적인 사람과 배우자가 심리적으로 서로 연결되는 과정을 고려해 보자. 서로 모르는 두 사람이 자신의 사생활의 배경을 가지고 첫번째로 만났다고 가정해 보자. 그리고 한 사람이 자신의 경험을 언어나, 영향이나, 행동으로 표현했다고 하면 다른 사람이 그 정신적인 경험을 공감과 이해로써 받아들였다. 이러한 방법으로 첫번째 사람이 한때는 사생활이었던 정신적인 경험을 나누게 됐다. 이렇게 서로 나눈 정신적이 경험이 축적되어 가까운 관계가 된다.

자신을 돌보아 주는 사람과의 가까운 관계는 의존적인 사람에게 적어도 두 가지 기능을 제공한다. 그 첫째는 의존적인 사람은 개인적인 약함을 나눔으로써 인간관계의 필요에 만족을 느끼게 된다. 둘째로, 상대방이 자신감을 나타내면 의존적인 사람도 덩달아 자신감을 느껴 성취동기의 필요를 대리로 충족시킬 수 있다. 이러한 방법으로 '사랑스런 작은 동생' 또는 '좋은 작은 아내'는 상대방의 자신감을 빌려서 서로 성취동기와 연결됨을 느낄 수 있다. 이리하여 의존적인 사람은 배우자에게 연결됨을 느끼며 그 연결로 인하여 힘을 얻게 된다.

요약하자면 의존적인 성격장애자는 자율성이 감금된 사람이다. 아마도 기질적으로 불안에 대해 약하게 타고났으며 효율성과 주도권과 자신감의 결여를 경험하며 이를 고치고 싶은 동기가 있다. 의존적인 사람은 타인의 좋은 의지를 믿으며 자신감이 있는 사람과 연결되기를 원한다. 이리하여 배우자가 의존적인 사람의 인간관계와 성취동기의 욕구를 만족시켜 준다. 이러한 결과로 의존적인 사람은 배우자가 보호자의 역할을 맡아서 해주는 동안에 적절하게 기능을 할 수 있다. 하지만 배우자가 세상을 떠나 의존적인 사람이 홀로 남게 되거나, 떠나겠다는 위협을 하거나 또는 보호자의 역할에 지치게 되면 조화는 깨지게 되고 그 사람은 괴로움에 시달리게 된다.

나. 회피적인 성격장애

회피적인 성격장애자는 좋지 않은 인간관계와 성취동기의 부정적인 양면을 지니고 있다. 그들은 부적절함의 느낌을 지니고 있고 다른 사람들이 적대적일 것이라고 생각한다. 이들은 타인에게 승인받지 못하고, 거절당하며, 타인의 비판에 대한 두려운 선입관을 가지고 있으며 또한 부끄러움을 당하거나 황당함을 당할 것에 대한 두려움도 가지고 있다. 또 다른 특징은 불신과 부적절함이 혼합되어 있는 것이다. 타인이 자신을 좋아할 것이라는 보장 없이는 다른 사람들과 관여하지 않으려는 특징이 있다. 애착관계에 대해 표현하자면 자신과 타인에 대해 부정적인 이미지를 가지고 있어 다른 사람들과의 관계가 두려운 회피적인 형이다.

이런 성격의 어느 부분은 밖으로 표출되는데 이는 특히 다른 사람을 회피하는 행동이 그렇다. 하지만 대부분의 내면적인 성향들은 밖으로 나타나지 않는데 이는 비판, 승인거부, 부끄러움과 황당함에 대한 두려움, 부적절함의 느낌, 자신과 사회적인 불합리적인 견해, 매력적이지 못하고 열등감에 대한 두려움이다. 내면으로 느끼는 감정은 밖으로 드러나지 않기 때문에 이러한 장애를 가진 사람을 부끄럼을 타고, 냉정하거나 또는 무관심한 사람으로 종종 잘못 이해하는 경향이 있다.

회피적인 성격장애를 가지고 있는 사람은 일반적으로 부끄러움을 잘 타고, 조용하며, 잘 나타나지 않는다. 그들은 부적절함을 느끼며 부정적인 평가에 지나치게 민감하다. 그들은 자신의 사회적인 능력을 변명하며 타인들이 자신을 비난하고 거절할 것이라고 생각한다. 그들은 개인적인 모험을 하고 싶어하지 않으며 당황하게 만들거나 또는 비난, 냉소, 조롱을 유발할 수 있는 활동을 피함으로써 자신을 밖으로 잘 나타내지 않는다. DSM-IV에 의하면 그들은 타인과 사회적인 접촉을 원하지만 만약에 그 경우가 무조건적인 수용이 확실시되는 경우에만 타인과 가까워질 수 있다는 것이다.

벡과 프리만(Beck & Freeman, 1990)은 장애를 불러올 수 있는 부적응적인 인지에 대하여 설명한다. 이러한 사람들의 인지 특성은 부정적인 성취동기로서 "나는 부적절해", "나는 열등해", "나는 자신이 없어" 등 자신에 대한 부정적인 신념이 포함되어 있다. 또한 타인에 대한 생각은 "다른 사람이 항상 나를 평가해", "타인들은 나를 거절하거나, 당황하게 만들거나, 또는 부끄럽게 만들어"라는 부정적인 생각을 가지고 있다. 이러한 생각들을 합친 조건적인 신념은 다음과 같다. "만약 내가 어떤 것을 시도하게 되면 나는 실패할 가능성이 크다." 또는 "그렇기 때문에 나는 어떤 것이라도 새로운 것을 시도하면 안 된다"라는 결론에 도달하는 것이다. 이러한 생각을 가지고 있는 사람들은 수치, 당황함 또는 비판받을 것을 기대하여 중립적인 메시지도 지나치게 부정적으로 해석하는 경향이 있다. 그 사람은 부정적인 평가를 기대하기 때문에 종종 불안해 하고 또한 그 사람은 부정적인 평가를 지각하는 데 민감하기 때문에 종종 우울증에 걸리게 된다. 인간관계를 회피함으로써 적어도 불안이나 우울증을 줄일 수 있다.

회피적 성격장애를 지닌 22세의 혜란이는 종종 불안의 대피 방법으로 자신을 타인으로부터 소외시켰다. 그녀는 특히 학교에서 수업에 출석하는 것에 대한 불안을 가지고 있었다. 그녀가 수업에 출석하려고 시도할 때마다 그녀의 심장박동은 높아지고 진땀을 흘리곤 하였다. 수업에 들어가면 그녀는 다른 사람들이 자신을 비웃을 것이라고 생각했다. 과거에 그녀는 가끔씩 꽃집에서 자원봉사를 하곤 했는데, 이는 그녀가 가지고 있는 불안 때문에 정상적인 일자리에서 일을 할 수 없었기 때문이다. 그녀의 친구관계에 대해서 물었더니 그녀는 친구 이름을 말하는 것을 상당히 어려워했다. 그녀는 고3 때에 남자친구가 있었는데 이미 그때에 그녀는 그와의 관계가 끝이 날 것 같은 두려움이 있었다. 그녀는 자신을 무조건적으로 수용하는 사람과의 결혼을 꿈꾸고 있었지만, 그런 사람이 자신에게 나타나리라는 것은 기대하지 않았다. 그 대신 그녀는 다른 사람들이 그녀의 잘못을 비판하지 못하고 또한 자기 자신이 당황해 하지 않을 곳에 혼자 남아 있는 것을 선호하였다.

어린 시절에 혜란이는 그녀의 부모로부터 형언하기 어려운 거부를 당한 경험이 많다. 그녀의 부모는 혜란이에게 높은 기대를 가지고 있는 성공적인 사람이었지만 그들은 매우 비판적이었다. 그녀는 부모로부터 태어나지 않을 아이가 태어났다는 말을 들었으며 그녀는 자신이 부모에게 짐이 된다고 생각하고 있었다. 더구나 집안에서의 생활에는 따뜻함이 없었고 그녀는 방안에서 혼자서 공상을 하며 지내는 시간이 많았다. 그녀는 극도로 수줍음을 탔고 다른 아이들이 무자비하게 놀려대는 것이 그녀의 손상된 자아의식에 더욱 문제를 가중시켰다. 이러한 과정에서 그녀는 자기를 보호하는 방법으로 사회적으로 자신을 격리시켰다.

다. 형성과정

생리적인 선유경향이 아마도 회피적인 성격장애에 보탬이 될지 모른다. 수줍음을 타고 외부에 잘 나타나지 않는 사람은 두려움과 불안감을 경험하는데 이러한 생리적인 선유경향이 다른 사람에 비해 강하다. 그들은 또한 위험을 예견하거나 지각하는 것에 있어 다른 사람들에 비해 훨씬 강하다.

기질적으로 불안한 아이는 비판이나 비하하는 말이나 거부에 강하게 영향을 받는다. 불안해 하지 않는 아이들은 비판이나 거부를 무시하고 한 걸음 나아가 그것에 대해 대항할 줄 안다. 하지만 불안해 하는 아이들은 비판을 수용하고 자신감에 대해 의심을 하게 된다. 만약에 다른 사람들이 수줍음과 불안해 하는 것 또는 과민함에 대해 놀리게 되면 이러한 놀림이 그 아이를 더욱 불안하게 하여 부적절감을 갖게 된다.

벤자민(Benjamin, 1996)에 의하면 회피적인 성격장애를 가진 사람은 한때 긍정적인 애착관계를 즐겼던 사람이라고 한다. 이러한 이유에서 그들은 사랑, 친밀함과 가까움 등을 경험할 수 있었다는 것이다. 하지만 성장하면서 심하게 비판을 받았고 경시를 당했으며 비웃음을 당했다면 이에 대해 민감해진다는 것이다. 그 결과 사람들과의 인간관계를 원하고는 있지만 다른 사람들을 믿을 만한 동기를 찾기가 어려워진다. 이리하여 그 사람은 사람과 접촉하고 싶은 욕망과 격리하여 안전함을 원하는 두 가지의 지속적인 갈등을 경험하게 된다.

(3) 인간관계의 동기와 문제점

의존적인 성격장애와 회피적인 성격장애는 똑같이 열등감을 느껴 성취동기가 결핍되는 증상을 보이지만 이를 해결하는 방법은 서로 다르다. 의존적인 사람은 타인을 믿고 친밀감을 나타내며 타인과 연결되었을 때에 효율성을 느끼고 상대방이 자신을 보호하고 돌보아 주기를 원한다. 하지만 회피적인 성격장애를 가진 사람은 타인을 불신하고 다른 사람에 의해 상처를 받는다는 위험을 느끼기 때문에 모욕감을 줄이기 위해 가능한 한 회피하기를 원한다.

인간관계의 문제를 가진 두 환자의 사례를 들어보자.

그 첫째는 의존적 성격장애 사례이다.

김씨가 치료를 원했을 때에 그녀는 25세의 가정주부였고 그 당시 그녀의 남편은 그녀에게 이혼을 요구하고 있었다. 그녀는 혼자가 되면 자신을 돌볼 능력이 없다는 생각에 걱정을 많이 하고 있었다. 그녀가 치료를 받으러 온 목적은 상담자가 그녀에게 좋은 아내가 될 수 있는 방법을 가르쳐 주어 그녀의 남편이 그녀를 떠나지 않도록 하기 위함이었다. 그녀는 남편의 의견에 반대를 할 수가 없으며 그녀가 화가 났을 때에 그런 의사를 표현할 수 없다는 말을 하였다. 그녀는 자신감을 느끼고 싶어했지만 자신에게는 자신감이 없어 그녀를 불안하게 만든다는 말도 하였다. 이러한 이유에서 그녀는 자율성과 의존성의 사이에서 갈등을 하고 있었다.

김씨는 두 딸을 둔 집안에서 출생하였는데 그녀는 언니였고 동생과는 15개월의 나이 차이가 있었다. 그녀는 자신의 어머니가 동생을 더 귀여워하여 동생에게 더 살갑게 잘해 준다는 느낌을 받으면서 자랐다. 그녀는 어머니와 같은 느낌을 느낄 수 있는 사람에게서 보살핌을 받는 것을 동경하였다. 그녀는 초등학교 시절에 가족이 새로운 도시로 이사를 갔을 때에 몇 년 동안 길을 잃을 것 같아 집안에서 멀어지는 것에 불안을 느꼈고, 그 도시를 돌아다니지도 않았다고 회상하였다.

그녀는 언제나 사랑이 많고 잘 보살펴 주며 말을 하지 않아도 그녀를 잘 이해하는 아버지를 가깝게 느꼈다고 보고하였다. 그녀는 남편이 아버지와 같이 그녀를 보살펴 주는 역할을 해 주는 것에 만족하였고 남편을 세 살 된 아들의 훌륭한 어머니라고 표현하였다. 그녀 자신은 부적절한 어머니로서 혼자서는 아들을 돌볼 수 없다고 자신의 능력을 비하하였다. 그녀는 자신감이 없고 자신에 대한 믿음이 없고 열등하기 때문에 집밖에서 직장은 잡을 수가 없다고 믿고 있었다.

두 번째 사례는 회피적 성격장애의 예이다.

박씨가 치료를 하러 왔을 때 그녀는 23세의 우울증에 걸린 여자였다. 그녀는 남자친구와 3년 간 사귀어 왔으나 그 사람이 자신을 사랑하는지에 대해서는 확신이 없었다. 그녀는 자주 남자친구의 사랑을 의심하여 그를 화나게 하였다. 그 사람이 화가 나면 가끔 그녀를 때렸는데 그럴 경우에 그녀는 화가 나서 참기가 어려울 지경이었다. 하지만 그녀는 화를 내면 남자친구가 자신을 떠날 것 같아 두려워서 자신의 감정을 표현하지 못하였다. 그녀는 자신이 수줍음을 잘 타고 타인의 동의, 비판 및 거부에 대해 상당히 신경을 쓰고 있다고 말했다. 그녀는 사회적인 대인

관계를 갖기 원했지만 다른 사람들이 자신을 좋게 대할 것 같지 않아 타인으로부터 자신을 소외시킨다는 말을 하였다.

박씨는 일남 삼녀의 형제가 있는 집의 막내로 태어났다. 그녀는 자신이 어머니가 제일 귀여워하는 아이라고 믿고 있었으나 그녀의 어머니는 냉정하고, 비판적이며, 즐거워하는 일이 거의 없는 사람이었다. 그녀는 아주 좋은 아이가 되어 어머니를 즐겁게 해드리려고 많은 노력을 하였다. 그녀의 부모는 그녀가 13세가 될 때에 이혼을 하였고 그러한 상황이 그녀를 오빠와 언니들과의 반목하는 상황으로 몰고 갔다. 그녀는 10대 때에 항상 형제들로부터 떨어져 지냈고 형제자매로부터 소외되는 기분을 느꼈다고 말했다. 그녀는 특히 여자들과의 관계에 좋지 않은 느낌을 느꼈는데 이는 자신의 언니들과, 자신의 남자친구의 여자형제, 올케들로부터 소외됨을 느꼈다. 그녀는 그들이 항상 자신을 배반할 준비가 되어 있고, 당황하게 만들거나 자신을 희생양으로 몰거나 한다는 생각을 가지고 있었다. 이러한 이유에서 그녀는 혼자 있을 때에 안전하게 느꼈다.

회피적 성격장애를 가진 사람들의 특성은 "집단에 소속되는 것이 굉장히 어렵다. 나는 내 자신을 새로운 사람에게 소개하는 것이 힘든다. 다른 사람들과 사귀는 것이 힘들다. 타인에게 사랑스럽게 보이지를 않는다. 다른 사람의 비판을 무시하기 어렵다. 타인에게 자기 주장을 하기 힘든다. 나는 타인 앞에서 당황함을 느낀다. 나는 소외에 대해 상당히 민감하다" 등을 느끼며 생활한다.

의존적인 성격장애와 회피적인 성격장애에 대해 요약을 하자면 이 두 가지 모두는 자신의 문제에 초점이 맞추어져 있고 자신의 열등감에 대해 불안을 느끼는 성취동기의 결여에 있다. 하지만 인간관계에 있어서 이 두 가지가 다른데 그 하나는 자신을 돌보는 사람과의 연결을 중요시하는 반면에 다른 하나는 사회적인 소외에 문제해결을 두고 있다.

2. 충동에 대한 통제의 어려움 : 강박장애와 섭식장애

강박장애와 섭식장애는 현대사회를 살면서 스트레스를 많이 받고 있는 사람들에게서 나타날 수 있는 증세이다. 그 동안 흔히 강박성 성격장애를 강박장애와 혼돈하는 경향이 있었는데 이 두 가지는 서로 성격이 다르다. 강박성 성격장애는 어려서부터 타고난 성격성향과 주변의 환경에 의해 그러한 성격성향이 이루어진 것이고 강박장애는 어느 날 갑자기 통제하지 못할 일이 일어나 생기는 갑작스러운 장애이다. 강박장애는 떨쳐버리려고 해도 자꾸만 의식 속으로 침투해 오는 원치 않는 생각에 시달리거나 이를 떨쳐 버리기 위해 자꾸만 어떤 행동을 반복해야 하는 경우를 의미한다. 하지만 강박성 성격장애는 매사에 지나치게 철저하며 자신의 실수를 용납하지 않는 완벽주의자, 완고한 윤리적인 기준을 자신과 타인에게 강요하는 엄격한 도덕주의자, 성취에 집착하고 융통성이 없는 원칙주의자를 의미한다.

이 장에서는 강박장애, 즉 본인은 전혀 생각하지도 않은 충동이 갑자기 발동되는 장애를 의미하는 것으로, 예를 들자면 폭력적인 충동이 갑자기 원인도 모르게 발동을 하게 되고 이를 자신이 통제를 할 수 없기 때문에 상당히 혼란스러워지는 장애에 대하여 언급하고자 한다.

이와 비슷하게 섭식에 대해서 충동을 금할 수 없는 장애를 가리켜 섭식장애라고 하는데 섭식장애는 거식증과 폭식증으로 나누어 볼 수 있다. 거식증의 환자는 음식먹기를 거절하여 살아가는 데 필요한 최소한의 체중조차 유지 못하는 증세이고 폭식증의 환자는 통제력을 잃고 음식을 많이 먹는 증세를 의미한다. 어떤 경우에는 거식증의 환자가 자신을 엄격히 통제하여 음식을 먹지 않다가 통제력을 잃고 폭식을 하는 경우도 있다. 이는 우울한 증세가 나타나거나 또는 인간관계에 스트레스가 쌓일 때 주로 나타나는 증세이다. 이렇듯 섭식에 대해 충동을 금할 수 없는 것이 강박장애와 비슷하다.

(1) 강박과 충동

가. 정의와 사례

강박이란 아이디어, 생각, 충동 혹은 이미지가 내면의 생각으로 지속적으로 부적절하게 침투되는 것을 의미한다. 충동적인 생각은 사리에 맞지 않고 이는 사람을 괴롭힌다. 이러한 증상에서 흔히 일어나는 생각은 "내 손이 위험한 세균으로 더럽혀져 있다"라는 것이다. 강박적인 사람을 'ego-dystonic' 이라고 하는데 이는 본래 자신의 성격이 아닌 비합리성을 띄고 있는데 이를 통제하려 해도 통제할 수 없는 것을 의미한다. 그 사람은 이러한 생각이 밖으로부터 오는 것은 아니고 자신의 내면에서 생성되는 것이라고 생각하지만 이러한 생각이 드는 원인을 알 길이 없다. 만약 그 사람에게 이렇듯 갑자기 나타나는 생각이 현실적으로 믿을 만한 이유에서 나타나는 것이라는 생각을 한다면 이는 강박적이라고 하지 않고 망상적이라고 한다.

강박으로부터 고통을 받는 사람은 단순히 이렇듯 갑자기 나타나는 생각을 무시하고 이를 심리적으로 억압시키려 할지도 모른다. 또 다른 한편 그 사람은 강박적으로 나타나는 고통을 어떠한 행동으로 옮김으로써 강박관념을 경감하려 할지 모른다. 충동성이란 손을 씻는 것과 같이 반복되는 행동으로 강박으로 인하여 생겨난 고통을 임시로 경감할 수 있다. 이렇듯 반복하는 행동을 실행함으로써 그 사람은 기분이 어느 정도 나아진다. 하지만 이러한 방법으로 경감되는 기분은 그 생명이 짧다. 왜냐하면 강박적인 생각은 자꾸 되돌아 오고 그 주기는 자체로써 반복되기 때문이다. 강박과 충동은 같이 일어날 수 있다. 사람이 강박적인(내 손은 세균으로 더렵혀져 있다) 생각이 들게 되면 손을 씻는다. 하지만 강박관념이라고 그것이 모두 충동으로 이어지지는 않는다. 강박관념이 성격장애로 구분되는 사람은 다만 강박적인 것과 충동적인 것이 일의 능률을 저하시키도록 시간 소모적일 때나 사람의 일상생활에 방해가 될 때에 또는 직업상의 기능이나 사회의 기능을 의미심장하게 방해할 때 이를 장애로 구분한다.

병리학 자료에 제시된 전형적인 강박 사례를 살펴보면 다음과 같다.

사례1

한 남자는 아들이 세상에 태어난 후에 그 아들을 층계 위에서

밑으로 던져버리고 싶은 충동이 반복되어 나타나는 것을 알게 되었다. 그는 이렇게 문제성이 심각한 살인적인 충동이 나타나는 것에 대해서 당황하였고 이러한 충동이 나타난 이후에는 죄책감으로 괴로워하곤 하였다.

사례2

한 간호사는 자신의 손이 나쁜 병균에 의해 감염된 것같이 느껴졌고 자신이 만지는 환자마다 감염이 될 것 같은 생각에 두려워졌다. 그녀는 이러한 강박적인 생각이 비합리적이라는 것을 알고는 있었지만 하루에 수 차례씩 손을 씻어야 했고 소독 알코올로 손이 아플 때까지 손을 밀곤 하였다.

사례3

한 목사님은 매주 일요일 아침에 설교를 할 때마다 음담패설을 하고 싶은 충동을 느끼곤 하였다. 그는 이러한 생각이 부적절하다는 생각은 하였으나 그 충동이 어찌나 강한지 어느 일요일에 사실상 그렇듯 좋지 않은 농담이 입 밖으로 나올 것 같아 걱정이 되었다.

사례4

고속도로에서 운전을 하던 한 남자는 자신의 차를 다른 차에 충돌시키고 싶은 강한 욕구를 느꼈다. 그는 이러한 충동이 일어나는 것에 대해 강한 죄의식을 느꼈다.

사례5

성격이 온순하고 친절한 한 중년의 여인은 차를 운전할 때마다 길거리에 있는 자건거에 차를 충돌하고 싶은 강한 욕구를 느꼈다. 그녀는 이러한 충동에 대해 상당히 당황했는데 그 이유는 이러한 충동이 자기 개인의 가치관과 상반되는 것이기 때문이다.

사례6

한 여성은 슈퍼에 가거나 또는 볼일이 있을 때에는 운전을 하였다. 매 번 운전을 할 때마다 그녀는 보행자를 치지나 않았을까 하는 생각이 들곤 하였다. 이러한 긴장을 완화하기 위하여 그녀는 왔던 길을 되돌아가는 두 번의 운전을 시도하면서 첫번째 운전에서 아무 일도 없었었다는 것을 점검해야만 했다. 처음에는 그녀의 충동적인 점검이 그녀를 위안하는 데 도움이 되었다. 하지만 얼마 후에 그녀는 또 다른 문제에 봉착했는데 이는 두 번째 운전이 첫번째 운전을 편하게 했듯이 세 번째 운전을 해서 두 번째 아무 일도 없었다는 것을 점검하지 않으면 안 되게 되었다.

일반적인 강박의 내용은 시기에 따라 달라질 수 있다. 종교적인 강박관념은 한때에는 현재보다 훨씬 많았다. 현재에 일반적으로 일어나고 있는 강박의 종류는 대체로 폭력, 적대행위 및 성적인 문제로 보편화되어 있다. 위에서 제시한 6개의 사례는 적대적인 충동에 대한 생각, 환상으로 타인을 해치는 것, 전염, 충격, 차나 사람을 충돌하고 싶은 충동 또는 살인, 등등이다. 그 대상은 가족이나, 친구 또는 아는 사람이나 아니면 아주 모르는 타인 또는 자기 자신이 될 수 있다. 전형적인 강박관념의 종류는 검열하는 것(즉, 혹시 옷장에 폭탄이 숨겨져 있지 않나 뒤져본다든지, 무심코 저지른 사고가 있지 않나 하여 길을 되돌아 가본다든지 하는 등), 불쾌한 충동에 대한 보상으로는 기도를 한다든지, 더러운 세균이나 독을 없애기 위하여 손을 계속해서 씻는 것 등이 있다.

나. 세 가지의 보편적인 강박증

세 가지의 보편적인 강박증은 다음의 범주로 분류할 수 있다. 그 첫번째는 다른 두 가지보다 분명하게 인간관계와 관련이 되어 있다. 이는 남을 해칠 것 같은 충동이다. 이 범주에 속하는 강박증은 아이, 남편이나 아내, 모르는 타인, 보행자, 자전거 타는 사람 등에게 해를 주고 싶은 충동을 의미한다. 강박성 성격의 사람은 보편적으로 사회화가 잘 되어 있고, 문화적으로도 높은 경지에 있는 사람이어서 통상으로는 그러한 행동을 할 것 같지 않은 사람들이다. 더구나 그들은 자신 안에 내재하고 있는 강박증을 감지하고 상당히 괴로워하는 사람들이다. 누구를 해치고 싶은 충동은 사실상 그들 자신이 가지고 있는 기준의 가치관과 상반되고 있지만 이를 통제할 수 없다는 데 문제가 있다. 이에 따라 그 사람의 '실제 자신(actual self)'은 '이상적인 자신(ideal self)' 또는 '해야만 하는 자신(ought self)'과 일치하지 않고 이렇듯 불일치하는 자신이 그 사람을 불안하고 괴롭게 만든다.

두 번째의 범주는 남을 해칠 것 같아 두려워하는 것이다. 이러한 종류의 강박성은 "내가 우발적으로 또는 나 자신은 원치 않지만 타인을 해칠 것 같은 생각이 든다.(아니면 나는 이미 그런 행동을 했다.)"라는 것이다. 이러한 경우의 예를 들자면 부주의하게 어떤 사람을 차에 치게 한다거나, 어린아이를 옷장 속에 넣고 잠근다거나, 가족이 살고 있는 집에 불을 지른다거나 아니면 질병을 퍼트린다는 등의 일들을 걱정한다. 이러한 공격적인 행동 자체는 누구를 해칠 것 같은 충동의 범주에서 설명하기 어렵다. 하지만 강박관념은 타인을 해칠 것 같은 가능성을 부끄러움 및 죄의식으로 느끼게 한다. 이러한 종류의 강박증을 가진 사람은 분명하게 타인을 해칠 수 있는 잠재력에 대해서 걱정을 한다. 이러한 경우와 관련하여 두 가지의 괴로움을 유발하는 상황이 있는데 그 하나는 두려움에 관한 것이고 다른 하나는 강박성에 관한 것이다. 두려움을 느끼는 사람들은 불안을 유발하는 상황, 즉 거미나 비행기와 같은 것에 대한 걱정을 하는 것이고 강박성에 관한 것은 비판을 받았거나 또는 잘못을 저질렀을 경우와 같이 수치심을 유발하는 상황에 대한 걱정이다.

세 번째 범주는 '자신에 대한 해를 두려워하는 것'이다. 즉, "나는 보이지 않는 위험에 의해 신체적으로 해를 입을 것이다"라는 괴로운 생각이 드는 것이다. 예를 들면 "내가 녹이 슬은 못을 잘못 밟아서 파상풍에 걸리지나 않을까?" 또는 "음식점에서 음식을 잘못 먹음으로써 에이즈에 걸리지나 않을까?" 등을 걱정하는 것이다. 이러한 강박증의 사람에게는 두려움이 현저하게 나타나는데 이는 물체의 위협에 대하여 두려움을 느끼는 사람과 비슷하지만 다만 이러한 사람은 박테리아, 바이러스, 먼지, 독극물, 폭발물과 같이 일반적으로 보편화되지 않은 것들에 대한 두려움을 나타내고 있다. 눈에 보이지 않는 위험은 피하기가 어렵다. 이러한 이유로 강박증이 있는 사람은 자신을 보호하기 위해서 청소하고, 빨래하며, 자신의 손을 문질러 씻고, 마루를 깨끗하게 닦고, 수저를 물에 끓이며, 주위에 폭발물이나 녹이 슬은 못이나 먼지와 같은 것들이 혹시 있지나 않나를 점검한다. 위험은 피하기가 어렵다 하더라도 청소, 빨래, 점검하는 행동을 함으로써 일시적인 통제의 기분을 느끼곤 한다.

강박관념을 범주화하자면 그 사람의 주관적인 경험을 이해하는 것이 필요하다. 그 사람은 자신이 해를 받을 것(불안)과 같은 경험을 하였는지 아니면 타인을 해칠 것(죄의식)과 같은 두려움을 가지고 있는지에 관한 일이 관건이 된다. 다음에 소개되는 사례는 American Psychiatric Association에서 DSM-II의 범주로 진단한 한 환자의 사례이다. 한 온순한 중년의 남자는 자신의 강박장애를 다음과 같이 묘사했다. 매일 저녁에 자기 방으로 들어간 후에 문을 잠그고, 화장실로 가서 담배를 3개피를 피는데 그것이 그 날 피우는 담배의 전부이다. 그 담배는 속을 편안하게 해 주어 만성적인 변비의 문제를 해결해 준다. 그의 말에 의하면 담배는 배변을 위해서 피운다. 그가 담배를 피우는 동안 자주 담배재가 불똥이 되어 집을 태울 것만 같은 생각이 든다. 그는 이러한 일이 쉽게 일어나지 않는다는 사실을 알고 있지만 걱정을 통제할 길이 없다. 그래서 그는 물이 절반 정도 차 있는 깡통을 옆에 두고 담배 재를 톡톡 그 곳에 쳐서 넣었다. 대변을 본 후에 그는 깡통에 들어 있는 담배 재와 꽁초를 모두 변기에 넣고 한꺼번에 물로 씻어 내렸으며 모든 오물이 다 씻겨 내렸는지를 확인하곤 하였다. 그리고 기도를 하고는 침대에 들었다. 하지만 이는 그 사람이 자신이 해를 받을 수 있다는 두려움을 경험을 한 것인지 아니면 가족의 비극에 대한 잠재적인 책임에 대한 두려움인지를 알 수 없다. 전자는 자신의 내부에서 일어나는 걱정이요, 후자는 인간관계의 문제에서 비롯된다.

타인을 해치려는 강박적인 충동은 어쨌든 그 의도가 분명하다. 한 순간에 그 사람은 금지된 행동(즉, 아이를 층계 아래로 던져버리고 싶다든지, 교회에서 음담패설로 사람들을 놀라게 하고 싶어진다든지, 또는 자전거를 타고 지나가는 사람을 차로 들이받아 해를 입히고 싶어진다든지 등)을 저지르고 싶은 충동이 생긴다. 그러면 그 사람은 제3자의 입장이 되어 그 충동을 의식하면서 크게 놀라게 된다. 타인을 해치고 싶은 강박성은 다음과 같은 중요한 사안에 대해 생각해 볼 수 있다. 이러한 강박적인 충동만 없다면 사회적으로 잘 적응된 사람일텐데 어떠한 원인이 그 사람에게 이토록 반사회적인 충동을 일으키게 하는 근원이 될 수 있는가? 충동은 고전적 학습이론으로 설명이 쉽게 될 수 있다. 충동은 강박에 의하여 유발된 불안을 줄여 주는 행동이다. 하지만 어떻게 강박성을 설명할 수 있을 것인가? 어떠한 요인이 강박성을 강화시키는 것일까? 그리고 어찌하여 충동이 그러한 독특한 형태(예를 들자면 자전거 타는 사람을 치고 싶은)로 나타나는 것일까? 그 사람은 갑자기 나타나는 충동으로부터 어떠한 유형의 형언하기 어려운 만족을 추구하는 것일까? 이러한 것에 대한 대답을 하기 위하여 정신분석학 이론이 발달되었다. 이에 관련된 정신분석학 이론을 다음에서 살펴보고자 한다.

(2) 강박성에 대한 정신분석학 이론

가. 철학적인 동향

고전적인 정신분석학 이론은 인간의 본질에 대한 독특한 설명을 하고 있다. 이 설명은 인간에게 주어진 동기, 목적 및 의도에 대하여 묘사하고 있다. 학습이론 중 중심이 되는 이론으로 왓슨(J. B. Watson)과 스키너(B. F. Skinner)의 이론은 일반적으로 인간의 본질에서 동기를 강조하지 않는 행동주의 이론이다.

정신분석학과 인지-행동학 이론의 다른 점은 정신분석학 이론에서는 환경보다는 유전에 대하여 강조하고 있다. 유전에 대한 이론은 어떠한 과정, 능력, 경향 등이 생리적으로 인체에 뒤엉켜(hard-wired) 있다고 추측한다. 사람은 과정을 시작할 수 있는 가능성이 있게 태어나는 것이지 백지상태로 태어나서 환경에 사건이 축적되어지는 것이 아니다. 예를 들어 인간은 어려서부터 세상을 탐험하고, 경험을 의미 있게 조직하고, 앞으로 다가올 일들을 발견하고 싶은 동기가 생긴다. 어른이 어린아이와 상호작용을 하면서 "저 강아지를 봐라"라는 말을 하면 그 아이는 그냥 수동적으로 그 소리와 광경에 단순하게 연결되는 것이 아니다. 그 아이는 어른의 의도를 알아차리고 어른이 손가락으로 가르치는 곳을 이해하는 마음으로 바라본다. 이러한 사건이 그 아이의 이해하는 능력에 분명하게 전달되었고 어른과 아이의 상호작용에 활발한 인지적인 과정이 개입이 되었다. 이러한 과정이 어린아이에게 말의 뜻을 빨리 그리고 효과적으로 배우게 한다. 하지만 정신분석학 이론은 유전적인 능력이 어린아이로 하여금 세상을 탐험하게 하고 의미를 찾게 하며 추측을 끌어낸다고 가정하는 것이다.

나. 고전 정신분석학 이론의 본질

에너지라는 개념은 프로이트이론의 중심이었다. 에너지는 19세기 작가들에게 인기 있는 개념이었고 일생을 통해 관찰된 행동의 흐름을 설명하는 데 주도적으로 쓰였다. 사람들은 에너지를 먹고, 마시고, 숨쉴 때 쓰고 있으며 인생의 행로에까지 에너지를 연장한다. 이 이론에 의하면 심리적 에너지(성적인 에너지와 공격적인 에너지를 포함하여)는 신경 계통을 통제하는 과정에 쓰인다는 것이다. 이러한 심리적 에너지의 방출은 기쁨을 느끼게 한다. 어린 시절에 얻어진 억제 때문에 심리적인 에너지를 방출하지 못하게 되면 '감정을 병 속에 꼭 가두어 둔 것' 과 같이 또는 '분노로써 목이 막힌 것' 과 같이 긴장과 압박의 감정을 느끼게 된다. 이러한 에너지는 분노를 터뜨리거나, 밀려오는 파도와 같은 사랑을 한다든지, 또는 성적인 환희를 느낀다든지, 인지적인 경험을 통해 고통을 경감한다든지 또는 기쁨을 느끼는 것으로 방출하게 된다. 이 에너지가 직접적으로 방출되지 못하고 축적이 되면 그 사람은 간접적인 방법으로 이를 방출하는 방법을 모색한다. 꿈이나 정신병리의 증후는 두 가지의 방출하는 방법을 제시한다. 강박적으로 다른 사람을 해치는 것과 간접적인 방법으로 축적된 심리적인 에너지를 방출하는 것이다. 이리하여 일찍이 나타났던 정신분석학의 이론에 따르면 강박성은 일시적인 안도, 기쁨 또는 만족을 제공한다는 것이다.

에너지에 대한 개념은 정신분석학자들 간에 서로 상반된다. 이를 신체적인 에너지의 변환으로 볼 것인가 아니면 은유적인 의미로 볼 것인가에 대한 두 가지 의견이 존재한다. 프로이트의 이론이 발전함에 따라 에너지에 대한 개념은 점점 사라졌고 본능이란 생리적인 개념을 더 중요시하게 되었다. 본능의 이론에 따르면 사람은 각기 다른 본능을 소유한다. 배고픔의 충동이 그 한 가지이다. 인간의 신체에서는 신체적인 자극을 생산하는데 이것이 심리적인 경험으로 이어진다. 즉, 음식에 대한 욕망, 음식에 대한 생각 그리고 음식을 찾으려는 충동 등이다. 이러한 심리적인 효과는 행동을 유발시킨다. 이리하여 본능은 신체와 심리 간에 다리역할을 하는 것이다. 이와 비슷하게 성적인 본능도 신체의 자극에서 시작되는데 신체의 자극이 특수한 욕구, 생각 그리고 느낌을 일어나게 하고 이러한 욕구가 행동을 하게끔 충동하는 것이다. 이 이론은 주장하기를 모든 본능은 사람으로 하여금 적절한 대상을 찾게끔 동기화시킨다고 한다. 배가 고픈 경우에 그 대상은 음식이고, 성을 위하여서는 적절한 타입의 사람을 대상으로 찾게 된다. 본능의 목적이 만족하게 되면 신체적인 자극은 격감하게 되고 그 변화가 기쁨으로 나타나게 된다.

이러한 이론에 의해서 강박성 성격장애자가 어떤 사람을 해치고 싶은 충동을 느꼈다면 이는 공격적인 충동에서 비롯됐다고 할 수 있다. 어떤 사건이 공격적인 감정을 일깨웠을 때 혈관의 특정한 호르몬이 상승하여 신체적인 자극을 만들고 이것이 공격적인 충동, 생각, 느낌과 같은 심리적인 결과로 옮겨져서 공격적인 행동을 하게 한다. 하지만 사람들은 사회화되어 있기 때문에 그 감정을 억제하려 한다. 이러한 이유에서 충분하게 이러한 상황이 일깨워졌을 때 마음에 갈등을 느끼게 되는 것이다. 신체적인 압력에 의해 공격적인 행동을 표현할 것인가 아니면 사회적인 압력 때문에 공격적인 충동을 억제할 것인가? 이러한 마음의 갈등이 정신분석학에서 거론되는 인간관계의 기본적인 이론의 중심이 되는 개념이다. 이러한 갈등이 사람으로 하여금 적절한 양보를 찾게끔 요구하는 것이다. 어떤 경우에는 누구를 해치려는 강박충동이 양보로써 간주된다. 즉, 순간적으로 짧게 나타나는 공격성이 지나친 폭력적인 행동을 막아 준다는 것이다.

다. 발달적인 측면의 이론

정신분석학의 이론은 지속적인 아동 발달과정의 단계를 포함하고 있다. 그 후에 에릭슨(Erikson)이 발달의 각 단계와 관련된 독특한 인간관계의 주제를 보탬으로써 발달이론에 공헌을 하였다. 이 이론에서 제공하는 첫번째의 두 단계가 특히 강박성과 관련이 있어 그 두 단계부터 설명하고자 한다.

첫번째의 구강기는 출생에서 12~18개월까지를 의미한다. 출생 후 곧 유아는 빨고, 움직이며 대소변을 본다. 하지만 그들은 음식과 대소변 처리의 문제를 전적으로 양육자에게 의존한다. 유아의 입술, 입, 혀 그리고 입안의 점액은 신경과 함께 타고났으며 입은 민감한 감각을 이미 활발한 운동체제와 함께 받아들일 준비가 되어 있다. 배가 고픈 유아는 어떤 물건이든지 얼굴을 자극하면 입을 돌려 그 물건을 잡으려 하고 받아들일 것과 거부할 것을 입술로써 결정한다. 입술에 물체가 닿으면 빨기 시작하고 만약에 그 물건이 우유일 경우에는 만족할 때까지 계속해서 빤다. 이렇듯 초기부터 유아는 어머니와 상호작용을 긴밀하게 한다. 정신분석학적으로 이 구강기 때 어머니에게 의존하는 단계에서 유아가 지각하는 상황에 따라 유아에게 신뢰와 불신의 기초가 형성된다. 배가 고프거나, 목이 마르거나, 피곤하거나, 기저귀가 젖었거나 또는 너무 자극이 지나쳐서 유아가 울 때에 이것이 과연 편안한 상태로 해결이 될 것인가? 유아가 젖을 빨 때에 환경이 평온하고 안락할 것을 예견할 수 있는 것인가? 어머니와 유아의 젖먹이는 것에 대한 상호작용이 서로 기쁨으로 이루어질 수 있는가? 양육자가 유아에게 사랑과 만족을 줄 수 있는 것일까? 에릭슨(Erikson)은 이 구강기의 단계를 인간관계 상호작용 성격의 주제로서 신뢰와 불신으로 나누어 구분하고 있다. 유아가 어머니를 신뢰한다는 것은 어머니의 아이 보살피는 능력에 만족할 수 있음을 기대한다는 것이다. 이러한 기대가 유아로 하여금 만족이 지연되더라도 이를 참을 수 있게 한다. 만족한 결과를 기대할 수 있다는 것이 유아에게 기본적인 통제력을 제공한다. 유아가 인생의 초기에서 어머니에 대한 불신감을 갖게 되면 그 유아는 인생의 다음 단계에서 또 다른 문제에 봉착하게 된다. 그 유아는 어머니에 대한 통제력이 결핍되는 것이다.

아이의 나이가 1세에서 1세 반이 되면 아이는 일어서고 걷기 시작한다. 이는 아이가 세상을 탐험하는 것을 성취하기 시작하는 단계이다. 아이가 자신의 움직임에 자신이 생기게 되면 그 아이는 세상을 더 탐험하려고 할 것이고 성취동기와 자신에 대한 확신이 생기기 시작한다. 이때쯤에 배변에 대한 훈련이 시작되고 아이는 인생의 두 번째 단계인 항문기로 접어든다. 이 때에 아이에게는 대소변 가리기가 이루어질 것이 기대된다. 인생에서 첫번째로 아이에게 신체 내부에서 일어나는 일이 근육의 통제와 맞물려 조정하게 되는 것을 알게 된다. 어른들은 배변을 가리는 일이 성취되는 것을 아이가 건강하게 발달되고 있다는 또는 자신들이 부모역할을 잘하고 있다는 증거로 받아들이고 이러한 자신들의 바람을 아이들에게 분명하게 전달한다. 이 극적인 과정이 아이의 신체적인 감각을 깨우치게 만들고 근육의 통제와 연결시킨다. 이 일이 자신의 통제와 조정의 시작임을 아이는 깨닫게 되는 것이다.

방광을 통제하는 것을 배우는 것은 쉽지 않다. 그리고 이 일을 하는 동안 실수도 많이 저지르고, 스트레스도 쌓이며, 노력도 많이 하게 된다. 최적의 조건 아래서도 실수가 빈번하고 특히 동생을 본 경우에는 일상생활의 리듬이 깨지기 때문에 이러한 일은 더욱 자주 일어난다. 실수가 잦게 되면 부모는 화가 나거나 불안해 져서 대소변 가리는 일이 감정적인 문제로 발전될 수 있다. 어떤 부모는 위협을 주고 아이를 부끄럽게 여기며 어떤 부모는 비의도적으로 아이에게 불안감을 조성하는 상상력을 불러일으킨다. 예를 들어 귀신이 화장실을 기웃거린다든지, 대소변을 보는 데 시간을 많이 소비하는 아이는 귀신이 잡아간다든지 등등이다. 심한 불안감은 물론 배변에 필요한 예민한 근육통제를 하지 못하게 한다. 현대의 편리함, 즉 일회용 기저귀나 아이에게 맞는 이동 변기 등은 오늘날의 아이의 경험을 돕는 데 부모들을 편하게 만들고 아이들을 훨씬 수월하게 만드는 것은 사실이다. 하지만 배변훈련을 함에 있어 아이가 불안감을 가질 수 있는 기회는 아직도 많이 존재한다.

아이가 대소변 가리기에 성공을 하게 되면 이 방법으로 어른들을 통제하는 새로운 방법 또한 발견하게 된다. 예를 들어 아이가 보아야 할 시간에 대변보기를 거절하면서 아이는 이 방법을 통해 어른들의 희망사항에 협동을 하거나 또는 하지 않게 된다는 것을 안다. 다른 말로 표현을 하자면 아이는 협동적이 되거나, 보류하거나, 고집스러워지거나, 반대하거나, 반항하거나, 도전적이 되거나 등등의 새로운 행동을 이를 통해 실험하게 된다. 하지만 어른들은 넓은 아량과, 권위적이거나, 힘이 있는 방편을 가지고 있다. 어른들은 아이를 칭찬해 주고 사랑과 관심으로 보상을 해 줄 수 있다. 어른은 또한 아이에게 부정적인 느낌, 즉 수치심, 두려움 및 위협을 느끼게 할 수 있다. 때때로 부모들은 심한 방법을 쓰기도 한다. 아이에게 수치심을 느끼게 하면서 복종시킨다든지, 사랑을 주지 않겠다고 위협을 한다든지, 가공의 아이디어로 아이들을 무섭게 만든다든지, 아이들 배변의 문제로 지나치게 권위적이 되기도 한다. 아이들은 성인에게 복종하게끔 만들면 언젠가는 대소변을 가리게 된다. 하지만 그 대가는 무엇인가? 복종을 강요당한 아이들은 자신들의 통제의 능력에 대한 제한을 지각하게 되며 복종을 강요하는 성인과 무난한 인간관계를 유지하려고 한다.

이 발달단계에서 감정의 통제라는 자신에 대한 통제가 나타난다. 사회화가 된 아이들은 부정적인 감정에 대한 통제를 해야만 한다. 이 때에 나타날 수 있는 부정적인 감정은 신경질과 투정을 부리는 것인데 분노, 화내는 것, 공격적인 것, 신체적인 파괴 등은 아이들이 억제해야만 하는 부정적인 감정들이다. 아이들의 부정적인 성향을 통제하기 위해서 부모들은 대소변을 가릴 때에 썼던 상과 벌의 방법을 사용한다. 자신을 통제하는 아이에게는 칭찬을, 그렇지 못한 아이에게는 야단과 비판 및 수치심을 느끼게 하는 방법을 사용한다. 그 훈련은 어렵고, 노력을 요하며, 긴장되고, 심하면 그 아이는 또 다시 복종을 하게 되지만 그 복종은 대가를 지불해야 한다. 이렇듯 권위적인 방법으로 길들여진 아이들은 부정적인 감정을 표현하는 데 불안감을 느끼게 되는 것이다.

에릭슨은 이 시기 인간관계의 주제를 '자율과 수치심 및 의심(autonomy vs shame & doubt)' 이라고 명명하였다. 아이가 자신을 통제하는 데 자신감으로 할 수 있을 것인가 아니면 의심으로 정착될 것인가? 수치심이란 자아의식은 감정이 개입되어 있다. 수치심이란 누가 볼 수 있는 것과 같이 의식이 표출된 것인데 아직은 보여 줄 준비가 되지 않은 상태를 의미한다. 즉, 팬티는 내려졌지만 얼굴을 가리고 있는 것과 같은 상태를 의미한다. 의심이란 에릭슨에 의하면 수치심의 형제라고 한다. 이는 "내가 어떤 규칙을 어겼을지도 모른다"는 자신에 대한 의구심을 의미한다. 비판, 수치심 그리고 계속된 패배는 아이가 자율성을 성취하려는 노력에 방해를 가져오며, 아이를 계속 보호 속에 있게 만들고, 충동을 억제하는 데 조심스럽게 만들고 범위를 넘어서는 것을 회피하게 된다. 정신분석학적인 견해에 의하면 강박장애의 기초가 되는 태도, 기대, 느낌과 자신을 통제하는 것 등은 이 단계에서 얻어진 것이라는 것이다. 성인에게 복종을 하게끔 강요되어 온 아이들은 자신에 대한 경계를 계속하고 엄격하게 자신을 통제하는 방법을 배우게 된다.

라. 동기갈등과 방어체제

사람이 상당히 높은 경지까지 자신을 통제할 수 있는 능력이 있다 하더라도 상황에 따라 참을 수 있는 한계는 경우에 따라 다르다. 양심적이고 열심인 간호원이 불평이 많은 환자를 정성껏 돌보았는데 그 환자가 생각도 없이 그 간호사의 상관에게 그녀에 대해서 비판을 할 경우, 또는 부동산 업자가 몇 년을 공을 들여 손님에게 부동산을 팔려고 노력을 해왔는데 결국은 그 손님이 다른 업자에게서 부동산을 매수하는 경우, 건축가가 여러 달 동안 어렵게 공을 들여 우아한 빌딩을 설계하였더니 손님이 우스꽝스러운 변경을 요구하는 경우, 이러한 경우에서는 아무리 자신을 잘 통제할 수 있는 사람이라 하더라도 분노를 느끼며 보복하고 싶은 생각이 들 수 있다. 이러한 경우에 동기의 갈등이 일어난다. 그 갈등은 공격성을 표현해야 하느냐 아니면 억제해야 하느냐의 갈등으로 다가와서 자신을 통제하기 어려운 상황으로 나타날 수 있다. 예를 들어 성적인 충동, 타인과의 가까운 느낌, 자신을 외부에 표출할 때, 질투의 느낌, 분노의 감정 등으로 나타난다. 만약에 사건에 감정이 개입될 경우 갈등은 더 심해질 수 있다.

사람들은 갈등을 해소하는 방법을 매일의 생활에서 타협함으로써 강구한다. 예를 들어 우리는 다른 사람들의 방어적인 행동을 지적함으로써 분노를 가라앉힌다. "그녀가 그토록 형편없고 비합리적인 행동을 하는 것은 이상한 일이 아니야, 그녀는 죽는 것을 아주 두려워하고 있어"라고 타인을 격하시킴으로써 자신을 방어하는 것이다. 정신분석학에서는 사람들이 원하지 않는 충동에 대한 압력과 갈등을 격감시키는 방법으로 방어체제를 일상적으로 사용한다고 한다. 강박충동장애와 관련된 두 가지 방어체제는 반동형성(reaction formation)과 긴장의 이완이다. 반동형성은 무의식적인 욕구와는 정반대되는 내용을 의식적인 행동으로 나타내어 불안으로부터 자아를 보호하고자 하는 모호한 느낌을 다룰 때 쓰는 방법이다. 사람들은 타인에게 수용되어지는 것과 같은 긍정적인 느낌을 수용되어지지 못할 부정적인 느낌을 감추기 위해 강조할 때 반동형성을 사용한다. 그리고는 강조되어진 긍정적인 느낌이 부정적인 느낌을 덮어버려 그 사람은 타인에게 오직 사랑스럽고, 친절하며, 도와주려고 애쓰는 사람으로 보인다. 예를 들어 학장의 자리에서 밀려난 것에 대한 적개심이나 분노를 표출하기보다는 오히려 새 본부의 임원들에게 '완벽한 신뢰'를 보임으로써 분노, 불안, 당혹감 등이 유발되는 상황에서 자신의 합리성, 성숙성, 사회적인 수용성 등의 인상을 보이는 것과 또는 새어머니가 전처의 아이를 지극정성으로 돌봄으로써 아주 성숙한 어머니의 이미지를 구축하는 것과 같은 사실을 의미한다.

긴장의 이완이란 사람이 처음에는 금지된 느낌, 생각 또는 충동을 표현한 후에 다음에 상징적으로 이를 중립적인 행동으로 무효화함을 의미한다. 예를 들어 "나는 그녀를 죽일 수 있어" 라는 생각을 표현했다가 후에 "그런 뜻은 아니었어. 사실상 그녀는 굉장히 어려운 인생을 살았고 정말 안됐어" 라는 생각으로 그 생각을 무효화하는 것을 말한다. 이 방법이 작용을 할 때에 그 사람은 두 가지로 이익을 보는데 그 한 가지는 공격적인 표현으로 첫번째의 목적이 달성이 되고 그 후에 표현하는 중립적인 표현으로 두 번째의 목적 또한 달성이 된다. 하지만 사람이 대단한 스트레스에 처해 있다면 이러한 이성적인 방법은 작동하지 못한다. "나는 그녀를 죽일 수 있어"라는 수용하지 못할 생각이나 충동이 어떤 경우에는 너무 강하게 나타나고 또 다른 때는 자신이 잘못되고 있다는 것을 느끼지 못하여 이러한 과정이 반복하고 또 반복하여 자신에게 돌아오기 때문이다. 이렇듯 사람이 충동에 대한 통제를 잃었을 때에 이를 강박장애라고 부른다. 그러면 어찌하여 자신을 통제할 수 있는 사람이 이토록 통제를 잃어버리는 것일까에 대한 문제와 또한 스트레스가 어떠한 과정을 통해 통제를 할 수 없게 만드는 것일까에 대한 문제에 대하여 살펴보고자 한다.

(3) 과중한 업무와 강박성

어찌하여 사람은 수년 동안 아무런 문제가 없이 억압해 왔던 충동성을 극적으로 경험하는가? 어찌하여 자신에게 내재되어 있던 공격성을 잘 통제해 오던 세련된 여인이 그녀 남편의 목을 조르고 싶어지거나, 보행자를 차로 치고 싶거나, 그녀의 아이를 죽이고 싶어지는 것일까? 여기에는 일상생활에서 나타날 수 있는 역설성이 존재한다. 몇 가지 예를 들어 보자면 다음과 같다. 첫째, 한 사람이 체중을 줄이기 위해서 음식조절을 하면서 음식을 먹지 않으려고 노력하다가 갑자기 미친듯이 음식을 먹는다. 둘째, 우울증에 걸린 사람이 슬픔을 느끼지 않으려고 노력할수록 더 큰 슬픔이 엄습한다. 셋째, 불면증에 걸린 사람이 잠을 청하려고 노력을 할수록 더 깨어 있는 자신을 발견한다.

이러한 현상을 설명하자면 자신의 조절과 관련하여 두 가지의 과정을 말할 수 있다. 그 하나는 운영의 과정이고(operating process) 다른 하나는 감찰하는 과정(monitoring process)이다. 운영의 과정은 그 사람이 원하는 효과를 얻기 위해 만들어 내는 모든 것을 포함한다. 그 사람은 슬픈 느낌을 억압하기 위해서 즐거운 노래를 휘파람으로 부른다든지, 긍정적으로 생각하고 행복한 생각을 한다든지, 즐거운 일에 관여하든지, 활동을 다른 곳으로 돌리든지, 욕구좌절에 대하여 즐거운 구실을 붙인다든지 하는 행동을 한다. 이러한 운영과정은 모든 수단을 동원한 것이고 의도적이며 노력이 깃들어 있으며 상당히 복잡하다. 이와는 상반되게 감찰하는 과정은 노력을 들일 필요 없이 자동적인 과정으로 비교적 간단하다. 그 사람은 단순히 활동과정에서 실패를 추구한다. 실패가 감지되었을 때(체중을 빼려는 사람이 생각 없이 칼로리가 높은 음식을 먹는 것과 같이) 그 사람은 활동의 과정을 재구성하면서 다른 방법을 시도하게 되는데 아마도 이는 성공하기에 더 어려운 방법일 것이다.

만약 그 운영의 과정이 직선적이면 목적은 쉽게 얻게 된다. 하지만 운영을 하는 데는 어려움이 따르게 된다. 예를 들어 양심적인 간호사는 분노를 하지 않으려고 애를 쓰지만 그 날의 사건들이 그녀를 참을 수 없이 만들 수도 있다. 간병의 과정이 그녀에게는 많은 노력을 기울이게 하였고 그럼에도 까다로운 환자는 그녀에게 간병의 소홀함에 불평을 하고, 그녀의 상관이 불공평하게 그녀의 일을 비판하거나, 같이 일을 하는 동료 간호사는 결석을 하여 일이 두 배로 가중이 된다면 그녀의 그날은 참으로 참기 어려운 하루가 된다. 이토록 과중한 업무가 그녀의 주의력과 경쟁을 하게 된다. 모든 문제는 그녀의 운영 과정에 의존하여 해결해야만 한다. 이렇듯 업무의 과중함이 그녀가 처리할 수 있는 능력을 초과하여 다가오면 그녀는 고의가 아니게 분노를 하게 된다. 그녀의 감찰과정은 이러한 일을 알아차리고 자신을 비방하거나, 죄의식을 느끼거나, 또는 주의집중이 분산되는 것에 대하여 자신의 능력을 비하하게 된다.

주의집중의 분산은 억압할 수 있는 통제를 할 수 없게 만든다. 슬픔, 부끄러움, 분노와 공포 등의 모든 감정들은 풀어야 할 문제로 다가온다. 또 다른 스트레스의 요인들, 즉 걱정거리나 지불해야 할 청구서 그리고 직장을 잃을지도 모른다는 위협 등이 또한 해결해야 할 문제들이다. 이렇듯 여러 종류의 문제가 합해져서 인지적인 부담으로 다가오면 참을 수 없는 상태로 몰고 간다. 이러한 부담이 크면 클수록 통제할 수 있는 능력이 줄어든다. 이러한 이유에서 체중을 조절하기 위한 음식조절은 스트레스 상태에서 더욱 어려워지는 것이다.

감찰한다는 것은 탐색과정으로 원치 않는 생각과 충동을 계속 마음에 두고 이러한 행동이 일어나지 않도록 확인하는 작업이다. 우리가 어떤 생각을 마음에 두었을 때에 그 생각은 일어날 수 있는 가능성을 증가시킨다. 이러한 이유에서 감찰의 과정은 얄궂게도 그 사람이 억압하려고 노력하는 충동적인 생각을 행동으로 나타낼 수 있는 가능성을 증가시킨다. 예를 들어 "당신은 무엇이든 다 원하는 대로 할 수 있지만 단 한 가지 사과만은 생각하지 마시오" 라는 주문을 받게 되면 그 사람은 필요 이상으로 사과를 생각하는 것과 같은 이치이다. 아마도 성경에 나오는 아담과 이브가 에덴동산에서 단 한 가지 선악과를 따먹지 말라는 말에 복종을 하지 않고 이를 따먹은 것이 이와 같은 이치가 아닌가 한다. 이와 같이 원치 않는 충동이나 강압은 그것을 억제하려고 힘들게 노력하는 사람에게 더욱 더 나타날 가능성이 있다.

(4) 강박장애의 형성과정

가. 금지된 행동의 이행충동

강박성은 금지된 행동을 이행하게 만든다. 강박장애는 금지된 행동을 억압하려는 데 반해서 표현하고 싶은 갈등과의 충돌에 의해 형성될 수 있다. 전형적으로 강박증 환자는 다음과 같은 행동에 대해서 갈등을 느끼는데 이는 공격적인 행동, 성적인 행동, 감정적인 표현 그리고 먹는 것에 대한 행동들이 포함되어 있다. 인간의 형성적 발달단계(formative years)에서 금지된 행동으로 구분되어진 것은 감정적으로 더욱 하고 싶어진다. 사람은 사회적으로 금지된 행동을 엄격하게 자신을 통제함으로써 제지

하는 방법을 배운다. 하지만 주변의 형편이 그 행동을 참을 수 없게 만들었고, 스트레스를 주는 요인들과, 부정적인 영향 그리고 다른 분산된 여러 요인들이 복합적으로 나타나 그 사람이 해야만 하는 자신의 통제를 할 수 없게 만들었다. 그 결과 운영(operating process)과정에 문제가 생겼다.

그렇다면 강박장애는 어찌하여 갑작스럽게 어린이를 해치고 싶다거나 자전거를 타는 사람을 치고 싶은 정도의 특정한 형태의 충동으로 나타나는가? 어떤 경우에는 그렇게 생각되는 이유를 쉽게 이해할 수 있다. 만약에 한 아버지의 3세 된 아이가 그 사람의 인생을 심하게 어렵게 만드는 경우에 그 아이를 해치고 싶다는 생각이 드는 것은 이해가 가능하다. 하지만 아무런 잘못이 없는 자전거를 타고 가는 사람을 해치고 싶다는 충동이 드는 것은 어떻게 설명을 할 것인가? 이러한 충동을 이해하려면 충동장애자에게 내재해 있는 자전거를 타는 사람의 의미를 알 필요가 있다. 예를 들어 한 여인은 어렸을 때에 자신의 두 남자 형제를 부러워하면서 자랐다. 그녀는 천식을 앓고 있어 항상 약골이었고 그녀의 두 남자 형제들은 건강하고 힘이 넘쳐 흘렀으며 신체적으로 강했고 운동도 잘했다. 그들은 자전거에 열중했고 그들이 100마일 자전거 마라톤 대회에 출전했을 때 주위로부터 열망의 대상이 되었고 축복을 받으며 그 대회에 출전하던 것을 부러운 마음으로 바라보던 기억이 생생하다. 수 년이 지난 후에 스트레스를 받는 일이 가족 안에서 발생했고 자전거를 잘 타는 형제를 부러워하던 그녀의 느낌이 자전거 타는 사람을 치고 싶은 강박충동으로 몰아 넣었다.

나. 강박장애의 다른 유형

강박증으로 금지된 행동을 하는 것은 직접적으로 갈등의 동기를 표현하는 것으로 비교적 이해하기가 쉽다. 하지만 강박적인 두려움은 더욱 모호하다. 강박적으로 남을 해칠 것에 대한 두려움이 든다면 어떻게 이를 이해할 것인가? 이를 단순히 지진이나 사고 "즉, 아이가 만약에 내 손에서 떨어지면 어쩌나"라는 생각과 같은 두려움이라고 간주할 것인가? 아니면 이를 충동, 의도, "즉, 나는 내 아이를 해칠 것 같은 생각에 두렵다"에 대한 두려움이라고 보아야 할 것인가? 이를 다시 표현하자면 타인을 해칠 것 같은 두려움은 자신의 어쩔 수 없는 자신감에 대한 두려움이나 또는 불안으로부터 야기되는 금지된 충동에 대한 두려움의 반영이라고 볼 수 있다. 이러한 장애가 형성되는 데는 각 사례의 특정한 세부적인 내면을 들여다 볼 필요가 있다. 그 사람은 주로 자신감의 결여로 고통을 받는가 아니면 금지된 행동에 대한 충동으로 인한 동기갈등으로 고통을 받는가를 알아야만 한다.

해를 받을 것 같은 강박적인 두려움 또한 그 원인이 모호하다. 예를 들어 어느 남성 강박장애자는 남자를 접촉하게 되면 그 사람의 병균이 옮겨질 것 같은 두려움을 가지고 있었다. 이러한 두려움을 단순하게 두려움으로 이해해야 하는지, 아니면 남자로부터의 병균에 감염된다는 비합리적인 공포로 보아야 하는지, 또는 다른 남자와의 신체적인 접촉을 두려워하는 현상으로 보아야 하는지 알 수 없다. 만약에 남자와의 접촉을 두려워하는 것에서 그 두려움이 생겼다면 어찌하여 그러한 생각이 들게 되었을까? 그 두려움은 단순히 해를 입을 것 같은 생각에서 오는 것일까? 아니면 다른 남자와 가까이 하고 싶은 충동에 대한 두려움일까? 여기에 대한 대안은 다음과 같은 측면으로 보아야 할 것이다. 즉, 이를 단순한 두려움으로 간주할 것인가 아니면 동기 갈등으로 생각하여야 하는가에 대한 이해가 필요하다.

다. 강박장애와 강박성 성격장애와의 관계

강박장애자가 보편적으로 갖는 금지된 행동을 범하고 싶은 충동적 생각은 세 가지의 선행조건을 필요로 한다. 첫째, 그 사람이 특정한 행동(분노나 공격적인 행동)때문에 심하게 응징을 받았던 사실과, 둘째, 그 행동에 대한 만성적인 억압과, 셋째, 최근에 화가 나게 했던 사건이 금지된 행동을 일깨워 주고 동기적인 갈등을 촉진시켜 더욱 악화시킬 경우이다. 다른 말로 표현하자면 금지된 행동에 대한 강박적인 충동이 일어나게 되는 것은 현재에 통제할 수 없을 정도의 과중한 부담이 동기의 갈등을 일으킨 결과라고 말할 수 있다. 이는 강박성 성격장애와는 사뭇 다르다. 강박성 성격장애는 폭넓은 성취동기의 주제가 강조되어 형성되는 것으로서 이는 자신의 통제에 관한 것만 포함되는 것이 아니라 한 사람의 효율성, 자신감, 자신에 대한 개념 등이 포함된다. 성격장애가 형성되는 과정은 그 사람 발달의 과정에서 항상 그의 행동에 대해 비판과 지적을 받아왔고 불완전함에 대해 수치심과 죄의식의 부담을 안고 살아 왔기 때문에 생겨난 것이다. 시간이 경과함에 따라 그 사람은 꼼꼼하고 세밀한 것에 주의를 기울여 왔고 이는 각별한 주의와 노력을 필요로 하였으며, 자신감을 가지며 질책을 받지 않기 위한 방법으로 완벽주의자 가 되려고 노력해 왔다. 이리하여 그 사람의 주의집중과 노력에 대한 행동의 결과는 자신의 이미지를 높이는 데 도움이 되었다. 사람이 어렸을 때에 분노나 공격적인 충동을 통제하려고 노력한 경험은 그 사람을 완벽주의자나 세밀한 것에 주력을 하게 하며 일을 열심히 하는 사람으로 이끈다. 어떤 사례에서는 어렸을 때 겪은 하나의 경험이 한 가지의 문제를 만들고 또한 다른 문제로도 이어져 두 가지의 장애가 동시에 일어날 수 있다. 즉, 강박성 성격장애가 강박장애로 이어질 수 있다. 하지만 이 두 가지가 항상 같이 일어난다고는 할 수 없다. 한 사람은 불완전하다는 데에 대한 지적이 없이 넓은 의미의 분노에 대한 그 사람의 통제에 초점을 맞춘 경험을 하였고 다른 사람은 반사회적인 충동에 대한 통제보다는 정확성과 완전함에 초점을 맞춘 경험을 하였다면 이 두 가지의 경험은 서로 다른 장애로 이어진다. 이에 따라 개념적으로 이 두 가지 장애는 사뭇 다르다. 더구나 강박장애는 병균에 대한 두려움이나 알지 못할 위험에 대한 공포를 포함하고 있다. 그리고 이러한 두려움은 반사회적인 충동을 통제하는 문제와는 별개의 것으로 취급된다.

(5) 섭식장애

식사에 관한 장애는 거식증(anorexia nervosa)과 폭식증(bulimia nervosa)으로 나누어 볼 수 있다. 폭식증 환자들은 거식증과는 달리 비교적 정상적인 체중을 유지하며, 폭식을 하고 이를 무효화하기 위해 토하거나 하제를 쓴다. 이러한 사람은 거식증의 폭식 유형으로 분류하는데 이로써 거식증과 폭식증의 경계가 불분명함을 알 수 있다.

거식증과 폭식증이 공통점이 없다고 보는 학자들은 대체로 거식증에서는 자기 절제와 혹독한 훈련이 있고 폭식증은 충동적이고 절제되지 못한 무책임성을 강조한다. 하지만 이 두 가지 장애 간에는 상당한 상관관계가 있다. 거식증 환자의 40~50%가 폭식증의 증세가 있어 시간이 지나면 거식증이 폭식증으로 바뀌기도 한다. 그러나 반대로 폭식증에서 거식증으로 바뀌기는 쉽지 않다.

가. 폭식증(Bulimia Nervosa)

폭식증은 광범위하게 모든 성격구조에서 다 나타날 수 있다. 거식증의 환자는 초자아의 통제력이 강한 데 비해 폭식증의 환자는 충동과 분출을 지연시키지 못하는데 이는 자아와 초자아의 경계선이 약하기 때문이다.

거식증은 음식 먹기를 거절하여 살아가는 데 필요한 최소한의 체중조차 유지하지 못하는 증세이다. 폭식증은 통제력을 잃고 음식을 많이 먹는 증세를 의미한다. 거식증의 환자는 자신의 엄격한 통제에도 불구하고 때때로 실수를 저지르는 데 이는 폭식 후에 이를 무효화하기 위해서 거식행동을 하는 타입이다. 거식증 환자가 폭식을 하는 것은 아주 특별한 경우인데 그들은 철통과 같은 의지력을 보이다가 때때로 놀랄만하게 통제를 잃는다는 것이다. 폭식 후에 그들은 자신을 유인하여 음식을 토하거나 항문에 설사 약을 투입하여 자신이 잃었던 통제를 다시 되돌려 놓는다. 폭식한 후에 이를 비워내는 타입의 거식증 환자는 자신의 공격적인 충동을 조절하는 데 실패한 강박장애자와 닮았다.

폭식증 환자들은 때때로 음식을 폭식하는데 그들의 체중은 정상적이다. 그들은 전형적으로 자신의 체중에 대하여 신경을 많이 쓰며 주로 체중조절을 한다. 하지만 때때로 그들은 비밀리에 음식을 많이 먹으며 그 문제에 대해서는 통제력을 잃고 대체로 열량이 높은 음식을 많이 섭취한다. 음식을 많이 먹는 것은 우울한 증세가 나타나거나 또는 인간관계에서의 스트레스가 쌓일 때 주로 그 현상이 나타난다. 이러한 사람은 대체로 음식을 많이 먹는 것을 수치스러워하며 가능한 한 먹지 않으려고 노력한다. 폭식증 타입의 사람 중에서도 속을 비워내는 타입의 사람들은 음식을 토하거나 설사약을 먹는 반면에 이와 다른 타입의 사람들은 운동이나, 금식 또는 다른 쪽으로 보상받는 방법을 사용한다.

폭식증의 환자는 음식을 게걸스럽게 먹다가 속을 비워내는 부류의 거식증환자와 같이 그들은 섭식에 대한 통제를 잘 할 수 없으며 더구나 이들이 스트레스를 받게 되면 섭식에 대한 통제는 잃게 된다. 이러한 면에서 이들은 스트레스 때문에 공격적인 충동에 대한 통제를 잃는 강박충동장애자와 닮았다. 이에 따라 폭식증의 환자와 강박장애자는 여러 가지 면에서 비슷하다고 정의한다. 그 이유 중의 하나는 그들의 장애는 자신에 대한 통제와 성취동기에 초점이 맞추어져 있다. 둘째는 그들의 장애는 자신이 통제를 잃은 것을 극적인 방법으로 나타내는데 이는 그 사람이 아무리 통제하려고 노력해도 음식을 폭식하는 형태로 나타나는 것이다. 셋째는 그 사람이 스트레스를 받으면 운영과정에 과한 부담으로 다가온다. 만약에 통제하려는 사항들이 모두 무너지면 그 사람은 모든 것을 포기하고 미친 듯이 먹게 된다.

영국의 다이아나 황태자비가 한때에는 폭식증 증세를 보였다. 남편인 찰스(Charles) 황태자가 다른 여인과의 관계를 지속하고 있는 것에 대한 분노가 폭식증으로 나타나 아무리 이를 통제하려 해도 외출 후 집에 돌아왔을 때에 곧장 냉장고로 달려가 있는 음식을 모두 먹는 자신을 발견하고는 너무나 서글펐다는 일화가 있다.

폭식증의 증세는 강박성장애와 같이 인간관계의 요인이 중요한 역할을 하게 된다. 인간관계에서 오는 공허감을 절망적인 상황에서 보상하려는 방편으로 폭식증이 나타나기도 한다. 이러한 공허와 절망이 자기 파괴적인 성관계나 여러 가지 약물 남용을 동반하는 경우도 있다.

나. 거식증(Anorexia Nervosa)

거식증의 증세는 흔히 늦은 청소년기나 이른 성년기의 여성에게 일어나며 과다한 스트레스에 쌓인 인생과정이 주로 그 원인이 된다. 거식증의 장애는 네 가지 범주에 의해 정의된다. 첫째, 이 증세는 체중에 대해 끔찍이 신경을 쓰는데 그 사람의 나이와 신장에 맞추어 최소의 체중을 유지하는 것조차도 거절하는 것이다. 여기서 거절이라는 의미는 식욕을 잃어버린 것 때문에 장애라고 지칭되지는 않고 임의의 통제로 음식 먹기를 거절한다는 뜻이다. 둘째, 그 사람의 체중이 객관적으로 정상에 미치지 못함에도 불구하고 항상 체중이 늘어 뚱뚱하게 되는 것에 대하여 두려워하는 것이다. 셋째, 그 사람은 계속 체중계와 거울을 보면서 자신의 체중이나 몸매가 뚱뚱해진다는 잘못된 지각을 가지고 있는 것이다. 한 거식증의 여자환자는 그녀가 거울 앞에 서 있을 때마다 사실상은 날씬하지만 자신의 지각으로는 불룩하게 나온 배를 걱정하였다. 넷째, 여성 거식증 환자는 적정한 정도에서 몸의 지방이 더 빠지게 되면 뇌하수체의 기능이 떨어지고 이로 인해 여성 호르몬의 분비가 비정상적으로 낮게 되어 생리를 못하게 된다. 이렇듯 임의적으로 굶는다는 것은 빈혈증이나 지나친 콜레스테롤 분비(hypercholesterolemia)와 같은 의미심장한 체내의 생화학적인 변화를 초래할 수 있다. 그렇게 되면 변비나 배의 통증이나 또는 피로함과 같은 의학적인 문제에 봉착할 수 있다. 이러한 경우에는 정상적인 체중으로 되돌리기 위해 병원에 입원을 해야 하는 경우도 생긴다. 병원에 입원한 환자 중에 10%는 금식, 자살 또는 신체의 형평성이 맞지않기(electrolyte imbalances) 때문에 사망하기도 한다.

DSM-IV에서는 음식 섭취를 철저하게 제한하는 타입과 폭식 후에 음식을 토하는 타입의 거식증은 서로 다르다고 정의한다. 앞에서 언급하였듯이 폭식 후에 속을 비워내는 타입은 강박장애와 통제를 잃는 면에서 비슷하다. 폭식을 하는 동안에는 열량이 많은 음식을 짧은 기간 동안에 엄청난 양을 섭취하고 이러한 자신의 죄의식을 되돌리기 위해 음식을 토해 내거나 설사약을 써서 이전의 상태로 돌아가려고 한다. 폭식을 한 뒤에 속을 비워내는 타입의 거식증 환자는 그들의 먹는 일은 엄격하게 통제하지만 때때로 광적으로 먹고 싶은 유혹에 넘어간다.

다. 거식증 환자의 성격배경

전형적으로 거식증의 여성환자는 편안한 가정에서 성장하였으며 집안에서 모범이 되는 아이였다. 즉, 좋은 아이, 복종하고, 협동하며, 공부도 잘하고, 명석하고, 전혀 반항이나 거부하거나, 어렵게 굴지도 않은 아이였다. 부모는 그 아이가 완전하였기 때문에 전혀 걱정될 것이 없는 아이였다고 술회한다. 거식증을 앓고 있는 한 여성의 사례를 살펴보면 그녀가 6세 때에 부모가 그녀에게 새옷을 사주었다. 그녀는 그 옷에 많은 실망을 하였지만 그 옷이 마치 그녀가 원하던 바로 그것이라는 생각이 들게끔 부모에게 말을 하였다. 그녀의 부모는 그녀의 그토록 '좋은 성품'이 전혀 문제가 되지 않는다는 생각을 하였으나 성인이 된 후에 그녀는 자신의 희망을 주장할 권리가 전혀 없었다고 그때를 기억하였다.

전형적으로 거식증으로 될 가능성이 있는 사람은 어렸을 때에 약간의 체중이 나가고 체중에 대해 문제가 되었던 사람이다. 12세와 18세 사이에 그녀는 너무 뚱뚱하다고 생각이 되어 약간의 음식조절을 했었다고 말한다. 하지만 그 음식조절이 그녀에게 스트레스를 제공하는 원인이 되었다. 아마도 어떤 사람이 그녀의 몸매에 대하여 놀려서 자존심이 상했을 경우도 있고, 또는 자신의 사진을 보면서 몸매에 대하여 모멸감을 느꼈을 수도 있고, 혹은 여름에 피서를 가기 전에 자신의 체중에 대하여 당황함을 느꼈을 수도 있다. 그녀의 음식조절은 효과가 있어 사람들이 그녀의 살이 빠진 날씬한 몸매에 대해 칭찬을 했을 경우 그녀는 그 칭찬이 자신에 대한 존경으로 생각되어 계속해서 음식조절을 했다. 점차로 그녀의 음식조절은 그 강도가 심해졌다. 하지만 사람들에게 더 인기가 있어지기 전에 그녀는 점점더 비사교적인 사람이 되었다. 수척해서 황량할 정도가 되었지만 그녀는 음식을 먹지 않아야만 한다고 생각하였다. 급기야 그녀는 체중을 줄이는 방법을 더해 갔는데 이는 토하고 설사약을 먹는 방법이었다. DSM-IV에 의하면 거식증 환자의 자존감은 몸매와 체중을 줄이는 데서 온다. 체중을 줄인 것은 놀랄만한 성취이며 자신을 훈련한 굉장한 증거로 생각이 된다. 체중이 늘어나는 것은 자신이 수용하지 못할 통제의 실패라고 간주한다. 거식증의 사람은 이렇듯 자신이 통제하는 것에서 실패를 했다는 것에 대해 약하기 때문에 그들은 자주 우울증에 걸리고, 비사교적이 되며, 신경이 거슬리고, 자존감이 낮아지게 된다.

크리습(Crisp, 1980)은 105명의 병원에 입원한 거식증 환자에 대해 연구를 실시하였다. 평균적으로 그들의 최고 체중은 나이가 15.6세 때였고 평균 체중은 그 나이의 평균 체중에 비해 5kg 정도 많았다. 음식조절은 16.6세 때에 약하게 시작이 되었고 17.3세가 되어서는 심하게 음식조절을 하였다. 그들은 17.7세 때에 생리가 중단되었고 19.0세 때에는 최저의 체중 상태가 되어 평균 체중이 38.5kg이였는데 이는 연구가 시작될 때보다 32%의 체중을 줄인 상태이었다. 그들은 평균 20.8세가 될 때에 병원에 입원하였다. 대충 거식증 환자의 반 정도는 폭식과 거식을 거듭하였다. 그들은 모두 거식증 환자로 치료를 받았고 25~29세의 나이가 되었을 때 정상의 체중으로 돌아왔다.

라. 성취동기와 거식증의 형성과정

그렇다면 이토록 거식을 하는 이유가 무엇인지 궁금하다. 거식증 환자는 성취동기를 중요시하며 굶는 충동을 지나치게 중요시한다. 즉, 그들은 다음과 같은 성취동기를 얻기 바라는데 이는 사회가 만든 기준의 아름다움을 얻는 동시에 자신에 대한 통제를 성취하고, 명확한 자아의식을 획득하며, 자신감과 효율성을 경험하고자 한다. 거식증 환자가 될 경향을 지니고 있는 사람은 언제나 힘들게 노력하고 음식조절이 성공한 시점에서 아름다워진 것과 성적으로 매력적이 된 것에 권위를 느끼며 또한 더 큰 자신의 결단력과 자아의식에 대단히 기분 좋아한다.

이렇게 되는 과정을 자세히 검토하자면 한 아이가 생리적인 이유로 좀 과한 체중이 되었다고 가정하자. 그리고 그녀 인생에서 주변의 중요한 사람들이 정규적으로 그녀에게 의지력을 기르라고 조언을 했다고 하자. "네가 5kg만 체중을 줄이게 되면 아주 예뻐질텐데"라고 말이다. 이러한 메시지가 텔레비전이나, 잡지, 광고 등에서 체중이 많은 여자들을 경멸하는 메시지와 맞물려서 그녀에게 전달이 되었다. 이러한 메시지들은 날씬한 여자는 가치가 있고, 존경의 대상이 되며, 보상을 받게 된다고 주장하고 있다. 사실상 현대 문화에서 이상적으로 아름다운 여자는 날로 날씬해지고 있다.

이러한 메시지를 받은 순종하는 여아는 타인을 즐겁게 해 주기 위해서 이 메시지를 내면에 새기게 된다. 이 아이는 자신이 뚱뚱한 것에 대해 수치심과 죄의식 및 우울증으로 반응하면서 죄책감에 쌓이게 된다. 이러한 결과로 그녀의 가족, 문화 그리고 그녀 자신이 그녀로 하여금 체중을 줄이라고 요구한다. 이와 같은 요구에 부응하고자 그녀는 음식조절을 시작했고, 이것이 성공하자 그녀는 자신의 통제와 더불어 대단한 만족을 느꼈다. 다른 사람들이 그녀의 성취에 칭찬을 하자 그녀는 그 동안에는 자신에 대한 통제를 다른 사람들에게 일임하고 있었으나 곧 자신이 주관하는 통제를 시작한다. 권력의 느낌에 의해 동기화가 되어 그녀는 한 걸음 나아가 단순히 음식조절을 지배하게 된다. 처음에는 먹는 것 중에서 단 것을 제외하고 곡물, 과일, 야채를 먹다가, 그 후에는 야채만을 먹고 더 나중에는 상추만을 먹는 상태로 간다. 규칙이 단순할수록 그녀의 결정은 쉬워지고, 체중을 빨리 줄일수록 그녀의 자존심은 더욱 강해진다. 한 상담자는 거식증의 여인을 치료하였는데 그녀는 슈퍼마켓의 계산대에서 일하는 것을 즐겨하였다. 그 이유는 엄격한 자신의 통제와 손님의 자기 관리에 태만함을 비교하는 데 즐거움을 느꼈기 때문이라는 것이다. 자신의 훈련과 날씬함의 성취감은 중요한 사람이 된 것과 같은 좋은 느낌을 갖게 한다. 많은 거식증 환자들은 자존심과 권력을 더 갖기 위하여 자신을 통제하기 위한 다른 목록들을 늘려가는데 이들은 달리기, 수영, 태권도, 역도와 같은 체력단련과 관련된 목록들이다.

하지만 거식증 환자의 자신에 대한 통제는 상당히 불안한 것이다. 결국 자신을 굶긴다는 것은 항상 주의해야 하며 어려운 문제이다. 따라서 이러한 스트레스는 자신에게 과중한 부담이 될 수 있다. 하나의 중요한 스트레스 요소는 무의식적으로 자신에게 관대해지는 것이다. 그러나 이러한 관대함에서 파생될 수 있는 낙망과 자신을 비난하는 일, 즉 "결국 나는 일을 망치고 있어"와 같은 기분은 문제해결에서 거리가 멀어지게 만들고 결국 자신에게 지고 만다. 이러한 이유에서 음식조절이 폭식으로 이어지게 되는 것이다. 한 거식증의 여자는 남편과 다툼이 있을 때마다 폭식을 예견하였다. 다툼의 스트레스와 감정의 여파가 그녀의 운영체제에 과부담이 되었고 결국 그녀의 자기통제가 무너진 것이다. 이러한 실패는 계속적으로 날씬한 것은 약한 것이고 어렵게 이루어지는 것이라는 부정적인 생각이 들게끔 한다. 모든 거식증환자들에게는 살아왔던 생활방식이 자신감의 결여 상태로 만들었기 때문에 그들은 음식조절에 대한 통제로 이를 만회하려 한다. 하지만 폭식하는 사람은 대체로 쉽게 그들의 통제를 잃는다. 아마도 이러한 이유에서 폭식하는 거식증의 환자는 더 치료하기가 어렵다고 볼 수 있다.

마. 인간관계의 목적과 거식증

거식증의 증세는 또한 인간관계의 목적을 만족시키는 데 도움이 될 수 있다. 하나의 예로 아이의 이러한 증세는 집안의 화목을 지켜줄 수 있다. 어떤 가족에게는 공격성이 실질적으로 금지되어 있다. 맞닥뜨림, 싸움 그리고 내어놓고 반대하는 것 등이 허락되지 않고 집안식구들은 갈등의 여지를 감추고 조용하게 서로에게 순응을 하도록 권장된다. 그럼에도 불구하고 부모들은 서로에 대해 불만을 가질 수 있다. 아마도 아버지는 자신의 일에 몰두하고 어머니는 강한 인내력으로 집에 혼자있게 된다. 그들의 결혼생활에서 오는 불만이 때때로 표면에 나타날 수 있는데 이 때에 아이에게 거식증 증세가 나타나면 그들의 갈등은 같이 해결할 중요한 일(즉, 아이를 먹게 하는 일) 때문에 불만이 밖으로 나타나지 못하고 사라질 수 있다. 이러한 이유에서 아이의 거식증은 집안의 화목을 가져올 수 있다.

의존하는 동기 또한 거식증과 관련이 있다. 거식증의 가능성이 있는 여아가 성장하여 성적으로 성숙하여 어린아이라는 신분이 바뀌어졌다. 집에서 떠나 독립할 시기가 되었을 때 어떤 사람에게 이러한 변화는 혼란한 위협이 될 수 있다. 이러한 경우에 그녀가 굶는 것은 모든 문제를 바꾸어 놓을 수 있다. 그녀가 체중을 줄이고, 막대기와 같은 몸매가 되고, 생리가 끝이 나게 되면 집안식구들은 그녀에게 관심을 가지고 보호하며 돌보려고 한다. 결국 그 누가 그토록 가련하고 병이 들어 영양보충이 필요한 아이를 독립시키려고 생각하겠는가? 그녀의 거식증 상태가 그녀를 아이의 신분으로 되돌려 놓았고 그녀가 바라는 식구로부터 보호를 받는 목적이 만족되어진 것이다.

3. 강박성 성격장애와 연극성 성격장애

이 장에서는 강박성 성격장애와 연극성 성격장애에 대해 살펴보고자 한다. 이 두 가지의 장애는 서로 상반되는 면을 가지고 있는데 하나는 성취감이 강조되어 있는 장애이고 또 다른 하나는 인간관계의 동기가 강조되어 있는 장애이다. 하나는 완벽한 자신의 이미지에 초점을 맞추는가 하면 다른 하나는 타인과 쉽게 사귀는 인간관계에 초점이 맞춰지고 있다. 이 각각의 장애는 주관적인 스트레스와 손상된 인간관계의 기능에 중점을 둔다.

(1) 강박성 성격장애

강박성 성격장애는 모든 것이 질서정연하게 정돈되어 있어야 하고, 완벽함에 몰두하여 정신 상태와 인간관계에서 융통성, 개방성과 효율성을 제쳐놓고 자신과 주변을 통제하고 있는 성격을 의미한다. 정신적 통제란 자신의 관심, 느낌, 생각 및 다른 정신적 과정을 통제하려고 노력하는 것을 의미한다. 강박성 성격장애를 지닌 사람은 완벽함과 정돈됨과 같은 세밀한 부분에 엄격한 주의를 둔다. DSM-IV에서는 강박성 성격장애에게 내려질 수 있는 진단적인 기준을 제시한다. 제시된 기준 중에 4개 이상의 성격(괴로움과 손상된 기능을 더한)을 보이면 강박성 성격장애로 분류된다. 진단된 사람 중에 3~10%의 사람은 정신병동의 치료를 필요로 한다. 이 장애는 여자보다 남자에게 두 배나 많이 발병이 된다. 이 장애의 특성은 보통 성년초기에 분명해진다. 강박성 성격장애는 융통성과 개방 및 효율성보다는 정리정돈, 완벽함과 인간관계의 통제에 중점을 두는 특징을 가진 성격으로 보편적으로 성년초기에 나타난다.

〈강박성 성격장애 진단항목〉

① 상세함, 규칙, 정리정돈, 완벽함 또는 계획에 너무 치중하여 활동 목표의 중요한 점을 잊는 경우.
② 완벽함에 치중하여 일의 완성에 방해가 되는 경우(자신이 정해놓은 지나치게 엄격한 기준에 못 미치어 과제를 끝마칠 수 없는 것).
③ 여가 활동이나 친구와의 교제를 제쳐놓고 일에 지나치게 몰두하는 경우(명백한 경제적인 필요와는 상관없이).
④ 가치관, 도덕 또는 윤리에 대해 지나치게 양심적이고 부도덕한 일을 하지 않으려고 조심하며 융통성을 보이지 않는 경우(문화나 종교의 문제와는 상관없이).
⑤ 추억과는 아무런 상관이 없어도 낡은 것이나 필요 없는 물건을 버리지 못하는 경우.
⑥ 모든 것을 자신이 하고자 하는 대로 따라 준다는 전제가 없이는 타인에게 권한을 위임하거나 또는 같이 일을 할 수 없는 경우.
⑦ 자신이나 식구 모두에게 구두쇠라는 별명을 얻을 정도로 돈을

못쓰는 경우(돈은 미래의 큰 재해를 대비하여 저축해야 한다는 견해로 인하여).

⑧ 엄격함과 고집이 강한 성향을 보이는 경우

가. 강박성 성격장애의 특성

강박성 성격장애를 가진 사람은 성취, 완수, 통제, 올바름, 존경과 같은 성취동기에 몰두하고 있다. 반면에 사람과의 관계, 애정, 친근감, 공감과 같은 인간적인 면은 크게 중요시하지 않는다. 강박성 성격장애자에게서는 성취동기가 특별하게 중요시되는데 이는 첫째, 일과 일의 성과에 대한 전념, 정확함과 완벽함에 대한 강조, 존경에 대한 선망, 강력한 자신의 통제, 복종-지배에 대한 민감함 등이다.

일에 대한 전력투구하는 양상을 살펴보면 강박성 성격장애자에게 일은 굉장히 중요하다. 그들은 자신이 저녁이나 주말에 일을 하지 않고 즐긴다는 것을 용납하지 않는다. 그들은 휴가를 갈 때에도 일거리를 가지고 간다. 취미활동이나 여가시간을 보내는 경우에도 심각한 숙제를 하는 것과 같은 방식으로 한다. 이렇듯 일에 대한 헌신은 성취동기를 나타내는 것이다. 이러한 사람들은 일을 완벽하게 하거나 훌륭하게 해내는 것과 같이 보인다. 이러한 사람의 일에 대한 헌신은 자신을 시험하는 것과 같은 맥락으로 볼 수 있다. 강박성 성격장애자는 일을 통해 자신감과 효율성 및 적절하게 예측할 수 있는 결과를 가지고 일에 대한 통제력을 재확인한다. 어떠한 전문직은 정확하게 일을 관리할 수 있는데 이는 기술자, 설계사 또는 회계사와 같이 대단한 완벽함으로 일을 행할 수 있는 전문직업인을 의미한다. 이에 따라 이러한 전문직을 가진 사람에게서 강박성 성격장애자가 많이 나타난다.

완벽함이란 높은 기준으로서 강박성 성격장애자가 열망하는 것이고 그들은 가능한 한 잘못된 것을 찾아낸다. 이러한 일들은 물론 주의 깊은 자신의 통제를 요구한다. 그 사람은 실수와 잘못을 하지 않기 위해 세밀한 부분까지 면밀하게 감찰해야 한다. 이리하여 자신의 통제와 주의집중과 세밀함을 강조하게 되고 이 모든 것이 성취동기에 공헌을 하게 되는 것이다. 때때로 완벽함을 추구하는 것이 그 자체의 문제를 일으킬 수 있다. 만약에 완벽함에 대한 기준이 불분명할 때에는 일이 필요로 하는 중요한 상황을 알기 어렵게 되고 이에 따라 일을 시간 내에 끝내기가 힘들어질 수 있다.

완벽함이란 그 자체가 다른 방법으로 표현될 수 있다. 그 하나는 도덕적인 행동이다. 그 사람은 아마도 지나치게 양심적이고, 부도덕한 일을 안 하려고 조심하며, 도덕과 가치관에 지나치게 융통성이 없으며, 타인들에게 자신의 엄격한 도덕적인 규칙을 따르기를 강요한다. 자신의 친구가 전화를 걸기 위해 동전을 꾸어 달라고 부탁을 할 때에 이러한 사람은 이를 꾸어주지 않으며 이러한 행동을 "꾸어 주지도 또한 빌리지도 않는다"는 규칙으로 정당화한다. 완벽주의는 또한 자기비판으로 표현된다. 강박성 성격장애자는 자기 비판을 가혹하게 하며 또한 자기 잘못을 용납하지 못한다. 잘못은 심한 자신의 벌로 이어지며 그 결과 결정이 잘못 될 것 같아 결단을 내리기가 힘이 들고, 언젠가는 그 옷이 필요할 것 같아 낡은 옷을 버리기가 힘이 들며, 돈은 미래의 큰 재해를 대비하여 저축해야만 한다는 생각 때문에 쓰기가 힘이 든다. 결국 "앞날은 언제 어떻게 될지 모른다"의 태도 때문에 현재가 불안하고 힘이 든다.

강박성 성격장애자에게는 통제를 한다는 것이 상당히 중요하다. 그리고 매일의 활동을 통제한다는 느낌이 들도록 꼼꼼히 살핀다. 예를 들어 세부적인 것을 두 번씩 체크한다거나, 어지러운 곳을 정리정돈 한다거나, 물건들을 질서정연하게 정돈해 놓는다거나, 앞으로 해야 할 일들에 대한 목록을 작성한다거나, 규칙들을 부착한다거나, 앞으로 해야 할 일들을 적절한 절차로 계획하는 일 등을 한다. 해야 할 일들에 대한 목록을 잘못 간수하여 잃어버렸다면 그 목록을 자신의 기억을 더듬어 완성하려하기보다는 많은 시간을 들여 그것을 찾으려는 노력을 하게 된다. 그 목록을 잊었다는 것은 그 사람에게는 심하게 자기통제를 잃었다는 것과 같기 때문이다.

인간관계도 통제의 기회로 가지려 한다. 다른 규칙들이 위반되지 않는 한 강박성 성격장애자는 자신이 인간관계에서 주도적인 사람이기를 원한다. 그들은 권위가 관여되는 규칙(지배-복종의 문제)에 대하여 상당히 민감하다. 규칙이 자신에게 규율에 따르기를 요구하면 그들은 권위에 양보하고 복종할 태세가 준비되어 있다. 하지만 자신이 지배할 차례가 되면 부하에게 엄격하게 규칙에 따르기를 요구하며 일을 수행하는 '올바른 방법'이란 규칙으로 완고하게 자기 식의 방법으로 일이 되어지기를 강요한다. 하지만 때로는 강박성 성격장애자는 지시를 하거나 타인에게 책임을 위임하기가 어려운 때가 있다. 이는 그들이 일의 질에 대해 평가를 받거나, 완벽하기를 바라는 부하에 대한 통제가 지나치거나, 또는 그 일을 수행하는 데 아무도 믿을 수가 없을 때에 일에 대해 지시를 하지도 또한 타인에게 일을 위임할 수도 없게 된다.

나. 주의집중 스타일(Attention Style)

강박장애자는 통제하고 있다는 느낌을 원하기 때문에 세밀한 부분에까지 주의가 집중되는 것을 원한다. 이러한 이유에서 강박성 성격장애자의 주의를 하는 스타일을 알 필요가 있다. 데이비드 샤피로(David Shapiro, 1965)에 의하면 사람에 따라 환경의 사건에 주의를 집중하는 정도가 다르다고 한다. 앞에 나타난 형태와 배경에 대한 주의집중의 정도를 샤피로는 말하고 있는데 형태란 주의집중의 중앙에 나타나는 분명하고 세밀한 부분을 의미하고 배경이란 주의집중의 주변을 의미하며 흐리거나 모호한 부분을 의미한다. 형태는 정확하고 명확하며 잘 나타나는데 비하여 배경은 인상파의 그림과 같이 모호하고 수동적으로 보여진다. 두 가지(분명한 메시지를 전달하는 그림에서 형태와 같이 분명한 음향과 배경과 같이 모호한 음향)의 음향을 듣고 이를 비교하는 연구가 있었다. 이 연구에 참여한 실험자에게 분명한 음향은 주의깊게 듣고 배경의 음향은 무시하라고 일렀다. 나중에 그 음향을 기억하라는 주문에 형태와 같은 뚜렷한 음향은 세밀한 부분까지 잘 기억을 했는데 배경의 모호한 음향은 기억하지를 못했다. 다만 주의 깊게 듣지 않은 음향에서 전형적으로 일반적인 형상을 기억을 했는데 이는 말한 사람의 성별, 인상 그리고 음향의 질과 언어의 주제를 기억하였다.

전경의 형태와 배경에 대한 주의집중은 사람에 따라 감지하는 정도가 다르다. 강박성 성격장애자는 형태에 대하여 배경보다 훨씬 더 주의를 집중한다. 그 이유는 그들은 형태에 주의를 집중하는 데 보통 이상의 능력을 지니고 있고 주변의 신호에게 주의를 빼앗기는 일은 잘 하지 않기 때문이다. 주위의 사건에 대한 주의집중은 너무나 중요하지가 않다. 이에 따라 주의집중을 하지도 않을뿐더러 관심조차 주지 않는다. 예를 들어 로르샤하 잉크반점 테스트(Rorschach Inkblot Test)에서 강박성 성격장애자는 잉크 점의 형태를 지각한 후에 그 지각을 보조하는 세밀한 설명을 곁들인다. 잉크 점의 형태가 지각과 관계가 없다는 것에는 생각을 주지도 않는다. 강박성 성격장애자의 능력은 마치 바람 부는 날에 활을 쏘는 것과 같다고 한다. 분명히 활에는 충분한 힘이 있는데 그 활이 갑자기 불어오는 바람에 의하여 방향을 전환하지 못하는 형상과 같다. 주의집중을 아주 잘 하는 사람은 주변에서 일어나는 사건에 주의가 산만하여지지 않는다. 이는 주변에서 일어나는 일에 극단적으로 감정에 좌우되기 쉬운 연극성 성격장애를 가진 사람과 상반되는 것이다.

그러면 왜 강박성 성격장애자는 그토록 성취동기에 사로잡히는 것일까? 어찌하여 인간관계는 중요시하지 않고 일의 도덕성에 그토록 매달리는 것일까? 왜 실수하는 것에 대해 그토록 두려워하며 자신에 대한 불신으로 괴로워하는 것일까? 어찌하여 강박장애자는 주의집중과, 세밀함과, 완벽함에 자신의 전부를 거는 것일까? 또한 인간관계에서 지배-복종관계에 그토록 신경을 쓰는 것일까? 이러한 질문에 대한 대답은 이 장의 뒷부분 장애의 형성과정에서 언급하기로 하고 우선 아이의 인격형성 시기에 부모와의 관계가 강박장애 형성에 어떠한 영향을 미치는지에 대하여 다음의 사례를 통하여 언급하고자 한다.

한 젊은이가 상담자를 찾아왔다. 그는 결혼한 지 2년이 되었고 그의 처는 8년 연상이었다. 상담을 할 때에 그는 자신의 일에 대해 초점을 맞추었다. 그는 회사에서 빠르게 과장까지 승진하였다. 그가 상담원을 찾은 이유는 원인 모를 위장병과 악몽 때문이다. 그는 자신이 여러 가지 종류의 음식, 즉 여러 종류의 양념, 양배추, 콜라나 사이다 등에 민감하다는 것을 세밀하게 보고했다. 그는 위가 아파서 잠을 이룰 수가 없으며 자신이 통제를 잃은 것과 관련하여 악몽을 꾸곤 하였다. 그에게 일상생활에 대하여 질문을 하였을 때 그는 자세하고, 정확하며, 예상할 수 있으며, 효과적인 것에 대하여 지나칠 정도의 자존심을 가지고 장황하게 설명을 하였다. 질문에 대한 그의 대답은 시간 소모적이었으며 불필요하게 자세하였다. 그는 독선적일 정도로 건강한 생활 스타일의 장점을 믿고 있었는데 이는 매일 운동을 하고, 균형 있게 음식을 먹으며, 밤에 8시간 잠을 자고, 매주 교회에 참석하는 것이었다. 그는 담배를 피우지도 또한 술을 마시지도 않았고 항상 돈을 저축하는 데 열심이었다. 그와 부인은 매주 일요일 교회가 끝난 후에 그의 부모와 점심을 먹었고 2주에 한 번 수요일에는 일이 끝난 뒤 혼자서 부모를 방문하였다. 그는 그의 일에 대한 일상을 설명하였는데 이는 그가 회사에 일찍 출근하여 하루의 일과가 시작하기 전에 일을 정리정돈하려는 것밖에는 없다고 설명하였다. 그는 다음날 아침에 혹시 일이 꼬일지도 모르는 것에 대한 예방으로 다른 사람이 퇴근한 후에 남아 있다가 퇴근을 한다고 했다. 위장병이 심한 경우에도 그는 일을 효과적으로 처리한 듯 했다. 그는 다른 사람이 한 일을 보통 믿지를 않았는데 이는 타인들이 일을 망쳐놓는 것 같아서라고 말했다. 그는 부하들의 일을 지나치게 세심하게 감독했는데 그들의 잘못을 빠르게 훈련시키기 위해서였다. 그는 한 번도 일에서 휴가를 받은 적이 없었다. 그의 부인은 그를 완벽주의자라고 불렀다. 그녀는 또한 말하기를 그가 한 번 일을 하려고 마음을 먹으면 계속해서 일이 될 때까지 한다고 했다. 그녀는 남편이 자신과 충분한 시간을 같이 보내지 않는다는 불평을 하였다. 그의 어린 시절의 생활에 대해 물었더니 그의 부모와는 상당한 거리감이 있었고 부모의 성격은 엄격했다고 말했다. 그는 부모들이 말하는 대로 행동을 함으로써 안정감을 느꼈다고 했다. 어린 시절의 활발한 놀이는 즉석에서 훈련으로 바뀌어졌다. 그는 책을 읽거나, 그림에 색칠을 하는 것 등의 혼자서 하는 활동을 즐겨했는데 그는 조금의 잘못된 점이 있어도 그 그림은 망친 것이었다고 기억한다. 학교 이외에서는 다른 아이들과 거의 놀지 않았는데 이는 부모가 다른 아이들의 잘못된 태도를 좋아하지 않았기 때문이다. 그의 부모는 '우리들의 작은 신사' 라고 그를 불렀다.

이렇듯 엄격한 부모에게서 성장한 아이에게 강박성 성격장애는 나타나게 된다.

다. 강박성 성격장애에 대한 연구과제

비록 비교적 이 분야에서 많은 실험이 이루어지지 않았다 하더라도 정신역동이론과 사회학습이론에서는 강박성 성격장애자는 권위주의 부모의 산물이라고 말한다. 강박성 성격장애자의 부모들은 강제로 무자비할 정도로 아이들에게 올바르게 행동할 것을 강요한다. 아이들은 복종을 강요당하며 규칙을 지켜야 하며 부모의 엄격한 가치관과 기대에 부응해야 한다. 이러한 압력은 자율성, 자발성 및 자진하여 행동하는 것을 막는다. 이러한 부모는 정규적으로 아이 행동의 불완전함을 지적하고 가차없이 아이의 잘못을 고쳐 준다. 벤자민(Benjamin, 1996)은 9개월 된 아이가 놀이를 할 때에 어른이 고쳐 준 예에 대해 보고를 하였다. 이 연구에서는 아이에게 색이 있는 고리모양의 플라스틱 놀이기구의 여러 가지 사이즈를 주고 위로 솟아 있는 플라스틱 축에 그것을 사이즈 별로 놓는 놀이를 시켰다. 아이가 그 고리들을 축에 놓는 놀이를 시작하자 성인이 옆에 있다가 즉시 그 고리들을 축에서 빼내어 사이즈 별로 차례 차례로 재구성해 주었다.

이러한 경험을 수도 없이 반복하자 그 아이는 분명히 자신이 어른을 즐겁게 만들지 못한다는 사실을 알아차리고 성인과 함께 즐거움을 갖는다는 것은 기대를 하지 못하게 되었다. 더구나 그 아이는 잘못과 불완전함, 실수 등의 잘못을 배우게 되었다. 잘못없이 일을 완수하는 것, 자신감 및 통제는 그저 주워지는 것이 아니다. 대신 노력, 주의집중과 경계하는 것 등이 실수를 피하기 위해 요구되는 사항들이다. 노력, 주의집중, 열심히 일하는 것 등은 보상받는 요소들이다. 이에 따라 아이에게 일을 완수하는 것, 자신감 등은 자발성과 견줄 수 없는 요소로 중요하게 된다. 이 결과로 그 사람은 일을 열심히 하는 것 이외에는 자신의 효율성을 믿지 못하게 되는 것이다.

더구나 익숙한 것으로부터 벗어나는 것은 자신의 이미지에 위협이 된다. 따라서 그 사람은 모험을 회피하게 되고 대신 익숙하고 예견할 수 있는 일에 집착하게 된다. 이에 더해 나는 "자신이 없다"는 가정 자체가 고통스러운 것이고 따라서 이러한 가정을 없애려는 방법을 찾으려는 노력을 하게 된다. 사람들은 성숙해지면서 자신들이 일을 열심히 하면 적절하게 성공을 예견할 수 있고 만족감을 느낄 수 있는 분야를 알게 된다. 이러한 분야로 자기 자신들의 행동을 제한하면서 성취동기를 만족시킨다. 일은 참으로 자기 자신을 시험할 수 있는 이상적인 환경이 되는 것 이다. 일에서 주어지는 과제는 자신의 신뢰감과 자신감을 주는 타당성을 예견할 수 있는 산물이 된다. 일을 즐기면서 그 사람은 타인에 대한 통제와 자신감과 효율성을 나타낼 수 있는 것이다.

강박성 성격장애자가 될 가능성이 있는 아이들이 발달과정 동안에 배울 수 있는 세 가지의 모형을 살펴보자면 첫째, 그 사람은 타인들을 항상 자기를 비판할 수 있는 사람으로 생각한다. 성장하는 과정에서 비판을 많이 받고 자란 아이는 부적절함의 느낌에 취약하게 된다. 이렇게 자신을 약하게 만드는 타인들의 비판을 피하기 위하여 그 사람은 경계심이 많아지고 조심스러워지며 자발성이 없게 된다. 둘째, 그 사람은 타인들을 자신이 비판을 받고 자란 경위와 마찬가지로 판단하며 비판하게 된다. 비판을 많이 받고 자란 아이는 역시 비판과 판단을 많이 하는 성인으로 자라게 되는 것이다. 이런 사람들은 다른 사람들을 잠재적인 실패자로 또는 책임을 수행하는 데 어려운 사람으로 보고 있다. 자기 자신만이 완벽하게 일을 처리하는 방법을 알고 있다고 생각하는 것이다. 셋째, 그 아이는 자신에 대한 두 가지 역할을 배우고 있는데 그 하나는 자기 자신을 비판하는 것이고 또 다른 하나는 비판을 받은 아이처럼 반응하는 것이다. 또한, 이러한 방법으로 그 사람은 부모가 가지고 있는 가치관의 기준을 내면화해 왔다. 또한, 부모가 그 아이를 비판해 왔듯이 그 아이는 자신을 비판하고 있는 것이다. 또한, 부모가 그 아이를 통제해 왔듯이 자신을 통제하고 있다. 그 결과로 자신을 비판하고 통제하는 것이 강박성 성격장애자에게는 대단히 중요하다. 그 사람은 비판하고 비판받는 것을 자기 자신에게 집중하고 있는 것이다. "나는 자신이 있는가?", "나는 적절한가?", "나는 나무랄 데가 없는가?" 머뭇거림 없이 그 사람은 이러한 질문에 확언하는 반응이 나타나기를 바라고 있는 것이다.

강박성 성격장애자의 성격은 양심적이고, 질서정연하며, 완벽한 부모에게서도 나타난다. 아마도 부모로부터 아이에게 전달되는 것은 어느 정도 유전에 의한 것일 수도 있고, 아니면 환경에서 배웠기 때문에 일어날 수도 있으며, 또는 유전과 환경의 혼합된 결과일 수도 있다. 만약 아이가 자신을 불신하는 것이 부모와의 관계에서 유래되었다면 그 아이의 자신에 대한 의심은 부모의 메시지를 아이가 어떻게 해석했느냐에 달려 있다. 한 아이는 그 비판을 마음 속 깊이 받아 들였고 다른 아이는 그냥 슬쩍 넘겨버렸을 수 있다. 따라서 권위적인 부모는 한 아이에게는 다른 아이에 비해 지대한 영향을 미쳤다고 볼 수 있다.

라. 형성과정

강박성 성격장애는 통제, 자율성, 지배적, 효율성, 자신감과 같은 성취동기를 중심으로 이루어진다. 분명히 그 아이는 어린 시절에 극심하게 강제로 복종을 당했으며, 통제와, 정정과, 비판을 받았을 것이다. 이러한 결과 자연히 자율성, 통제, 자신감 및 주도권을 갖는 것에 대해서는 지지와 격려를 받지 못했다. 이에 따라 어린 시절에 중요한 성취동기가 욕구불만이 되었다. 대신 그 아이는 자기 자신에 대한 심한 의심, 자신의 성취능력에 대한 불신을 얻었다. 자신감과 통제력을 경험하기 위해서 그 사람은 어느 특정한 성취의 목적에 의존해야 했는데 이 목적들은 주변을 질서정연하게 정리정돈하는 것과, 규칙에 복종하는 것, 세밀한 것에 주의 집중하는 것, 양심적인 행동을 보이는 것, 완벽함을 추구하는 것 등이다. 이에 더해 강박성 성격장애자는 부모의 기준을 따라야 한다고 생각하기 때문에 그 결과 극심한 자기 통제와 이러한 목적들을 이루기 위해 노력한다. 그 아이는 부모의 가치관을 내면화하면서 심하게 자기 비판에 빠지게 된다. 이에 따라 그 사람의 행동은 자신을 지속적으로 시험하는 것이며 그 결과 심하게 자기를 비판하는 사람이 된다. 성공할 수 있는 결과를 가져다 줄 익숙한 과제와 같은 일은 자신을 시험할 수 있는 좋은 기회를 그 사람에게 제공한다. 이와 같은 이유로 강박성 성격장애자는 일에 몰두하는 것이다. 완벽주의를 추구하는 이유는 완벽함이 우수함의 기준이고 비난으로부터 피할 수 있기 때문이다. 어떤 때는 그 사람의 높은 기준이 일을 하는 능력을 방해하기도 한다. 성격장애의 문제는 다음과 같은 이유에서 생기게 되는데, 첫째, 성취동기가 서로 갈등을 빚을 때 강박성 성격장애는 생길 수 있다. 예를 들어 잘못을 피하기 위하여 결정을 뒤로 미룰 때에 그 사람이 일할 수 있는 능력에 장애를 가져오고 그 갈등의 결과 강박성 성격장애의 증상이 나타나는 경우가 있다. 둘째, 성취동기를 추구하는 것이 다른 사람에게 괴로움을 줄 때에 강박성 성격장애가 나타날 수 있다. 예를 들어 그 사람의 유연하지 못한 점과 고집스러움은 다른 사람을 피곤하게 만들 수가 있다. 셋째, 그 사람의 인간관계 동기가 욕구불만이 되어 있기 때문에 강박성 성격장애의 증상이 생길 수 있다. 그 사람은 다른 사람과의 친근감을 원하고 있는 것을 외로움과 우울증을 호소하는 것으로 표현한다.

(2) 연극성 성격장애

연극성 성격장애(Histrionic Personality Disorders)를 가지고 있는 사람은 친구와의 관계를 중요시하고, 사랑하는 사람과의 관계와 같은 인간적인 문제를 성취동기보다 중요시한다. 이러한 사람은 혼자 있는 것이 힘든다. 그 동안의 연구결과를 미루어 보면 연극성 성격장애를 가진 사람들은 그들의 발달시기에 부모가 자신이 원하는 만큼 관심을 주고 돌볼 수 없었기 때문에 그 아이는 사람과의 관계를 맺는 방법을 추구하게 된다. 그 방법 중의 하나는 귀엽게 보이거나, 말을 많이 하거나, 연극적이 되거나, 아프다는 것 등의 행동으로 사람들의 관심을 끈다. 또 다른 방법은 자신의 감정을 자유로이 표현하는 것이다. 자기 내면의 세계를 타인에게 보여주면서 타인들도 그렇게 자신에게 해 주기를 원한다. 부정적인 감정을 나타낼 경우에도 상대방의 사회적인 지지를 구하는 것으로 그들과 연관되기를 바란다. 연극성 성격장애를 가지고 있는 사람들은 다른 사람으로부터 관심을 받음으로써 또한 자신의 감정을 타인에게 자유로이 표현하면서 인간적인 동기를 만족시킨다.

가. 연극성 성격장애자의 특성

연극적 성향의 사람은 생동감이 있고 모든 사람의 관심의 중앙에 있고 싶어한다. DSM-IV에 의하면 그들은 파티 인생에서 주인공 역할을 하는 것과 같다고 규정짓고 있다. 만약 자신이 사람들의 관심의 초점에 있지 않다면 그들은 이야기를 만들거나 어떤 장면을 창조해서라도 타인의 주의를 끌기 위해 극적인 사건을 만든다. 그들은 자신의 따뜻한 태도와 개방적인 마음으로 다른 사람들을 매혹하지만 시간이 지남에 따라 그 매력은 점점 시들어간다.

사람이 감정적이라고 하는 뜻은 주어진 상황에서 슬픔, 분노, 기쁨과 같은 감정을 필요 이상으로 나타내는 것을 의미한다. 이는 그 사람의 감정적인 표현이 과도하다는 뜻이다. 그 사람은 슬픔이라든지 또는 과도한 신경질과 같은 감정을 통제하지 못하고 지나치게 표현하여 친구를 당황하게 만들 수도 있다. 이러한 이유에서 그 사람은 극적이거나, 깊이가 얕거나, 아니면 진실성이 없는 연극을 꾸미는 사람으로 간주된다.

연극성 성향의 특징은 다음과 같다. 첫째, 연극성 성격장애자는 성적(性的)으로 또는 자극적으로 행동하거나 부적절하게 타인을 유혹한다. 둘째, 그들은 자신의 외모로 다른 사람들에게 강력한 인상을 주려는 데 많은 시간과 에너지와 돈을 사용하고 또한 타인의 부러움과 동의를 구한다. 셋째, 그들은 인상이 강한 스타일의 화법을 갖는 반면에 세부적인 면은 취약하다. 예를 들어 강한 의견을 표현하고 이를 정당화하지만 그 의견은 모호하고 산발적이며 타인에게 지지를 받을 수 없다. 마지막으로, 그들은 의견을 제시하는 데 아주 강하다. 하지만 그들의 의견과 느낌은 타인에게서나 또는 일시적인 유행에 쉽게 영향을 받는다. DSM-IV에서는 8가지의 진단적인 항목을 내어놓았다. 이 항목들은 다음과 같다. 연극성 성격장애자가 되는 것은 8개의 항목 중에 5개의 항목 이상에 해당되어야 한다.

〈연극성 성격장애의 진단항목〉

연극성 성격장애는 지나치게 정서적으로 치우쳐 있거나 타인의 관심을 추구하는 성향이 강하다. 이 성격장애는 성년초기에 나타나는 성향이 있고 다음의 항목 중에 5개 이상이 해당될 때에 연극성 성격장애로 분류할 수 있다.

① 자신이 관심의 초점에 있지 않으면 불편하다.
② 성적으로 유혹을 한다든지 또는 자극적인 행동으로 부적절하게 사람들과 관계를 맺으려 한다.
③ 정서의 표현에 깊이가 없고 빠르게 변환된다.
④ 관심을 끌기 위해 신체적인 표현을 지속적으로 사용한다.
⑤ 지나치게 인상적이지만 자세한 내용이 결핍된 대화를 한다.
⑥ 연극적으로 연출하고, 극적이며, 과장된 정서의 표현을 보인다.
⑦ 타인과 환경에 의하여 쉽게 영향을 받는다.
⑧ 인간관계를 실제상황보다 더 가깝다고 생각한다.

나. 사례

23세의 여성을 산부인과 의사가 정신과 의사에게 평가를 의뢰

해 왔다. 그녀는 외출을 잘하고, 감정이 지나치게 풍부하며 옷을 '죽여주게' 입는다고 묘사되었다. 그녀는 반 년 이상을 몸이 쇠약해져 병을 앓은 경험이 있었지만 그 병은 의학적으로 설명하기가 어려웠다. 상담을 하는 동안 그녀는 얼굴 표정과 비언어적인 행동으로 말의 뜻을 극적으로 표현하였다. 그녀는 아픔을 표현할 때에 거의 인생이 끝나는 것 같다는 표현을 하면서 눈을 감고 머리를 앞으로 떨어뜨려 죽은 체 하는 행동을 보였다. 하지만 정확한 통증의 성질에 대해 물었을 때에 그녀는 아양을 떨면서 자세한 내용을 말하기를 꺼려하였다. 그녀는 말의 주제를 자유로이 바꾸면서 상담에 임했고 의사를 이름을 부르면서 소개했고 자신에게는 너무나 좋은 친구들이 많아 상당한 복을 받았노라고 말했다. 그녀의 대화는 한 주제에서 다른 주제로 빨리 전환하였고 때때로 성적(性的)인 대화도 곁들였다. 그녀는 자기 가족은 행복하고 잘 적응된 가족이라는 말을 했지만 그녀의 어머니와는 좀 갈등이 있고 그녀의 오빠들이 아직도 자신을 어린 아이와 같이 취급한다는 불평을 하였다. 그녀는 자신의 부모와 아주 가까워서 매일 전화를 한다고 말하였다. 그녀는 현재는 남자와 심각한 관계에 있지는 않지만 대부분의 남자들은 자신을 매력적으로 생각하고 있다는 말을 하면서, 하지만 대부분의 남자들이 자신의 몸만을 원한다는 말을 곁들였다. 그녀는 남자들과 사귀는 것이 쉽다고 말을 하면서 이러한 이유에서 자신은 남자들에게 쉽게 지루해진다고 보고했다. 상담을 하던 당시 그녀는 성인 나이트클럽에서 댄서로 일하고 있었는데 특히 자기가 받는 관심과 벌고 있는 돈에 대해 만족하고 있었다. 그녀는 다른 댄서와는 달리 자기 자신을 예술가로 보고 있었으며 자기 가족은 자신이 발레교사로 일하고 있는 줄 안다고 했다.

위에서 설명한 바로 아마도 연극성 성격장애자가 어떠한 범주에 드는지를 이해했을 것이다. 하지만 이렇듯 동시다발적으로 일어나는 성격 성향에 대해 다음과 같은 의문을 가질 수 있다. 이렇듯 감정적이고 관심을 받고자 하는 사람이 어찌하여 질문에 대한 대답에서는 정확성과 세밀함이 결핍되는 것이며 그들의 의견을 정당화할 수 없는 것인지? 이러한 사람에 대하여 어찌하여 자주 문제가 제기되는 것인지? 등에 대한 의문이다.

다. 연극성 성격장애에 대한 연구과제

그 동안 실험연구들이 연극성 성격장애에 대하여 연구하였다. 하지만 전에 언급하였듯이 연극성 성격장애자는 어린 시절 양육자의 돌봄이 필요할 시기에 관심을 받지 못했을 경우가 이러한 결과를 초래했다고 본다. 어떤 경우에는 아이가 어렸을 때에 어머니가 우울증에 걸렸었거나 또는 은둔적이었을 가능성이 높다. 또 다른 경우에는 어머니가 이곳 저곳을 정신없이 다니며 갈피를 잡지 못하고, 누구에게나 상냥하고 사회적으로는 친분을 유지하지만 아이의 기본적인 필요를 충족시켜 주지 못했을 경우이다. 어떤 경우에는 어머니가 아이를 돌보는 일이 싫어서 아이를 돌볼 처지가 되지 못하는 큰아이에게 자신의 역할을 대신 맡겨 놓았을 경우도 있다. 연극성 성격장애가 될 소지가 있는 아이들은 어른들의 관심을 받기 위한 방법을 강구했어야만 했다. 어떤 아이들은 사람들을 즐겁게 해 주어야 한다는 생각을 했을 것이고, 귀엽고, 연극적이며, 아양을 떨거나 또는 아픈 것으로 다른 사람의 관심을 집중받으려 했다. 만약에 그 방법이 적용되면 자기에게 주의를 보이지 않던 어른의 관심을 돌려놓는 방법이 되었다. 벤자민(Benjamin, 1996)은 성인들이 연극성 성격장애자가 될 소지가 있는 아이에게 자신감의 발달을 하지 못하게 저해하고 있기 때문에 이러한 성격이 형성된다고 말한다. 이러한 사실이 어찌하여 연극성 성격장애자에게 성취동기가 인간적인 동기보다 약하게 나타나는지를 말한다. 연극성 성격장애자에게는 어떠한 경우라도 사람과의 관계가 우선한다.

라. 주의집중 스타일

연극성 성격장애자의 인간관계 스타일과 또한 정의적인 발달에 어떠한 장애가 있는지를 다음에 논의하고자 한다.

첫째, 연극성 성격장애자는 주의가 산만해서 외부의 자극에 높은 반응을 보인다. 연극성 성격장애자는 주의집중면에서 유난히 외부의 자극에 집중적으로 관심을 보인다. 사람은 일반적으로 어떤 물체에 주의를 집중할 때에 윗부분에 나타나는 물체에 먼저 관심을 보인다. 보편적으로 주의집중이 새로운 물체에 대하여 주어지기 때문에 먼저 나타난 물체에 대하여 관심이 우선간다. 연극성 성격장애자는 신기한 물체에 대한 자극이 다른 사람에 비하여 더 강하다고 할 수 있다. 이러한 이유에서 그 사람은 생동력이 있고, 활력이 있으며, 자발성이 강해 같이 지내기에 재미가 있다.

둘째, 연극성 성격장애자는 주의집중을 한 곳에 초점을 맞추어 할 수가 없고 또한 정당성이나 복잡한 관찰을 체계적으로나 명확하게 설명을 할 수 없다. 한 가지 예를 들자면 그의 부모와 계속해서 같이 살아 온 한 여인에게 다음과 같은 질문을 하였다. "당신의 부모가 25년 간의 결혼생활을 청산하고 이혼을 하고자 하는데 그 이유가 무엇이라고 생각하느냐? 그 이유를 내게 설명할 수 있는가? 그 많은 세월을 같이 지낸 후에 왜 지금 이혼을 하려 하느냐?" 이 질문에 대한 대답을 그녀는 다음과 같이 대답하였다. "모르겠다, 그들은 항상 같이 행복했다." 또 다른 예로는 로르샤하 잉크반점 테스트(Rorschach Inkblot Test)를 실시한 후에 다음과 같은 질문을 하였다. "당신은 이 카드가 박쥐와 같다는 말을 했는데 카드의 어떤 점이 그와 같이 보였는지 말을 해 줄 수 있는가?" 이 질문에 대답하기를 "잘 모르겠다. 어쩐지 그저 박쥐 생각이 머리에 떠올랐다"라고 대답하였다. 대부분의 사람들은 이 질문에 대해서 카드에 나타난 형태, 색깔, 명암으로 잉크 점에 대한 지각을 설명하곤 한다. 또 다른 예를 살펴보면 연극성 성향의 성격이지만 그래도 지적인 여성에게 그의 남자친구에 대해서 물었다. "그 사람은 어떠한 사람인가?" 이에 대한 대답은 "내 남자 친구요? 그는 '와~' 와 같습니다. 내 뜻은 그저 '와~' 예요." 그리곤 미소를 띄우며 덧붙이기를 "당신은 내가 무슨 말을 하는지 잘 알 거예요" 라는 대답을 하였다. 이 세 가지 예를 보면 놀랍게도 그 사람의 지적인 수준에는 세밀함이 결여되고 있었다.

이러한 결과로 미루어 연극성 성격장애를 가지고 있는 사람은 순진하지만 지적이지는 못하다. 미국의 희곡작가 테네시 윌리암스(Tennessee Williams)는 미국의 남부사람에게서 나타나는 이러한 성격의 소유자를 묘사하고 있다. 그의 작품 『욕망이란 이름의 전차』에 나타나는 블랑쉬(Blanche DuBois)가 이러한 성격의 소유자로 나타난다. 그녀의 부모가 돌아가셨을 때 그 집안의 부동산은 그녀와 그녀의 여자동생에게 상속되었다. 그녀가 언니였기 때문에 블랑쉬가 그 재산을 관리하게 된다. 몇 년이 지난 뒤 그 재산은 그녀의 손에서 흘러 나가 아무것도 남지 않게 되었다. 그녀의 제부가 그 재산이 모두 없어진 것을 알고 그에 대한 설명을 요구하자 그녀는 단순히 자기가 가지고 있던 구겨져 있는 법적인 서류가 들어 있는 상자를 꺼내며 그 잃어버린 재산에 대한 설명을 조리 있고 자세하게 말할 수가 없었다.

연극성 성격장애자의 또 다른 주의집중 스타일은 타인의 말이나 표현에 즉각적인 반응을 보인다는 것이다. 이러한 즉각적인 감각으로 연극성 성격의 사람은 다른 사람들과 쉽게 관계를 맺을 준비가 되어 있다. 아마도 연극성 성격자는 양보를 잘하는데 이는 양보하는 사람이 다른 사람과 더욱 관계를 맺기가 쉽기 때문이다. 아마도 인간적인 것을 추구한다는 사실이 타인의 말, 생각과 느낌의 영향을 받을 준비가 되어 있다는 것을 의미하는 것일 것이다. 그 사람은 새로운 제안을 심각하게 받아들이고 그것을 전에 가지고 있던 신념이나 느낌보다 더 중요하게 생각한다. 예를 들어 한 여인이 다음과 같이 말을 했다. "나는 단순한 사무원으로 일하는 것이 내 적성에 맞지 않는 것 같애. 무척이나 따분하거든." 그녀의 친구는 여기에 답하기를 "너에게는 사무원이 맞지 않아. 왜냐하면 너는 친구하고 밖으로 나가기를 좋아하는 성격이니까 아마도 스튜어디스가 맞는 직업일 거야." 이 소리에 그녀는 생각을 하더니 "맞아 나는 친구하고 밖으로 나가기를 좋아하는 성격이라 스튜어디스가 내게 맞는 직업이야. 내가 왜 그 생각을 못했을까?" 이렇듯 타인의 말을 즉흥적이며 인상적이고 수용적으로 받아들인다. 아마도 이러한 결과는 그 사람의 주의

집중 스타일이 다른 사람에 비해 최면과 같은 방법으로 받아들이고 있기 때문일 것이다.

셋째, 연극성 성격장애자는 다른 사람의 제안이나 말을 금방 받아들이기 때문에 인간관계의 경계선이 분명하지 않다. 인간관계의 경계선이란 자신의 느낌, 신념, 태도, 열망과 같은 정신적 경험과 타인의 정신적 경험과의 차별되는 점을 의미한다. 보통 인간관계의 경계선은 큰 어려움이 없이 유지된다. 어떤 사람이 어느 영화에 대해 칭찬을 늘어놓는데 자신은 그 영화가 싫다고 한다면 그 싫은 이유를 그저 고수하면서 다른 사람과의 관계는 그대로 유지한다.

때때로 우리는 인간관계의 경계선을 없애는 방법을 선택하기도 한다. 연극을 관람할 때 극중의 한 인물과 자신을 동일시하게 되는데 이는 잠시 자신이 관람자라는 것을 잊고 극중의 인물과 자신과 동일시하면서 경계선이 없어지는 것이다. 또는 우리가 어떤 유명한 성악가의 노래를 들을 때에 그 성악가의 아름다운 화음과 함께 그 성악가와 같이 경험을 공유하며 기쁨을 누릴 때에 그 성악가와 우리 사이에 경계선은 없게 된다.

하지만 연극성 성격장애자는 인간관계의 경계선을 일반적인 상황에서조차 통제하지 못한다. 그들은 쉽게 인간관계의 경계선에 구분을 두지 않고 그들이 분리되었다는 느낌을 받지 않는다. 연극성 성격장애를 가진 사람은 이러한 면에서 극단적이다. 그들은 인간관계의 경계선을 상당히 쉽게 생각하기 때문에 다른 사람의 행복이나 슬픈 뉴스에 대해 아주 강하게 반응하여 마치 함께 그 일을 당한 것과 같은 느낌을 갖는다. 이러한 이유에서 연극성 성격장애자는 인간성이 따뜻하고 친근한 사람으로 간주된다. 그들은 타인에게 적어도 시초에는 상당히 즐거운 친구로서의 인상을 준다. 이러한 성향은 연극성 성격장애자가 인간관계를 중요시하기 때문에 나타나는 것이다.

인간관계의 경계선을 없앨 수 있는 능력이 그 사람으로 하여금 역할을 수행할 수 있게 도와 준다. 그 사람은 타인이 그 역할에서 무엇을 기대하는지를 안다. 믿을 만한 역할을 수행한다는 것은 또 다른 방법의 사람과의 관계를 의미한다. 예를 들어 만약에 그 사람이 파티나 또는 교회의 집회를 주관해야 한다면 자신은 의식을 하지도 못한 채 책임감 있게 아마도 본능적으로 그 역할을 잘 수행할 것이다. 이와 비슷하게 연극성 성격장애자가 자살하는 역할을 수행해야 한다면 그것이 사실로 의도를 했든지 아니든지 그 행동은 아마도 상당히 설득력이 있을 것이다. 성(性)에 대한 역할이나 아픈 사람의 역할도 거의 완벽하게 해낼 수 있는 것이 연극성 성격장애자의 특징이다.

넷째, 연극성 성격장애자는 인간관계 경계선의 구분이 뚜렷하지 않기 때문에 그 사람은 분명한 자기 본분이나 자신의 자아를 개발하지 않는다. 자신의 자아가 확실치 않은 사람을 '정체감이 흐린 사람'이라고 한다. 연극성 성격장애자는 확실하게 정체감을 고수해야 된다는 생각이 없다. 안정된 자아를 지닌 사람은 지속적인 의견, 신념, 가치, 자신에 대한 평가, 좋아하고 싫어하는 것이 분명하고 또한 자신에 대한 개념이 자신은 타인에 비해 안정되고 훈련된 사람이란 생각으로 자신과 타인을 구분할 수 있다. 한 사람의 자신에 대한 정의는 대화를 통해 일관성이 있어야 한다. 하지만 다른 사람의 신념, 기분 및 생각을 쉽게 받아들이고 또한 한 역할에서 다른 역할로 쉽게 변환하며 본의가 아니게 다른 사람들의 기대에 영향을 받게 되는 사람은 비교적 자신의 정체에 대하여 불분명하다. 산발적인 자아개념 자체가 괴로움이 될 수 있다. 한 환자는 불평을 하기를 "나는 속이 없는 사람 같다"라고 했다. 그리고는 "나는 무엇이든 다른 사람이 내게 하라는 대로 하고 있다. 나는 내 의견이 없는 사람 같고 순수하게 내 것이라는 확신이 없다. 내가 이 직업을 가진 이유는 형부가 이 일을 얻어 주었기 때문이다. 나는 채식주의자인데 이는 내 친구가 채식주의자이기 때문이며 내가 향수를 뿌리는 것은 어머니가 권유했기 때문이다. 하지만 나는 누구인가? 나는 나 자신이 있는지 조차 모르겠다"라고 말했다. 다른 연극성 성격장애자는 "나는 거울을 항상 바라보고 있는데 이는 그 누군가가 거기에 있다는 것을 확인하기 위한 것이다"라는 말을 했다. 이러한 느낌은 불안을 야기시키고 공허하고 약하며 안착되지 못한 느낌으로 이어질 수 있다.

자신의 자아에 대해서 공허하고 모호한 느낌은 상당한 불안감을 가져온다. 그 기분은 혼자가 되었을 때 더욱 두드러지게 나타난다. 친구가 없다면 그 사람은 상당히 불편하다. 이는 친구가 자신의 존재의 이유를 도와 주기 때문이다. 공허한 감정이란 누구와 같이 있을 때는 줄어든다. 이러한 이유에서 연극성 성격장애자는 매 주말의 오후나 저녁에 강제적으로 친구와의 약속을 만들고 있다. 그들은 또한 자신이 필요하고 인정받을 만한 사람이라는 평판을 얻고 싶은 것이다.

마. 산발된 주의집중과 모호한 느낌

연극성 성격장애자는 주의집중이 산발적이고 자신에 대한 개념을 정의하는 데 약하다. 주의집중이 산발적이라는 사실과 자신에 대한 개념의 관계에 대한 실험 연구는 그 동안 실시해 놓은 결과가 없다. 하지만 자신에 대한 분명한 생각은 다른 말로 표현해서, 즉 나의 가치관, 기호 등과 같이 내 성격의 분명한 구분에서 비롯된다. 만약에 사람이 타인의 의견을 쉽게 수용하게 된다면 자신에 대한 정의를 확고하게 내리기가 어렵다. 이렇듯 자신에 대한 정의가 불분명해진다면 인생의 목적, 계획 및 사업을 지속하기가 힘들어진다. 만약 어제의 가치관이 오늘 적용이 되지 않는다면 어제의 가치관에 의해 계획된 일은 무산되어야 하기 때문이다. 계획에 대한 급격한 전환은 더더욱 그 사람의 자신에 대한 느낌을 약화시킨다.

바. 형성과정

청소년기나 또는 성년기에 연극성 성격장애를 나타내는 사람은 아마도 기질적으로 감정이나 주의집중이 산발적인 성향을 갖고 있었을 것이다. 더구나 어린 시절의 경험이 이러한 장애가 형성되는 데 크게 기여했을 것이다. 이러한 성격의 사람은 부모와의 애착관계에서 어머니가 우울증에 걸렸거나 아니면 사회적으로 은둔했기 때문에 명백하게 아이가 필요로 할 때에 같이 있어 주지 못한 결과로 불안한 애착관계가 이루어졌든지, 미래에 버려질지도 모른다는 위협 속에서 성장을 했든지, 고립된다는 두려움 속에서 성장을 했을 가능성이 높다. 이러한 이유에서 연극성 성격장애자들은 유난히 인간적인 면, 즉 사람과의 관계, 가까운 느낌, 사랑하고 사랑받는 측면을 중요시하는 것이다.

더구나 이러한 사람은 사람과 친할 수 있는 방법을 강구한다.

그들의 타고난 성향으로 드라마틱하고 생동감 있게 다른 사람과 연결될 수 있는 방법을 발견한다. 감정을 자유로이 표현하면서, 정신적인 경험을 다른 사람과 나누고, 그들과 교제할 수 있는 기회를 만든다. 매력적이고 귀엽게 굴며 다른 사람을 매혹시키는 재능을 가지고 있다. 또한 인간관계의 경계선을 수월하게 함으로써 다른 사람과의 느낌이나 생각 또는 분위기를 수용하면서 더더욱 사람과 친할 수 있는 기회를 만든다.

이러한 방법을 통하여 그 사람은 확고한 자아개념이 없어진다. 이렇듯 자아확립의 문제를 중요시하지 않음에도 불구하고 만약에 타인으로부터 고립이 된다면 이러한 고립은 더더욱 괴로운 것이 되고 타인과의 연결고리를 더욱 더 추구하게 된다. 연극성 성격장애자에게 일어날 수 있는 전형적인 문제점은 첫째, 다른 사람에게 의존하여 자신에게 필요로 하는 친구가 되어주기를 바라고, 둘째, 한때 했던 약속과 주장은 쉽게 잊어버리기 때문에(이는 새로운 흥미와 관건을 중요시하는 이유로) 속이 얕고 신뢰하지 못할 사람이라는 평판을 듣는다. 셋째, 인간관계가 끝이 나면 고립되었다는 느낌과, 외로움, 공허함, 우울함 그리고 불안감이 두드러지게 나타난다. 넷째, 확고한 자아의 결핍이 인생을 초점 없이 만들고 미래의 목적과 방향이 결핍되어 있어 더욱 더 큰 문제가 될 수 있다.

4. 경계선 성격장애

사람이 가지고 있는 자신에 대한 이미지와 돌출된 동기는 같은 맥락을 가지고 있다. 다른 사람이 자신에 대하여 비판하는 것을 참지 못하는 사람은 비판으로부터 자신을 보호하기 위한 방법을 강구하게 된다. 예를 들어 사람을 회피하는 성격장애를 지니고 있는 사람은 사람을 회피하는 방법을 배우게 되고 강박성 성격장애를 가지고 있는 사람은 완벽주의를 추구하는 것과 같다. 이러한 경우에는 본인이 가지고 있는 자신에 대한 이미지가 그 사람의 중요한 동기가 되는 것이다. 보편적으로 자신에 대한 이미지는 안정적이고 응집된 목적과 가치관을 지닌다. 따라서 "이것이 나이다. 또는 내가 중요하게 생각하는 가치는 바로 이것이다"라는 말을 하게 된다. 어제의 목적과 야망이 오늘도 비슷한 목적과 야망으로 이어지고 또한 내일도 똑같은 목적과 야망이 계속된다는 말을 할 수 있을 때에 그 사람은 그러한 목적에 따라 행동을 하게 되고 만족할 수 있으며 욕구좌절과 부정적인 요소를 최소화할 수 있다.

경계선 성격장애란 자아가 산만한 사람을 의미하기보다는 혼란한 자아의 소지자를 의미한다. 경계선 성격장애자는 자신이 이러한 사람이라고 분명하게 규정짓지 못한다. 이러한 사람은 신념과 느낌과 사고와 목적이 때와 장소에 따라 쉽게 변화된다. 경계선 성격장애자는 자아의 혼란과 연관이 깊다. 이 장에서는 경계선 성격장애자에 대하여 살펴보고자 한다.

(1) 경계선 성격장애의 특징

경계선 성격장애란 자아가 산만하다기보다는 자아의 혼란을 의미한다. 경계선 성격장애란 신경증과 정신병 사이에 있는 상태를 의미한다. 엄밀히 말해서 정신병자는 아니지만 스트레스가 쌓이게 되면 현실을 왜곡하며 거의 정신병자와 같은 행동을 한다. 경계선 성격장애인 사람은 인간관계에서 상당히 불안정하다. '불안정성 장애'라는 말이 더 적절한 용어일지 모른다. 자신의 이미지에 대해서도 또한 인간관계에 관해서도 불안정하다. 이렇듯 불안정한 행동은 인간관계에서도 분명하게 나타나지만 일상생활의 여러 가지 관계 속에서도 명백하게 나타난다. 이러한 사람을 관찰하면 인간관계의 양상, 자신에 관한 이미지와 분위기, 태도, 직장의 선택, 신뢰의 정도 등 모든 분야에서 너무나도 굴곡이 심한 변화를 나타낸다. 예를 들어, 한 친구에게 사랑의 감정을 보였다가 그 다음에는 똑같은 사람에게 적대감을 나타내고 또 그 다음에 다시 사랑으로 변환하는 태도를 보인다. 이런 사람의 태도는 상당히 예측불허해서 최근까지 상당히 친했던 친구에게 통제하지 못하는 화를 갑자기 내는 것과 같은 기대하지 못할 행동을 한다. 경계선 성격장애를 가진 사람은 자신의 분노를 자주 신체적인 폭력행동으로 나타내는데 이는 물건을 집어던지거나, 때리거나, 소리지르거나, 불쾌하고 음란한 행동으로 나타내기도 한다. 인간관계도 소란하고 동요로 점철되어 있다. 이와 비슷하게 자신에 대한 이미지도 예측 불허하게 자주 바뀐다. 예를 들어 어떤 때는 남의 도움이 필요한 의존적인 사람이 되었다가 또 다른 때는 자기주장이 강하고 남에게 군림하려 하다가 또 다른 때는 상당히 잘난 척 한다. 이러한 자기 자신에 대한 이미지의 변화는 물론 인간관계에 좋지 않은 영향을 미치고 변화무쌍한 관계가 계속된다.

자신에 대한 이미지와 인간관계의 변화는 감정의 변화를 수반한다. 전형적으로 경계선 성격장애를 가진 사람은 편안하고 만족한 시간을 갖기 힘들다. 이 성격의 특징은 강도 높은 화를 자주 내고, 분노하며, 두려움에 떨고, 불안해 하며, 실망하는데 이러한 현상은 주로 몇 시간 동안 지속된다. 어떤 경우에는 며칠씩 지속되기도 하는데 이러한 경우는 드물다. 이렇듯 심각한 감정의 변화는 스트레스와 인간관계의 욕구좌절을 수반한다.

경계선 성격장애를 가진 사람이 심한 우울증세를 보일 때에는 자살의 위협을 보이며 팔목의 동맥을 끊는 등의 시도를 하기도 한다. 자살을 시도하려는 목적은 상황에 따라 다르다. 다른 사람들을 조정하고 통제하려는 방법으로 사용하기도 하고, 자신에 대한 혐오감을 나타내려는 의도도 있고, 다른 사람에 대한 심한 분노를 표현하려 할 때에도 이러한 방법을 사용한다.

경계선 성격장애는 전형적으로 충동적이고, 특히 자신을 자해하려는 잠재력을 가지고 있다. 약물 남용, 폭주 운전, 난잡한 성생활, 물건 훔치기, 음식 먹지 않기, 돈을 낭비하기 등으로 그 행동이 나타난다. 신경질과 화를 내는 등의 충동적인 행동은 그 사람을 타인으로부터 소외되게 만들고 더 나아가서는 인간관계를 피곤하게 만든다. 충동적인 신경질, 물건 훔치기, 자살의 위협, 자해 행동 등 충동성 행동은 경계선 성격장애에게서 나타나는 전형적인 증후군이다. 이러한 충동성은 옆의 사람으로 하여금 그 사람을 전혀 예측할 수 없게 만든다. 어떠한 면에서는 상당히 세련되고 억제된 행동을 할 수 있는 사람이 분노, 음탕함, 자신을 혐오함, 자신의 머리카락 자르기 또는 팔목을 칼로 긋기 등의 행동을 한다. 이렇듯 소란한 행동은 친구관계를 깨뜨리거나, 직장을 잃게 하거나, 교육을 중도에서 포기하게 하거나, 인간관계에서 배척 당하거나, 결혼을 파경에 이르게 한다. 이렇듯 부정적인 사건들은 경계선 성격장애를 가진 사람들에게 나타나는 보편적인 일들이다. 이러한 인생의 부정적인 사건들은 그 사람으로 하여금 인생에서 낙오된 것과 같은 느낌과 우울증을 더욱 더 강화시키는 악순환으로 가게 만드는 것이다.

DMS-IV에 의하면 경계선 성격장애를 가진 사람은 전체 인구의 2%가 되고 남자보다도 여자에게서 많이 발병된다. 경계선 성격장애는 정신건강 진료소에서 10% 정도 그리고 정신병자들 중에서 20%가 경계선 성격장애로 구분된다. 경계선 성격장애로 구분되려면 9개의 항목 중에 5개 이상이 해당되어야 하는데 이 중 첫번째 6개 항목은 인간관계에서의 불안정성에 대한 항목이고 나머지는 자신의 이미지, 감정의 변화, 분노의 노출 정도 그리고 충동성에 대한 항목이다. 이러한 사람은 한 상태에서 다른 상태로의 전환이 상당히 빠르게 일어나서 주변의 사람들을 놀라게 한다. 신경질, 분노 등이 갑자기 표출되며 또한 그 강도가 너무 높아 사람들을 의아하게 만든다. 더구나 신경질과 분노는 그 강도가 너무나 강하고 갑자기 일어나기 때문에 사람들은 그 사람이 화를 내기 이전에 어떤 느낌, 태도, 지각과 신념을 가지고 있었는지를 가늠하기 어렵다. 편집증(paranoid)환자나 또는 사상과 감정이 분리된 증상의 사람으로 보여질 경우가 많다.

〈경계성 성격장애 진단 기준〉

① 불안정한 인간관계 : 불안정하고 경직된 인간관계를 갖는다. 극도의 이상화와 가치 비하 사이를 교류하는 현상이다.

② 정체성의 혼란 : 자신의 이미지와 자신에 대한 감각이 지속적으로 불안정하다.
③ 정서의 불안정 : 극도의 우울증과 불안증으로 쉽게 화를 잘 내고 불안한 증세가 몇 시간 내지 며칠 계속된다.
④ 분노 통제기능의 마비 : 부적절하고 강도높은 분노를 조절하기 어려운 상황. 지속적인 분노, 자주 신경질과 분노를 나타내는 것, 신체적인 폭력 등.
⑤ 충동성 : 충동성이 다음과 같은 상황에서 자신을 손상시키는 쪽으로 기운다. 무분별한 낭비, 지나친 성에 대한 집착, 무모한 운전, 과식 등등.
⑥ 신체적으로 자해하는 행동 : 자살행위, 위협적인 행동 등.
⑦ 스트레스와 연관된 강도 높은 증후군 : 스트레스와 연관하여 편집증 증세와 심한 분리된 증상을 보인다.
⑧ 공허한 느낌 : 만성적인 공허와 지루함의 느낌
⑨ 버려짐에 대한 두려움 : 실제와 상상의 버려짐을 피하려는 공황발작적인 노력.

(2) 경계선 성격장애의 원인

경계선 성격장애는 어린 시절에 부모와의 애착관계가 잘못 이루어진 것에서 비롯되기 쉽다. 경계선 성격장애를 가진 사람은 어렸을 때 신체적 또는 성적인 학대를 받았을 경우와 적개심과 갈등을 많이 느꼈을 경우 그리고 부모를 잃었거나 또는 부모와의 분리된 경험이 있었을 때에 이러한 현상이 나타난다. 경계선 성격장애자들은 대체로 부모와의 애착관계가 불안정하게 맺어져 있다. 이들에게서는 항상 공허한 느낌과 버려짐에 대한 두려움이 있고 불안정한 애착관계에 대한 결과로 분리불안 때문에 고통스럽게 생활을 하게 된다. 설령 일상생활을 할 때에 주변 사람들이 의도적으로 그 사람을 거부하지 않았다 하더라도 자신이 버려질 수 있다는 것을 감지하게 되면 이에 대해 강렬한 반발을 한다. 이러한 거부의 경험은 우울증으로 발전하게 되고 자신이 버려진 것과 같은 또는 세상에 자신을 도와 줄 사람이 전혀 없는 것과 같은, 망망한 외로움과 분노의 느낌이 일어나게 된다. 거부하는 것은 아니더라도 오래 전부터 예견되어 왔던 자기 인생에서의 중요한 사람이 자신의 곁을 떠난다는 것은 경계선 성격장애자에게는 파격적인 사건으로 다가 올 수 있다. 이때에 자살을 실행하려는 행동은 떠나려는 사람을 떠나지 못하게 하려는 의도로 감행하는 것이다.

경계선 성격장애의 특징은 안정성과 일관성이 없다는 것이다. 만약에 아이가 이치에 맞게 안정성과 자신의 이미지에 일체감을 갖게 하려면 일관성이 있는 부모의 역할이 필요하다. 어린 시절 부모와의 인간관계가 다른 사람들에 대한 이미지와 자신의 이미지 형성에 영향을 미친다. 일관성이 없게 어린아이들을 대하는 부모의 태도가 경계선 성격장애자의 인간관계와 자신의 이미지 형성에 크게 기여를 하게 되는 것이다.

아주 어린아이에게도 부모가 참기 어려울 정도의 일관성이 없는 태도를 보일 수 있다. 이는 혼란스러운 부모와의 애착관계가 그 경우이다. 부모와의 애착관계 형태에서 어떤 때는 부모가 아이를 잘 보살피고 또 다른 한편 아이를 힘들게 한다면 아이는 이렇듯 일관되지 못한 상황에서 이상한 행동을 보일 것이다. 부모가 긍정적인 양육태도와 때로는 학대적인 태도를 혼합해서 아이들에게 양육할 때에는 아이의 발달에 큰 손상을 입히게 된다.

부모의 행동이 어떤 때는 아이를 사랑하고 돌봐주며 칭찬을 하고 또한 다른 때는 적개심으로 거부하고 학대하는 경우와 부모가 한편으로는 아이를 보호하고 친절하며 다른 때는 야단치고 때리고 부끄러워하며 비판하면서 아이를 욕구좌절하게 만드는 경우가 있다. 해리스(Harris)는 그의 책 『I'm Ok-You're Ok』에서 부모가 어느 경우에는 아이를 때리고 또 다른 경우에는 아이를 칭찬하면 이러한 행동이 아이에게 부모에 대해서나 또는 자신에 대해서 일관성이 없는 태도를 형성시킨다고 말한다. 해리스는 알코올중독의 어머니를 둔 초등학교 아이의 경우를 말하고 있는데 그 아이의 어머니는 기분이 좋을 때에는 아이를 어르고 달래며 사랑스런 표정으로 어린이와 웃으면서 같이 놀아주며 기분 좋은 시간을 가진다. 그리고 술을 마신 후에는 아이를 방치하고 혼자서 배를 곯게 만들며, 더 나중에 술에서 깨어나면 먹은 음식을 토하면서 모든 것이 신경에 거슬리고 어린아이가 귀찮게 생각되어 아이를 때리고 학대하는 일을 반복하였다. 이러한 환경에서 성장한 아이는 경계선 성격장애자로 성장하기에 아주 알맞은 조건을 갖추고 있는 것이다. 대체로 이러한 경우는 부모가 술이나 약물 중독, 또는 정신병자이거나 경계선 성격장애자일 때 흔히 나타나는 증상이다.

가. 이미지의 양극화 현상

일관성이 없는 부모는 아이의 지각차원에서 양극화 현상을 초래한다. 부모가 아이들에게 사랑을 베풀고 상냥하게 대하면 아이는 '어머니가 나를 좋아하고 나를 보살피며 나에게 모든 것을 주고 있구나'라는 좋은 어머니의 이미지를 갖게 된다. 하지만 어머니가 거부하며 냉정하고 적개심을 품고 있으면 아이는 어머니가 나를 싫어하고, 상처를 입히며, 기분 나쁘게 만들고 있는 것으로 알게 된다. 이 두 가지의 이미지는 비교할 수 없을 정도로 상반된다. 하나는 사랑과 친절이 담긴 것이고 또 다른 하나는 미움과 잔인함이 담긴 이미지이다. 이 두 가지의 이미지는 서로 극심하게 양극화되어 아이가 이를 통합할 수 없다. 대신 하나의 이미지에서 또 다른 이미지로 예측하지 못할 정도로 갑작스럽게 지각의 변동이 생긴다.

취학 전의 어린아이가 이렇듯 상반되는 강하고 빈번한 이미지의 경험을 자주 하게 되면 이 두 가지의 서로 비교할 수 없는 이미지가 하나로 통합될 수가 없다. 이는 빨간 색의 장난감 자동차가 갑자기 검은 색의 물체 뒤로 옮겨졌을 때 아이는 검은 색을 보게 된다. 다시 빨간 색의 장난감 자동차가 검은 색의 물체 앞으로 나오게 되면 아이는 빨간 색을 보게 되는 것과 같은 이치이다. 이 두 가지 상반되는 색상은 빨간 물체가 검은 물체로 바뀌었다가 다시 빨간 색으로 갑자기 바뀌는 것과 같다. 이러한 변화는 개념적인 문제는 수반하지 않고 아이의 눈에는 세상이 마법적으로 또한 인지적으로는 생각할 수 없는 현상이 일어나고 있다고 생각한다. 아이가 생각하기에 물체는 갑자기 변화될 수 있으며 이는 현실적으로 하나인 '전체'로 통합될 필요도 없다고 느낀다.

이러한 현상으로 어머니의 상반되는 이미지는 그대로 수용된다. 어떤 때는 어머니가 대단히 긍정적이고 어떤 때는 아주 부정적인 그대로를 수용하는 것이다. 신체는 하나이지만 그녀의 속성은 마법적으로 변화하는 것이다. 어머니의 좋은 쪽의 이미지가 작용할 때에 아이는 안정을 찾고 사랑을 느낀다. 하지만 나쁜 속성이 작용할 때에 아이는 불안정하고 사랑을 받지 못한다고 느낀다. 상반된 지각은 통합되지 못하는 것이다.

이렇듯 상반되는 지각은 흑백의 성격을 갖는다. 다음의 그림에서 우리가 지각하듯이 한편으로는 젊고 아름다운 여인이 보이고 이 그림을 다른 쪽으로 볼 때에는 늙고 볼품없는 마녀 같은 할머니를 볼 수 있다. 이러한 형태의 그림을 '양가적인 형태'라

미녀와 마녀

고 부르고 이 양면성을 흑백의 가능성으로 간주할 수 있다. 지각이 모호하거나 분별이 안 되는 것이 아니다. 다만 지각하는 사람에게는 한 쪽의 분명한 지각과 다른 쪽의 분명한 지각이 이랬다 저랬다 흔들리게 되는 것이다. 이것은 두 가지의 그림을 동시에 지각할 수는 없는 것을 의미한다. 한 사람으로부터 상반되는 이미지를 받고 있는 취학 전의 어린아이는 상반되는 이미지를 하나의 이미지로 통합할 수 없는 것이다.

정상적인 가정에서 자라는 아이들은 이와는 상당히 다른 경험을 한다. 부모로부터 이렇듯 갑자기 상반되게 지각이 변화하는 경험은 받지 않는다. 보편적으로 어머니는 지속적으로 좋은 어머니로써 아이들에게 지각된다. 물론 가끔 화가 날 때에는 아이들에게 야단을 치고 벌을 주기도 하지만 이렇듯 좋지 않은 어머니의 역할은 잠시이고 좋은 어머니의 역할이 그 강도나 정도가 훨씬 강하기 때문에 아이들은 어머니를 좋고 친절한 사람으로 그 이미지를 통합할 수 있는 것이다. 예를 들어 보편적으로는 좋고, 아이들을 잘 돌보고, 사랑을 주는 어머니가 아주 피곤하거나 신경질이 많이 날 때에만 나쁜 어머니가 잠시 된다는 것을 아이들은 감지한다. 정상적인 아이들은 좋은 어머니가 가끔 좋지 않아질 때에는 그만한 이유가 있거나 이를 예측할 만한 일이 일어날 때에 그렇게 행동한다는 것을 알고 이에 대해서는 간과하게 된다.

요약하자면 아이를 일관성 없게 다루게 되면 불안정한 생각을 아이들에게 심어주는 것이다. 아이들을 일관성 없이 다루게 되면 두 가지의 상반되는 이미지가 똑같은 비중으로 다가오기 때문에 이를 통합한다는 것은 어려운 일이다.

이에 따라 아이가 사랑과 거부를 같이 경험해 온 아이들은 한쪽의 감정만을 한 번에 경험하기 때문이 이를 통합한다는 것은 어려운 일이다. 즉, 긍정적인 이미지는 이상화하고 부정적인 이미지는 경멸한다. 이 두 가지의 이미지를 균형 있게 통합하기는 어렵다. 이 극도로 상반되는 이미지가 작용을 할 때에 그 이미지가 지극히 긍정적이든 부정적이든 한 번에 한쪽만을 강하게 경험하게 된다. 예를 들어 어머니에게 학대를 받아 온 감옥의 수감자가 자기 어머니에 대한 표현을 할 때에는 '아주 사랑스러운 천사'라고 하거나 아니면 '고약한 마녀'라는 표현을 한다. 어떤 경우에 수감자들은 감상적인 물건이나 문신을 지니고 있는데 예를 들어 '어머니'라고 수를 놓은 베개를 가지고 다니거나 팔에 '어머니'라는 문신을 하고 다니는 경우도 있다. 수감자가 그의 감옥생활을 청산하고 어머니가 계신 집으로 돌아갔을 때 그 어머니가 다시 부정적인 역할을 하게 되면 자신이 전에 가지고 있던 좋은 어머니의 긍정적인 이미지가 부정적인 것으로 바뀌어 전체적으로 부정적인 어머니의 이미지로 바뀌게 된다. 이렇듯 흑백의 상반되는 이미지를 양극화 또는 분열된 현상이라고 한다.

나. 타인과의 관계

양극화된 이미지를 가지고 있는 사람은 다른 사람들과의 관계에서도 양극화 현상을 초래한다. 예전에 인간관계에서 행동했던 형태를 새로운 사람에게도 똑같이 되풀이하게 되는 것이다. 즉, 어떤 때는 주변의 사람을 이상화하고 또 다른 때는 친구나, 사랑하는 연인이나, 친척이나, 같은 직장에서 일하는 사람이나 자신의 아이들에게도 배타적이고 나쁜 사람 취급을 하게 된다. 결과적으로 계속해서 분열된 상태로 사람을 지각하게 되는 것이다. 즉, 인간을 좋은 면과 나쁜 면을 함께 지니고 있는 불완전한 사람으로서 지각하지 못하고 자신이 가지고 있는 이미지에 다른 사람을 맞추려는 현상이 지속된다. 경계선 성격장애를 가지고 있는 사람은 어떤 사람을 평가할 때에 아주 좋은 사람으로 이상화하거나 어떤 때는 아주 좋지 않은 사람으로 격하시킨다. 같은 사람이라도 어떤 때는 아주 좋은 사람 또 다른 때는 아주 나쁜 사람이 되는 것이다. 감정적으로도 갑자기 변화되는 일이 비일비재하다. 전에는 존경하고 좋아하던 사람이 현재는 경멸하며 미워하는 대상으로 바뀌게 된다. 정상적인 사람은 상반되는 양면의 성격을 통합할 수 있는 능력이 있어 가끔 생길 수 있는 분노의 감정을 오랫동안 받아왔던 애정으로 조정이 가능하다. 하지만 경계선 성격장애를 가진 사람은 이렇듯 상반되는 현상을 통합할 수가 없기 때문에 분노감정의 조절이 불가능하여 걸러지지 않고 강렬하게 나타나는 것이다.

다. 자아개념에 대한 생각

다른 사람에 대한 분열된 이미지는 자신에 대한 분열된 이미지에서 비롯된다. 결국 자신에 대한 이미지는 다른 사람과의 인간관계에서 비롯되기 때문이다. 일관성이 없는 태도로 대우받은 사람은 자신에 대해서도 두 가지의 의미를 갖게 된다. '좋은 어머니' 는 긍정적인 메시지를 주어 '너는 사랑스럽고 가치가 있는 사람이다' 라는 뜻을 전달하고 '나쁜 어머니' 는 '너는 나쁘고 가치가 없는 사람' 이라는 메시지를 전달한다. 경계선 성격장애를 가지고 있는 사람은 자신을 비하하기 때문에 우울증에 걸리기 쉽다. 우울증을 가벼운 마음의 상태로써 없애려는 노력을 하게 되는데 그 방법은 약물이나 술로써, 난잡한 성생활로, 물건을 무분별하게 사는 것으로, 음식물을 너무 먹거나 또는 너무 먹지 않아 빈사상태에 이르는 극단적인 행동으로 기분을 좋게 만들려는 노력을 하게 된다. 자신을 자학하는 행동과는 상반되게 타인의 탓으로 돌리려는 생각은 다른 사람에게 보복을 하는 행동으로 나타난다. 예를 들어 남의 물건을 훔치는 일이나, 죄의식으로 인한 자살의 행동으로 나타나는데 이는 분노에 의한 것일 수가 있다. 이에 따라 충동적인 행동은 '나쁜 나'를 '사랑받는, 원함을 받는, 마땅히 누려야 하는 나'로 바꾸기 위한 시도라고 볼 수 있다. 어떠한 사건이 '나쁜 나'의 기분이 들게 하든지 이는 거부하는 행동으로 지각되고 이는 곧 버려짐으로 생각된다. 좋은 기분은 오직 짧은 기간 동안만 남게 된다.

라. 분열과 양가성

분열이라 함은 자신과 다른 사람에 대한 양극화된 이미지를 의미한다. 정상적인 사람은 이와 같은 상태로 분열되지 않는다. 정상적인 사람은 다른 사람들의 긍정적이고 부정적인 면이 함께 공존하는 내면의 성격을 통합적으로 이해하고 있다. 이에 따라 경계선 성격장애자는 일반적으로 경험을 하지 못하는 인간의 양면성을 정상적인 사람은 경험할 수 있다. '양가성'이란 하나의 이미지에 긍정적이고 부정적인 성격이나 느낌이 동시에 존재한다는 것을 의미한다. 즉, 친근한 느낌과 적대적인 느낌이 동시에 존재함을 의미한다. 이와는 반대로 분열이란 하나의 상태에서 다른 상태가 극과 극으로 이랬다 저랬다 함을 의미한다. 어떤 때는 아주 친근했다가 어떤 때는 아주 적대관계가 되는, 즉 양쪽이 같이 공존하지 못하는 것을 의미한다. 전형적인 강박성 성격장애자에게서 나타나는 방어체제인 반동형성(reaction formation)은 양가성이 포함되어 있다. 예를 들어 폭력과 같은 부정적인 느낌이 불편한 사람은 자신에게서 폭력성향이 느껴지면 이러한 부정적인 느낌을 감추거나 제거하기 위하여 자신의 내면에 함께 공존하는 긍정적인 느낌을 강조하려 한다. 강박성 성격장애자들은 이러한 반동형성을 방어체재로 활용하고 있지만 경계선 성격장애자에게서는 양면을 수용할 수 있는 능력이 부족하기 때문에 반동형성이란 기대를 할 수 없는 것이다.

한 심리치료자가 어떠한 남자를 치료한 사례이다. 그 남자는 자신의 친구와 말다툼을 하다가 분노가 치밀어 그 친구를 주먹으로 때렸고 그 결과 친구의 갈비뼈가 부러졌다. 다음날 그 사람은 무엇 때문에 그러한 불상사가 일어났는지를 기억하지 못했다. 이 사건이 그를 상당히 당황하게 만들었고 죄의식이 발동하여 상담을 받게 되었다. 상담이 시작되었을 때 의도적으로 그날의 비유를 사용하여 '양가적인 양면성' 에 대한 이야기로 시작하였다. "당신의 일부에서는 친구를 상당히 좋아하는데 당신의 다른 일부에서는 친구에게 상당히 화가 나 있는 것 같다"고 말을 하니 그 사람은 자신의 분열된 이미지에 대한 심리치료자의 이해에 공감을 하면서 다음과 같은 말을 했다. "내 자신에게 양면성이 있는 것을 어떻게 알고 있습니까? 사실상 나는 두 개의 다른 이름을 가지고 있습니다. 그 하나는 앤드류(Andrew)이고 다른 하나는 죠지(George)입니다. 앤드류는 좋은 쪽의 나이고 죠지는 나쁜 쪽의 나입니다." 그의 반응은 물론 그 사람이 분열된 이미지를 가지고 있다는 것을 나타내었고 더더구나 그 분열이 다중적 성격장애(multiple-personality disorder)와 관련이 있다는 것을 시사했다. 이 책의 제 4장에서 더 자세하게 설명하겠지만 독일의 유명한 작곡자 슈만은 분열성의 성격장애자로 유명하다. 그가 작곡한 음악을 괴테(Goethe)에게 기증하면서 그는 '로버트 슈만(플로레스탄과 유스비우스)으로부터' 라는 서명을 했다. 플로레스탄과 유스비우스란 이름을 함께 썼던 것이다. 플로레스탄은 베토벤의 오페라에 나타난 권력있고, 활화산과 같으며, 폭력적인 성격으로 그 당시에 유해한 사람의 이름을 딴 것이었고 유스비우스는 크리스트교의 순교자로서 온순하고 감성적이며 우울했던 사람의 이름에서 온 것이다. 슈만의 피아노 곡에 어떤 곳에는 'F' 로 또 다른 곳에는 'E' 로 서명을 해 놓았다. 이러한 작품들은 그것을 작곡할 당시에 강하고 폭력적인 자신의 이미지와 약하고 우울했던 자신의 이미지가 아마도 서로 갈등을 일으켰을 가능성이 높다. 슈만은 어렸을 때에 어머니와의 애착상태가 불안정하게 이루어져 상당히 힘든 인생의 경험으로 고통을 당했었다.

(3) 해리성 정체장애(다중적 성격장애)

정상적인 사람은 개인적인 기억과 적합한 태도, 신념, 흥미, 가치관, 목적, 좋은 것과 싫어하는 것, 버릇과 행동 등을 포함한 타당성이 있는 하나의 자아를 갖는다. 그 사람은 다른 면의 자아를 지니고 있다 하여도 또한 시간이 흘러감에 따라 자아는 보편적으로 일치하고 통합된다. 정상적인 사람이 경우와 사건에 따라 다른 사람처럼 보인다는 것은 상당히 이례적인 일이다. 정상적인 사람은 자신에게 심각하게 모순되는 점을 알아냈을 때에 그 모순의 문제를 풀어서 자신의 일체감을 유지하도록 노력한다. 어떤 사람이 일반적으로는 정상으로 행동을 했는데 어떠한 이유에서인지 통례적인 자신의 행동에서 벗어나서 고약하고 가학적인 행동을 했다고 하자. 만약에 그 사람이 자신의 모순적인 행동을 알아차렸다면 그 사람은 왜 그렇게 행동을 했는지를 생각하게 될 것이다. 그리고 그날은 자기가 정상이 아니었다는 말을 하게 된다. "그날은 기분이 좋지 않아 보통의 성격과는 달리 상당히 화가 나서 다른 사람의 자극에 과잉 반응을 한 것이다. 하지만 그것은 나의 진짜 모습이 아니다." 이러한 방법으로 그 사람의 도발적인 행동에 대한 설명을 하여 자신 속에 있는 좋은 면의 이미지를 유지한다.

분열된 성격의 사람은 일관성이 없는 자아를 나타낸다. 두 개의 체제, 즉 하나의 요소가 다른 요소와 합해지지 않고 현저하게 따로 존재한다. 이런 사람에게 어찌하여 그러한 행동을 하였는지에 대한 질문을 하게 되면 "나는 상당히 화를 잘 내는 기질이다. 나는 발끈 화를 내지만 또한 금방 풀어진다"라고 대답을 한다. 하나의 성격체제가 활동을 할 때에는 그 성격이 너무나도 두드러지기 때문에 다른 한쪽을 생각할 여지가 없다. 현재에 작동하는 성격체제가 현실인 것이다. 그 사람은 현재에 작동하는 체제로부터 논리적으로 상반되는 모순을 검토할 만한 객관성을 가질 수가 없어서 일치하는 않는 점을 일치시키려는 노력을 할 수 없게 된다.

분열된 성격을 가진 사람은 스트레스를 대처하기 위한 방법으로 분열을 사용하기도 한다. 예를 들어 그 사람의 일반적인 성격은 온순하고, 겸손하며, 정제되고 회유적인 사람이다. 그 사람이 화가 대단하게 났고 이에 대한 보복을 하고 싶은 욕망이 큰데 보복을 하려면 자신의 성격이 아닌 다른 성격을 표출해야 하기 때문에 너무나도 큰 위험이 따른다. 이 사람에게 분열적인 성향이 있다면 다른 쪽의 자아로 바꾸어 원래의 자아에서는 행동하기 어려운 폭력을 구사할 수 있다. 그리고는 동기가 시행되어진 데에 대해 만족감을 얻고서는 마치 폭력은 다른 사람의 행동인양 원래의 자아로 되돌아간다. 이러한 방법으로 자신을 방어하면 폭력적인 행동에 대한 책임감이 없이 원래의 온순하고, 겸손하며, 정제된 성격으로 안전하게 되돌아갈 수 있는 것이다. 하나의 자아 체제가 활동하면 다른 체제의 자아는 사라져 버린다. 이러한 갑작스러운 전이는 다른 사람의 눈에는 상당히 돌발적으로 보이는 것이다. 하지만 온순한 원래의 자아가 폭력적인 두 번째의 자아에게 원래의 자아가 수용할 수 없는 충동성을 표현하는 길을 열어주고 있다.

해리성 정체장애(Dissociative Identity Disorder)는 하나 이상의 자아가 번갈아가며 나타나는 분열상태를 통해 그 특징을 나타낸다. 전형적으로 학대를 받고 자란 경험이 있는 사람에게는 온순하고 정제된 성격이 평소에 나타나는 성격으로 표출되는 것이 안전하다고 생각한다. 이런 사람은 다른 사람으로부터의 보복이 두려워 자신이 표현하고 싶은 금지된 행동을 감히 표현하지를 못한다. 따라서 온순하고 절제된 자아를 첫번째 성격으로 나타낸다. 아마도 오랜기간 동안 자신을 학대한 부모나 또는 양육자의 폭력성을 통해 배웠을지도 모르는 또 다른 거칠고 폭력적인 성격은 공중 앞에 아직은 나타내지 않고 있다. 이렇듯 숨겨진 성격을 제2의 성격이라 한다. 어떤 사람은 이러한 제2의 성격을 폭력배나 나쁜 사람으로부터 어린아이를 보호해 주는 강하고 정의로운 친구로 상상하여 자신과 동일시하면서 키운다. 이 상상화된 사람은 말하는 스타일이나 행동, 세밀한 느낌이나 생각, 제스처 등이 인지적으로 그 사람의 머리에 상세하게 지각되고 각인된다. 결과적으로는 이 상상화된 사람이 그의 제2의 성격으로 굳혀지게 되는 것이다. 성장하여 성인이 된 후에 폭력을 통해 갈등을 풀어야 할 경우가 되면 이러한 제2의 성격으로 이를 해결하는 것이 안전하다는 생각을 하게 된다. 이러한 방법으로 동기를 만족시키기 위해 폭력적인 행동이 나온다 해도 나중에는 폭력성이란 전혀 없었던 것과 같은 원상태의 성격으로 되돌아갈 수 있는 것이다. 그 사람은 자신이 그렇게 행동을 했었다는 것조차 기억을 못하는 경우가 있다. 그 사람의 기억이 하나의 성격이 작동하고 있을 때는 다른 쪽의 성격이 행한 행동에 대한 것을 기억한다는 것은 어렵기 때문이다. 이리하여 해리성 정체장애를 가지고 있는 사람은 양쪽 성격의 갈등을 처리하기 위한 하나로 응집된 자아의 통합이 없기 때문에 그 결과로 존재해야 할 행동에 대한 기억이 끊어지게 되는 것이다.

(4) 경계선 성격장애의 사례

사례1

30대의 한 여인은 자신이 일하고 있는 전문직에서 평가가 좋지 않을 경우마다 상관으로부터 해고를 통보받을 것 같은 스트레스를 이기지 못하고 자신의 팔과 배를 칼로 자해하는 행동을 하였다. 그녀가 그런 자해 행동을 할 때에는 감각이 없어져서 아픈 것도 느끼지 못하고 그런 행동 뒤에는 마음이 안정되는 것을 경험하였다. 그녀는 또한 위가 아파서 견딜 수 없을 때까지 음식을 먹어대었다. 예를 들면 그녀는 죽 두 그릇을 먹고, 케이크를 하나 다 먹고, 과자 한 상자 그리고는 팝콘 등을 먹으면서 이렇듯 먹는 동안에 자학으로 자신의 몸을 칼로 자해하였지만 그러한 행동으로 마음의 안정을 얻을 수가 없었다. 그녀는 그러한 행동을 하는 동안에 자신이 무엇을 하였는지를 기억해 내지 못했다. 치료자가 해외 여행을 갔을 때에 그녀가 자살을 할지도 모른다는 예견을 했기 때문에 치료자는 그녀를 정신병원에 몇 차례 입원을 시켰었다. 그녀는 어떤 치료자와 병원은 좋아하였고 또 다른 치료자와 병원에 대하여는 분노하고 있었다.

그녀의 어머니는 완벽주의자였고 능력이 있었으며 집안 일을 질서정연하게 처리하였다. 그녀의 어머니는 그녀가 모든 일을 완벽하게 처리해 줄 것을 기대하였고 그녀 혼자의 힘으로 성공하기를 바랐다. 그녀는 어머니에게는 분노하였으며 아버지를 가깝게 느꼈으나 그는 알코올중독자였다. 그녀가 청소년기가 되었을 때에 자기 아버지의 술 마시는 습관을 고쳐보려고 노력을 하였으나 그 아버지는 그녀가 아들이 아니라는 이유로 그녀의 말을 듣지 않았다. 방과 후 그녀가 집에 혼자 있을 때에 그녀는 자신의 오빠로부터 매일 성적인 학대를 받았다. 그녀가 이러한 문제로 어머니로부터 도움을 받으려고 했을 때 어머니는 그녀가 그러한 행동을 받을 만한 원인을 제공하였을 것이라는 핀잔만 주었다.

그녀는 자신에게는 자아와 정체성이 없다고 느꼈다. 그녀는 교육도 많이 받았고 전문적인 직업인으로 성공도 하였지만 그러한 그녀의 성취를 당연시하는 어머니의 생각 때문에 그만한 성취는 아무것도 아닌 것으로 집안에서는 생각되었다. 그 아버지는 여자를 하찮은 존재로 생각했다. 그녀는 자신이 인간으로서 대접을 받을 수 있는 단 한 가지 방법은 병에 걸리는 것뿐이라는 생각을 하였다. 이는 그 방법뿐만이 어머니의 완전하라는 명령에서 도피할 수 있기 때문이었다.

사례2

38세 된 여인이 성형수술을 한 뒤에 심리치료를 받으러 왔다. 그녀는 자신을 칼로 찌르는 자해를 감행했고 또한 자살 소동을 벌린 일 때문에 병원에 입원을 한 경험이 있었다. 항우울제가 그녀의 자아가 결여된 빈 껍질과 같은 생활에 도움이 되었다. 일 주일에 세 번씩 치료자에게 와서 도움을 받은 후에 그녀는 학교에 돌아가 학업을 계속할 수 있었고 제법 공부를 잘 해내었다. 그녀는 몇 가지 성향을 지니고 있었는데 이들 중에 어떤 부분은 좋은 특성으로 일을 잘 처리하는 성향이었고, 어떤 부분은 지속적으로 자신을 자해하는 것이었고, 다른 하나는 치료를 인생의 끝이라고 생각하는 성향이었다.

그녀는 자신의 아버지와 형제로부터 신체적으로 또한 성적으로 학대를 받고 자랐다. 그녀의 어머니는 일찍 돌아가셨고 그녀의 아버지는 늙고 쇠약해져서 양로원에 입원하고 있었다. 그녀는 자기 형제들에게 애착관계를 나타내고 있었는데 불행하게도 형제들은 그녀가 열등하며 쓰레기 같다고 생각하고 있었다. 이러한 상황에서 그녀가 적응의 방법을 택한 것은 그녀 과거의 열등함을 만회하려는 생각으로 성형수술로 자신의 못난 외부를 변화시켜 내면의 힘을 강화한다는 것이었다.

이러한 생각에 그녀는 성형수술을 단행하였다. 그녀는 성형수술을 한 뒤에 집에 돌아가 자기 형제들에게 자신의 성취한 일을 보여주었다. 그 결과 그 형제들은 다시는 집에 들어오지 말라고 하였다. 그녀는 이러한 형제들의 반응을 그녀가 집안에서 정신적으로 부족하며, 못나고, 쓰레기 같은 존재로 남아야 한다는 것으로 받아들였다. 그녀는 못난 자신만이 그 집에서 존재할 수 있고 만약에 자신이 지적이고 정상적인 외형을 가졌다면 그 집안에서의 존재가치가 없다는 것으로 생각되었다. 그녀가 치료를 받는 동안에 그녀는 자신이 함정으로부터 사다리를 타고 올라오는 것 같다는 말을 하며 그러나 항상 자기 뒤에서 누군가가 그녀를 잡아당기고 있는 것 같다는 표현을 하였다. 그녀는 이렇게 자신을 잡아당기고 있는 것은 자신의 형제들이라고 하였다.

그녀가 집안에서 편안한 상태가 되려면 그녀는 강하고, 똑똑하며, 사회적으로 재주가 있다고 그녀의 형제들에게 자기주장을 하는 것을 포기해야만 했다. 그녀는 항상 그녀를 정신적으로 열등하고, 못났으며, 가치가 없다고 생각하는 형제들에게서 사랑과 승인받기를 포기하는 쪽으로의 도전을 하는 것이 훨씬 좋은 치료방법이었다.

이렇듯 경계선 성격장애자들에게는 비참한 어린 시절의 사연이 있다. 부모와의 관계에서 애착관계가 이루어지지 못했고 신체적으로나 정신적 또는 성적인 학대를 받았던 경험이 있는 것이다. 어머니의 모호하고 양가적인 양육태도 또한 이러한 성격장애로의 성장을 가능하게 한다. 이렇게 성장한 아이들은 진정한 자아의 성장이 불가능하게 되어 성숙하지 못한 그리고 자신을 자학하는 등의 손상된 인생을 살게 되는 것이다. 세상에 태어나서 3세가 되는 기간 동안 어린아이에게 신체적으로나 정신적으로 버려짐의 아픔을 겪지 않게 하며 안정된 애착관계를 형성하게 하는 것이 부모의 필연적인 의무이다.

4
예술가와 성격장애

세상에 존재하는 인정받는 많은 예술가들은 그들만의 세계를 독특하게 독창적으로 표현하고 있다. 그의 내면에 세계가 어떠한 과정으로 형성되어 그토록 창의적인 작품으로 표현하고 있는지에 대하여 알기는 어렵다. 하지만 그 중 어떠한 예술가들은 그들의 작품을 보는 것만으로도 어려운 고통 속에서 인생을 힘들게 산 것이 아닌가라는 생각이 들게 만든다.

예술가들의 창의성은 유전에서 기인한 것인지 아니면 생활해 온 환경과 경험에서 오는 것인지에 대하여 알 수는 없다. 하지만 진정한 자아의 확립이 예술가들의 창의성에 지대한 영향을 미친다는 말은 있어 왔다. 즉, 진정한 자아의 확립이 사람을 성숙하게 만들어 자율적인 성인으로의 성장을 가능하게 하고 자기 활동과 자기 표현을 할 수 있도록 해 주며 자신감을 가지고 살 수 있도록 해 주기 때문이다.

진정한 자아의 발달은 부모와의 건강한 관계가 큰 관건이 된다. 어머니와의 불안전한 애착관계, 자기애성의 부모와의 관계, 전제적이고 탐욕스러운 부모와의 관계, 또는 회피성, 강박성 성격장애나 경계성 성격장애를 지닌 부모 밑에서 성장할 경우 진정한 자아확립에 많은 어려움을 겪게 된다.

보통 사람들도 이러한 유형의 부모들에게 성장을 하면 성격장애자로 발전될 가능성이 많다. 예술가들도 예외는 아니어서 사실상 부모와의 건강하지 못한 관계로 인해 어려운 인생을 살아간 예술가들이 많다. 부모와의 불안정한 애착관계로 인해 자아발달에 문제가 있었고, 어떤 예술가들은 자기애성의 탐욕스러운 부모와의 관계에서 심하게 손상된 자아를 가지고 힘들게 생활하였다. 하지만 다행하게도 많은 재능을 가지고 있어서 그들은 자신들의 창의성으로 말미암아 높은 경지의 예술으로써 인생을 승화시킬 수 있었다. 그들은 진정한 자아를 추구하는 방법으로 창의성을 강화하여 손상된 자아를 승화시키는 방법으로 예술가로서의 기량을 발휘하였다. 약하고 손상된 자아는 다른 한편으로 그들의 비극적인 장애를 예술로써 표현하게 만들었고 이러한 이유에서 그들의 창의성은 진정한 자신을 찾는 수단이 되었다.

불행하였던 인생을 창의성으로 극복하여 자신의 정체감을 찾는 목적으로 승화시킨 사람들은 철학, 미술, 음악, 문학 등의 분야에서 이 세상에 널리 명성을 떨친 사람들이 많다. 이 장에서는 세상에서 유명하게 명성을 떨친 대표적인 철학자 및 예술가들이 그들의 어린 시절 부모와의 애착관계에서 어떠한 손상을 입었으며 이러한 손상된 자아가 그들의 예술세계에 어떻게 표현되었는지에 대하여 살펴보고자 한다. 성격장애를 지닌 예술가들은 상당히 많다. 하지만 이 곳에서는 어린 시절에 어머니와의 관계에 문제가 있었던 것으로 나타난 예술가들의 사례만을 다루고자 한다.

1. 철학자 및 작가 사르트르

사르트르(Jean Paul Sartre)는 자신의 어린 시절에 할아버지와 할머니 그리고 어머니가 그의 막 시작하려는 자아발달을 알아차리지 못하고 이를 부적절하게 이상화시킴으로써 그를 잘못 인도하여 심하게 손상된 자아, 즉 자기애성인 성격장애(Narcissistic Personality Disorder)를 갖게 되었다고 회고하고 있다.

사르트르는 자신의 저서에서 다음과 같이 말하고 있다.

"나는 거짓된 아이였다.(중략) 나는 나의 행동이 극적으로 변하는 것을 느낄 수 있었다. 연극과 같은 나의 행동이 참된 세상과 사람을 나에게서 빼앗아 갔다. 나에게는 '나 자신만의' 인생이 없었고 그들이 하라고 지시하는 대로 성장하였다.(중략) 내가 존재해야 하는 나 자신만의 이유는 없었다. 나는 갑자기 나 자신이 실제로 나 자신으로서 인정받지 못한다는 것을 알게 되었고 이토록 질서정연한 세상에서 나의 불필요한 존재에 대하여 수치심을 느꼈다. 나의 진실과 내 존재는 주변 성인들의 손에 있었다. 나는 그들의 눈을 통해 나 자신과 세상을 보는 것을 배웠다.(중략) 그들이 없을 경우에도 그들의 눈초리가 내 뒤에서 항상 나를 응시하였다. 나는 그들의 응시 속에서 뛰어 오르고 달렸으며 이러한 사실이 나의 성품을 그들에게 맞추어진 손자로서의 모델로 굳어지게 하였다. 이는 분명하게 모든 것을 망쳐

놓았고 나는 가명을 쓰고 있는 사기꾼과 같았다.(중략) 맑고 환한 외형은 진정한 자아가 없는 사람으로 만들었고 이러한 상황을 그때에는 이해하지 못하였다. 나는 본질적이지도 영구하지도 못했고··· 나는 불필요한 사람이었다. 나는 영혼이 없는 사람이었다. 나의 존재는 없었고 깊이도 없었으며 내 자신을 통찰해 볼 수도 없었다. 나는 지워버릴 수 없는 투명함과 같은 아무 것도 아니었다"라고 고백한다(Masterson, 1985).

사르트르가 자신의 어린 시절을 명확하게 회상할 수 있는 뛰어난 능력은(이는 대부분의 자기애성인 성격장애를 가진 사람은 그들의 어린 시절에 있었던 비극을 기억해 내는 데 나타나는 저항을 없애기 위해서 많은 심리치료를 필요로 하는 것과 비교할 때에 아주 예외라고 할 수 있다.) 그의 이론에 풍부한 자원을 제공하였다. 그는 본질적으로 자아가 결핍되어 있어 이러한 결과가 타인과의 관계를 진지하지 못하며, 내용이 없는 것으로 만들었다. 이러한 사실들이 그의 심리적인 발달에 많은 영향을 미치게 되었고 이러한 문제를 해결하기 위하여 후에 그는 '존재와 아무 것도 아닌 것(being and nothingness)'에 대한 철학을 내어놓고 있는 것이다.

사르트르 자아의 발달은 자기애성의 성격장애의 덫에 걸렸다. 당당하고 능력이 있는 것과 같은 가식의 자아가 약하고 텅 비고 아무 것도 아닌 것과 같은 손상된 자아에 의해 자신이 아무 것도 아니라고 느낄 때에는 그는 어머니와 조부모를 마음 속에 투사하여 자신과 동일시하였다. 그리고 그들의 필요에 맞는 거울과 같은 행동을 하였다. 그들이 그에게 원하는 자기애성인 반응을 보임으로써 자신에게는 어떠한 대가를 치르게 되더라도 그는 그들에게 완벽한 손자의 역할을 하였다. 이러한 행동은 어찌할 수 없이 그들에게 먹혀버릴 것만 같고 자아를 잃어버릴 것 같은 두려움을 수반하였다. 그의 참 자아는 덫에 걸렸다. 그는 이 경험을 텅비고, 모호하며 내용이 없는 휘말림의 두려움(fears of engulfment)이라고 표현한다.

사르트르는 이 문제를 글을 쓰는 것으로 풀려고 노력했다. 글 쓰는 일은 그의 가족으로부터 무시를 당하였을 때, 거울에 비추일 대상을 잃은 것과 같이 오히려 그에게는 어느 정도의 참 자아를 경험할 수 있는 심리적인 공간과 사생활을 허락해 주었다. 그는 자신의 거짓된 자아와 참 자아를 구별하는 작업을 시작하였다.

“내 이야기의 줄거리는 복잡해졌다. 나는 여러 방면의 에피소드를 소개하였다. 나는 좋든지 나쁘든지 이것저것 가리지 않고 많은 것을 읽었다. 그 결과로 이야기의 전개는 난항을 하였다. 이러한 이유 때문에 나는 발견하는 것을 알게 되었고 이에 따라 표절은 적게 하게 되었다”고 사르트르는 말하고 있다.

“나는 비로소 내 자신을 찾기 시작하였다. 전에 나는 대부분의 활동에서 내용이 없는 아무 것도 아니었다. 나는 연극적인 행동으로부터 도피하고자 하였다. 나는 도피하고자 하는 것에 대한 작업은 시작하지 않았으나 연극은 이미 끝을 내고 있었다. 거짓말쟁이는 그의 거짓표현에서 진실을 찾고 있었다. 나는 타고난 작가였다. 작가가 되기 전에 나에게는 오직 거울 속의 연극만이 존재하였다. 내 첫번째 소설로 나는 연극을 하던 그 어린이가 거울 속에 있다는 것을 알았다”고 말한다.

“나는 내 자신을 둘로 나누었는데 그 하나는 작가로서의 영웅이 아직도 내 안에 있었다. 나는 그를 통해 나의 영웅적인 꿈을 투사했다. 이와 같이 그 곳에는 두 사람이 있었는데 그는 내 이름을 가지고 있지 않았고 나는 그를 제3의 사람이라고 불렀다. 그에게 내 자신을 투사하는 대신에 원하는 형상과 내 자신이 되고자 하여 노력을 기울인 사람으로 그를 꾸며 놓았다. 그리고 그 사람으로부터 느껴지는 '거리감'이 나를 놀라게 하였고 또한 매료시켰다. 나는 아주 내 자신이 아닌 나로서 그가 되는 것이 기뻤다(Masterson, 1985)."

하지만 조부모와 어머니에게 먹혀 들어갈 것만 같은 두려움을 대할 때에 그는 이러한 자신에 대한 추구는 던져버렸다. 그는 거짓된 자아와 진정한 자아가 서로 분리된 채로 유지하였고 추가적으로 자신에 대한 방어체제를 도입하여 결국 그는 지식인이며 철학자가 되었다.

사르트르의 철학의 의의

진정한 자아를 찾기 위한 적극적인 노력에 대한 내용이 그의 철학의 핵심이 되었다. 그는 손상된 자아에 대한 공허함, 외로운 한 인간이 진정한 자신을 찾으며, 자신이 원하지 않는 데에 먹혀 들어갈 것만 같은 두려움에서 해방되려는 방편으로 창의성을 활용하였다. 이러한 요소들이 그의 의식의 철학, 즉 존재와 아무것도 아닌 인간의 조건에 재등장된다. 존재한다는 그 자체가 의식이며, 또한 아무것도 아닌 것이며 아무런 정체성도 갖고 있지 않다는 것이다. 이러한 생각은 그의 손상된 자아와 관련된 공허함에서 나온 것이다.

사르트르는 아이로서 자아의 형성에 조부모나 어머니의 도움을 받지 못했기 때문에 혼자의 힘으로 이를 창조해야만 했다.

이러한 이유로 그는 인간은 누구의 도움 없이 스스로 참 자신을 창조해야 한다고 생각하고 있다.

사르트르의 참 자신을 찾겠다는 욕망이 그를 작가의 길로 가게 만들었다. 이 길이 그를 어머니와 조부모에게 먹혀 들어갈 것과 같은 두려움에서 해방시키고, 그들의 영향에서의 이탈, 지식으로부터의 거리감과 같은 것과 대항하여 진정한 창의성을 활발하게 활용하게 하였다. 이에 따라 그의 철학은 그의 감정적인 자신의 문제, 즉 '존재와 아무 것도 아닌 것'에 대한 합리적인 바탕에서 비롯되었다 하겠다.

2. 화가 뭉크

뭉크(Edvard Munch)는 노르웨이의 한 가정에서 5형제 중 둘째로 태어났다. 그의 누나는 뭉크보다 한 살 위였다. 그의 아버지는 군의관이었는데 어머니 연세보다 두 배나 많은 나이였다. 어머니는 뭉크가 어렸을 적부터 결핵을 앓고 있다가 그가 5세 되는 해에 5명의 자식을 놓아 둔 채 30세의 젊은 나이로 세상을 떠났다. 뭉크는 자주 병치레를 했기 때문에 정규적인 교육을 받지 못했다. 13세 때에는 폐결핵이 심해져서 거의 죽음 가까이까지 갔었다. 그는 그의 일기에서 "병마와 정신이상 그리고 죽음의 사자가 내 요람 위에 떠 있었고 나의 전 인생을 통해 나를 따라 다녔다"라고 쓰고 있다.

민감한 아이인 뭉크는 어렸을 때에 자신이 원하는 관심을 어머니에게서 받지 못했고 불안정한 애착관계로 인하여 그는 일생을 힘들게 살았다. 그 이유는 본인의 출생 이후에 동생들은 연년생으로 태어나고(어머니는 7년 간의 결혼 생활에서 5명의 아이를 낳았다) 어머니는 폐결핵으로 점점 힘이 없어졌기 때문에 뭉크는 어머니와의 애착관계가 성립될 수 있는 상황이 아니었다. 이는 그의 그림에서 나타나고 있는데 어린 뭉크가 어머니에게 팔을 뻗쳐도 어머니의 시선은 바느질에만 머물고 있는 것으로 그의 힘든 마음을 표현하고 있다.

어머니가 세상을 떠난 후에 이모가 와서 집안 일을 도왔고 그

에드바르드와 어머니(Edvard and His Mother)

는 누나와 가깝게 지냈으나 그의 누나는 그가 15세가 되던 해에 어머니와 마찬가지로 폐결핵으로 세상을 떠났다.

이렇듯 불우한 그의 어린 시절이 그에게는 지워지지 않는 낙인이 되어 그의 성격과 그림에 나타나게 되었다. 그의 두려움은 너무나 커서 사람과의 관계를 가질 수가 없었다. 여자와의 관계는 마틸드(Mathilde Larsen)를 제외하고는 상당히 피상적인 관계였고, 산발적이며 하나의 에피소드와 같이 짧았다. 하지만 마틸드가 결혼하자는 제의를 하자 그는 도피해 버렸다. 그에게 여자는 자신의 예술을 추구하는 인생에서 방해가 된다고 생각하고 있었다. 그는 자아를 찾고자 예술을 추구하였는데 그의 자아가 하도 피상적이어서 인간관계의 위협 앞에 이를 개방할 수 없었다. 그는 "나는 사랑을 한 적이 없다. 나는 산을 옮기고 사람을 변화시키고 마음에서 우러나오는 눈물을 흘릴 수 있는 정열과 한 사람을 목숨을 다해 사랑하는 희열을 경험한 적이 없다. 그리고 '여인이여, 나는 당신을 사랑합니다, 당신은 나의 모든 것이요' 라는 말을 할 수 있었던 그 누구도 없었다" 고 고백한다. 우울증, 외로움 그리고 알코올중독이 그를 괴롭혔고 별로 효과를 볼 수 없었지만 그는 건강요양원에서 많은 시간을 보냈다. 45세 때에 그의 알코올중독은 더욱 악화되었고 그는 망상과 환상으로 괴롭힘을 당해 그 해에 8개월 동안 병원 신세를 지기도 하여, 그는 한때에 "나는 미쳐가고 있다" 라는 말을 하였다(Epstein, S., 1983).

그의 그림은 대부분 그래픽을 이용한 화상법을 활용하였고 분리공포, 버려짐에 대한 우울증, 죽음과 비통함 등을 나타내고 있다. 그의 유명한 그림 『비명(The Scream)』과 『죽은 어머니와 아이(The Dead Mother and Her Child)』는 자신의 어머니가 영원히 돌아올 수 없는 죽음의 길로 간 것에 대한 공포를 나타낸 것이다. 그는 잃음과 죽음 그리고 버려짐에 대한 느낌을 여러 번씩 반복하여 나타내고 있다. 죽음의 침대, 병자 방에서의 죽음, 병든 어린이, 우울, 어머니의 죽음, 죽은 어머니와 어린이 등이 뭉크 그림의 주제이다.

뭉크는 그의 그림 『비명(The Scream)』에 대해 다음과 같은 시

비명(The Scream)

죽은 어머니와 아이(Dead Mother and Her Child)

를 쓰고 있다.

밑에는 피요르드가 흐르고 있는
도시의 길 한 귀퉁이를 어느날 저녁에 걷고 있었다.
나는 피곤했고 몸이 아팠다-피요르드 너머를 보았을 때-해는 지고 있었고-구름은 마치 피와 같이 붉어졌다.

이는 마치 비명소리가 자연을 스쳐가고 있는 것과 같이 느껴졌다-나는 비명소리를 듣는 듯 했다. 나는 이를 그림으로 그렸다-진짜 피와 같이 붉은 구름을-그 색은 비명을 지르고 있었고-이는 인생 한폭의 그림 『비명』이 되었다.

멈추어 서서, 나는 죽을 것 같이 피곤한 몸을 난간에 기대었다. 푸르고 검은 피요르드 위로 붉은 피와 같은 구름은 불꽃의 혀와 같이 사냥을 하고 있었다. 나의 친구는 떠났고, 나는 혼자서 두려움에 떨며, 위대하고 무한대한 자연의 비명소리를 경험하였다.

> One evening I wandered along the road–on the one side lay the city, and below me the fjord. I was feeling tired and ill–I looked over the fjord–The sun set–the cloud become red–like blood.
>
> I felt as if a scream went through nature–I seemed to hear a scream. I painted this picture–painted the clouds like real blood–The colors screamed–This became the painting The Scream in the Frieze of Life. Stopping, I leaned against the rail, nearly dead with fatigue. Over the blue–black fjord, hunting the clouds red as blood and like tongues of flame. My friends left, and alone, trembling with fear, I experienced the great infinite scream of nature.

뭉크는 여자에 대한 지각의 어려움을 『마돈나』, 『뱀파이어』, 『분리』, 『여인』, 『질투』 등의 그림에서 표현을 하였다. 81년 간의 생애에서 그는 수도 없이 많은 그림을 남겼으며 창작에 대한 열정적인 충동은 그의 진정한 자아를 찾기 위한 노력이었다.

3. 작가 토마스 울프

『고향에 다시 돌아갈 수 없다』, 『시간의 강물』, 『고향의 천사를 보라』의 작가로 잘 알려진 토마스 울프(Thomas Wolfe)는 경계선 성격장애자로도 널리 알려져 있다. 그의 창의성을 뺀 나머지 능력은 발달선상에서 묶여서 모든 면에서 사막에 홀로 서 있는 것과 같이 손상된 심리적 정서를 나타내었다. 그는 사람과의 인간관계도, 또한 자율성도 부족하며, 성격이 충동적이고 비조직적이어서 그의 인생을 계획하는 데 문제가 많았다.

그는 글을 쓰는 활동을 통해 자신에 대한 자긍심을 강화시켰고 이를 통해 주변의 사람과도 교분을 갖는 계기를 만들었다. 더욱 중요한 것은 그는 자신이 홀로 내면으로 느낀 심리적인 경험을 바탕으로 글을 썼다. 이렇듯 글로 표현할 수 있는 그의 창의력은 그를 자칫 자멸로 인도했을 법한 '자신은 버림을 받았다' 는 우울증에서 벗어나 적응력이 있는 승화의 길로 인도하였다(Masterson, 1985).

그는 경계선 성격장애로 인해 고통을 받았고 자아 발달은 묶여진 상태였다. 그의 심리적인 구조는 모든 경계선 성격장애자가 그렇듯이 인간관계에서 보상을 받으려는 것과, 또는 소외되고 회피하는 관계로 또는 병적인 자아와 현실적인 자아와의 관계로 구성되어 있었다. 방어적인 자아와, 자신의 활동이나 표현을 회피하는 병적인 자아는 어머니의 애정으로 보상받고자 하는 마음에서 보상과 병적인 자아 사이에서 갈등하고 있었다.

그의 독특한 점은 주변환경의 큰 스케일을 통해 투사하고 행동한다는 것이다. 그는 자신의 느낌을 외부로 발산하여 그의 감정적인 문제를 대지와 같은 넓은 규모로 쏟아내는 것으로 아주 극적으로 그 자신을 표현하였다.

이러한 강도가 높은 투사와 그의 행동은 자신 내부의 감정상태를 다른 사람과 '대지'에 심리적으로 내용을 비워내는 작업이었다. 이는 극도로 비어있는 그의 심리상태가 이를 채우려는 대단한 충동으로 이어져 어려서부터 강박적으로 주변의 자극에 대해 읽고, 알려고 하고 기록하였다.

"나의 끊이지 않는 노력은, 즉 내가 본 벽돌 한 장이나, 돌이나, 또는 내가 걸었던 모든 거리, 모든 도시나 모든 나라의 분주한 군중 속에서 만났던 얼굴들을 필사적으로 기록하려는 것이었다"고 그는 회상한다.

그가 글을 쓸 때에 모든 지각을 통해 이루어 놓은 기록은 그에게 좋은 자료가 되었다. 그가 보아왔던 모든 돌, 모든 거리, 모든 마을 또한 그가 대학을 다닐 때 탐닉했던 도서관의 책, 선반에서 꺼내 읽었던 모든 책들이 그의 슬프고 조용하게 미쳐버린 꿈에 날개를 달아 주었다.

토마스 울프의 추구

경계선 성격장애는 토마스 울프의 생애에서 큰 부분을 차지했다. 그는 어머니와의 공생적 의존상태의 그물에 붙잡혀 벗어나지 못하고 있었다. 그의 어머니는 토마스 울프가 정체성을 찾고 자신의 독립성을 찾으려고 할 때마다 심하게 버림을 받은 것과 같은 우울증을 나타내 그로 하여금 어머니를 떠나지 못하게 하는 방어체제를 가지고 있었다. 토마스 울프는 자신의 정체감을 전능의 어머니 형상에서 찾으려고 하였다. 그의 어머니는 토마스 울프를 자신의 만족을 위하여 인격체가 아닌 물건과 같이 다루었고 이러한 이유에서 그는 경계선 성격장애의 덫에 걸려 발달선상에서 고착된 상태로 지내야 했다.

토마스 울프는 자신의 책에서 인간 발달의 모든 변화의 양상을 아름답고 능숙하게 표현하고 있다. 하지만 그의 정체성을 찾고자 하는 열망이 어머니에게 알려지게 되면 그 이유로 자신이 곧 어머니에게서 버림을 받을 것과 같은 두려움이 극심해져서 이러한 이유가 우울증으로 나타나는 것을 느꼈다. 그의 독자들은 그의 작품에서 두 가지 성숙한 수준의 은유를 다음과 같이 감찰하고 있다. 그 하나는 오이디푸스 수준의 갈등으로 어머니를 성적인 대상으로 생각하고 싶은 마음과 이에서 해방되고 싶은 마음의 갈등이고, 둘째는 그의 후반기 인생에서 모험을 강행하고 싶은 마음과 안정과 익숙함에 안주하고 싶은 마음의 갈등인 것이다.

토마스 울프의 유년기

토마스 울프는 8형제의 막내로 태어났다. 그는 바로 위의 형과는 여섯 살 차이였고 그 부모의 결혼은 참으로 바람직하지 못했다. 어머니는 자기중심적인 사람이었고, 지배적이고, 소유욕이 강하고, 구두쇠에다 욕심쟁이이었다. 그녀는 자신의 욕심을 채우기 위해서는 아이들의 어떤 흥미도 희생할 수 있는 욕심이 많은 사람이었다. 아버지는 민감하고 따뜻하며 건장한 사람이었지만 자기자신과 가족에 대한 책임을 질 수 없는 사람이었다. 그는 심한 우울증에 시달렸고 이 우울증이 그를 알코올중독자로 만들었다. 그는 책임을 져야 하는 그의 인생에 대한 분노를 배출하는 방편으로 무자비하고 쓰디쓴 욕설로 그의 부인과 아이들을 공격했다. 그는 비참한 인생을 부인과 아이들의 탓으로 돌리고 그들에게 죄의식을 주입시켜 가족들이 그를 돕도록 만들었다.

토마스 울프는 가족 중의 어린아이로 취급을 당했다. 그는 막내로서 어머니의 지나친 소유욕의 대상이었다. 그의 어머니는 다음과 같은 말을 하였다.

"토마스 울프는 아기였고 나는 그를 아기로 키웠다. 그는 큰 소년이 될 때까지 나와 같이 잤고 그가 세 살 반이 될 때까지 젖을 떼지 않았다. 그는 그때까지 젖을 먹을 이유가 없었으나 습관처럼 젖을 빨았다. 그는 아름다운 갈색의 곱슬머리를 가지고 있었고 나는 매일 곱슬머리를 빗겨 주었으며 그 머리는 어깨까지 닿았다. 그는 자주 다른 사람들이 그를 여자아이라고 부른다며 그 곱슬머리를 자르고 싶어하였으나 나는 항상 '안돼, 그냥 길게 길러' 라고 대답했다. 나는 그의 머리를 자르지 않으면 안될 때까지 길렀고 토마스 울프가 자기 주장을 할 때마다 내 마음에서 나의 아기가 떠나갈 것 같은 슬픔을 느꼈다. '그는 나에게서 멀어지고 있었다' 라고 그의 어머니는 회상한다(Wolfe, 1936).

토마스는 12세가 될 때까지 어머니와 한 방에서 잤다. 그는 어머니와의 깊은 공생적인 의존의 관계를 가졌고 이러한 것이 그에게 창의력의 원천이 되도록 해 주었기도 하였으나 반면에 정체감의 발달에 저해가 되는 감옥과 같은 두터운 심리적인 벽을 만들기도 하였다. 이러한 어머니에 대한 비참한 의존성은 그가 25세에 에이린 번스타인(Aline Bernstein)을 만날 때까지 계속되었다.

아버지와의 관계는 행복한 것이었다고 묘사하고 있기는 하지만 어머니와의 관계에 비해 강도가 훨씬 약했다. 토마스 울프는 아버지에 대한 존재를 갈구하였는데 이는 현실의 아버지가 아닌 자신이 바라는 힘과 지혜가 있는 이상적인 아버지를 갈구하였다. 그의 아버지는 시에 대한 흥미가 많아 긍정적인 면모를 가지고 있기도 하였으나 우울증이 심하여 이에서 헤어나지 못하였기 때문에 토마스 울프에게는 아버지로서의 역할을 하지 못했다. 토마스 울프는 아버지와 함께 문학과 시에 대하여 같이 즐긴 기억으로 인하여 그에 대한 존경심을 나타내고 있다. 큰딸 마벨(Mabel)은 아버지가 제일 좋아하는 아이였고 어머니는 쌍둥이 중의 하나인 그로버(Grover)를 가장 좋아하였으며 토마스 울프는 어머니의 소유물이었다.

어머니의 자기중심적이고 소유욕이 강한 성격이 토마스 울프로 하여금 순종하는 아이로 만들어 그의 발달에 고착을 가져왔을 가능성이 크다. 어머니의 지나친 소유욕이 토마스의 정체성의 확립에 도움을 주지 못했고 이는 오히려 어머니 소유욕과의 갈등관계를 가져왔기 때문에 이에 항상 순종해야만 하는 그의 처지가 자아발달에 큰 손상을 가져왔다. 세 살 반이 되도록 젖을 먹고 어머니와 같은 침대에서 자야 한다는 것은 어머니의 필요에 의해 지나친 공생의 의존관계가 성립됐다는 것임을 알 수 있다.

토마스 울프의 어머니는 그가 4세가 되던 해에 그의 아버지로부터 떠나 세인트 루이스(St. Louis)에 가서 학생들이 기숙하는 집을 운영하였다. 그의 아버지는 큰딸 마벨에게 맡겨 돌보게 하였고 토마스 울프의 형이고 어머니의 가장 좋아하는 아들 그로

버는 장티푸스에 걸려 사망하였다. 그로버의 죽음은 어머니의 인생에서 가장 무서운 상처였다.

그로버가 어머니의 가장 좋아하는 아이였다면 토마스 울프는 그녀의 소유물로서 그녀의 불안과 우울증을 경감시켜주는 역할을 하였다. 토마스 울프가 4세 때에 그의 형 그로버를 잃어버렸고 그 후 토마스 울프는 어머니의 우울증으로 인한 희생양이 되었다. 그는 어머니에게 자아를 찾을 수 있는 기회를 박탈당했고, 어머니와의 공생적인 의존의 관계가 그를 분리에 대한 불안과, 버려짐에 대한 우울증을 경험하게 만들었다. 그때에 토마스 울프는 그로버와 쌍둥이인 형 벤(Ben)과 가까워졌는데 그는 나중에 다시 벤을 잃는 아픔을 겪어야 했다.

토마스 울프의 첫번째 심각한 분리에 대한 불안은 그가 6세가 되던 해에 어머니가 다른 기숙사를 운영하기 위하여 아버지와 분가하는 데서 비롯된다. 그의 어머니는 아버지의 집은 큰딸에게 맡기고 다른 아이들은 망각한 상태에서 토마스 울프에게 그녀와 같이 살아 줄 것을 강요하였다. 토마스 울프는 그때까지 어머니와 한 방에서 자고 있었다. 그는 아버지의 집에 머물고 싶었으나 어머니가 저녁이면 어머니의 집으로 와서 자라고 종용을 했기 때문에 그는 자신이 원하는 것과 현실의 두 가지의 상반된 가치 사이에서 갈등을 하고 있었다. 그는 어머니의 기숙하는 집을 '몸서리가 쳐지는 차가운 무덤'이라고 칭했고 어머니가 기숙사를 운영하는 것에 대해 수치심을 느꼈다. 토마스 울프는 나중에 "나는 가정이 없었다. 7세부터 가정이 없이 두 개의 지붕을 가지고 떠돌이같이 살았다"고 보고했다.

토마스 울프의 두 번째 분리불안은 어머니가 진정한 자아를 찾으려는 그의 흥미에는 관심이 없이 그를 소유하려고 했던 사실이 그를 버려진 것과 같은 느낌을 갖게 하여 우울증으로 발달된 것에서 비롯된다. 어머니의 자기중심성, 소유욕 및 탐욕이 그를 버려질것만 같은 두려움과 외로움으로 몰아 넣었다. 토마스 울프의 경계선 성격장애는 이러한 어머니의 지배욕에서 비롯되었다고 말할 수 있다.

4. 작곡가 로버트 슈만

천재와 광기는 서로 어떠한 방법으로든 연관되어 있다고 생각하기 쉽다. 음악가 로버트 슈만(Robert Schumann)은 특히 천재성과 광기성의 사이에서 많은 어려움을 겪었던 예술가이다. 슈만은 그의 뇌가 서서히 망가지는 기질성 질환을 앓았다. 그의 정신질환은 당시의 심리치료자인 브루어(Bleuler)에 의해 정신분열로 진단되었다. 그는 나이가 들어감에 따라 지속적으로 심한 감정의 굴곡을 경험하였고 그의 일기에는 불안 갈등 그리고 결정을 할 수 없는 일들과 순간적인 기쁨 및 짧은 무아경지에 대하여 놀랍게도 자세하게 기록하고 있다. 그가 43세가 되던 해 거의 죽음에 이르렀던 자살소동이 있기까지 그는 음악의 작곡도 지적인 능력도 또한 문학적인 활동과 지인과의 연락도 계속하였다. 그가 병원에 입원을 하였을 때에도 그는 부인인 클라라와 친구와 도서 발행인들에게 계속하여 편지를 썼고 그 편지의 형태나 내용은 모두 정상적이었다. 그는 병원에 입원하였을 때에 더 이상 작곡을 할 수 없었으나 이는 그가 청년기부터 심한 우울증에 걸릴 때마다 반복되는 현상이었다. 그는 정신병동에서 사회적으로 소외되고 신체적으로 병이 들고 심리적으로 심하게 손상되어 오랜 동안의 단식을 한 그 이유로 사망하게 되었다.

슈만의 어머니는 슈만 이전에 5명의 아이들을 두었고 슈만은 그녀가 거의 폐경에 이를 때에 임신하게 되었다. 슈만 바로 위의 아이가 로라(Laura)라는 이름을 가진 여아였는데 기록에 의하면 로라는 태어날 때가 아니면 태어난 직후에 사망을 하였다. 이러한 이유에서 슈만의 어머니에게는 우울증세가 있었다. 로라 위로는 세 명의 아들을 두었었는데 슈만의 어머니가 슈만을 낳았을 때는 건강한 아이를 낳았다는 기쁨과 함께 슈만이 여아가 아니었기 때문에 실망한 혼란된 감정을 가지고 있었다.

슈만의 아버지 오거스트(August)는 루터란(Lutheran) 교회의 목사 아들로 태어나서 독일의 어려운 시절을 살았다. 그는 부끄러움을 잘 탔고 글쓰는 재주를 타고났지만 고등교육을 받을 기회는 없었다. 가정의 가난함과 종교적으로 융통성이 없는 환경이 그의 문학적인 야망을 질식시켰다. 그가 18세가 되었을 때에 그는 가족의 소망에 따라 장사꾼이 되기로 결심하였다.

슈만의 아버지 오거스트는 조그만 도시로 이사를 가서 그 곳의 책방에서 서기로 취직하였다. 그 책방에서 그는 그 도시의 외과의사의 딸인 요한 슈나벨(Johanne Christiane Schnabel)을 만났는데 그 외과의사는 만약에 오거스트가 자기 딸과 심각하게 결혼할 마음이 있다면 먼저 그 자신의 사업부터 시작을 해야 한다고 하였다. 그래 오거스트는 자기 부모가 있는 도시로 돌아가 책을 썼다. 나중에 슈만은 자기 아버지에 대해서 말하기를 창의적인 활동은 결혼을 위해 동기유발이 되었고 그는 장인에게 돈을 벌어 인정을 받으려는 욕심에서 책을 쓰게 되었다고 했다. 그는 빠른 시일에 8권의 책을 쓰고 조금의 돈을 벌었으나 그것으로 가족을 부양하기에는 역부족이었다. 그래 그는 책을 써서 번 돈으로 슈퍼마켓을 차렸고 그리고는 요한과 결혼을 하였다.

이 결혼은 초기부터 병치레를 해야 했다. 짧은 기간 동안에 그토록 많은 책을 써야 했던 오거스트는 체력이 쇠잔해져서 병을 앓았고 이에 따라 그의 부인이 가게를 맡아 운영하였고 그는 계속해서 책을 쓸 수 있었다. 그의 책의 내용은 환상적인 것에서 실질적인 것에 이르기까지 그 내용이 다양하였다.

슈만이 태어나기 전 해에 그의 할아버지와 그의 누나 로라가 세상을 떠났기 때문에 집안 분위기가 우울할 때에 슈만을 임신했다. 슈만의 어머니는 장기적인 우울증세로 고통을 받고 있었고 그의 아버지는 자주 병치레를 하였다.

슈만은 1810년에 태어났고 그때가 나폴레옹의 동유럽 침공의 시작이었다. 1812년의 나폴레옹의 침공은 슈만이 어린 시절에 겪어야 했던 폭동과 같은 무질서였다. 그때에 발진티푸스가 전쟁중에 유행했고 슈만의 어머니는 발진티푸스에 걸려 어린 슈만은 집을 떠나 다른 가족에게 맡겨졌다. 그는 새로운 환경에 잘 적응을 한 듯 보였다. 그가 15세 때에 쓴 자서전에 나오는 글은 "나는 프라우 루피우스(Frau Ruppius)의 집에서 3주를 훌쩍 보냈다. 그녀는 어린이 교육에 많은 정성을 쏟았고 나는 그녀를 사랑했다. 그녀는 나의 두 번째 어머니였다. 나는 그녀의 집에서 2년 반 동안의 세월을 보냈다"라고 쓰고 있다. 하지만 그를 낳아 준 어머니로부터 분리될 수밖에 없었던 환경과 또한 임시로 두 번째의 어머니에게 정을 붙였다가 다시 낳아 준 어머니에게로 돌아가 또 다른 정을 붙여야 했던 슈만은 뼈에 사무치는 심리적인 고독을 다음과 같이 표현하고 있다.

"매일 한 번씩 나는 나의 부모집으로 갔다. 그렇지 않으면 나는 그들과 한 식구라는 것을 생각할 수 없었다. 지금도 명확하게 기억하는 것은 내가 우리 집에서 떠나가기 전날 밤에 나는 밤새도록 울었다는 것이다. 그리고 프라우가 여행을 떠나갔을 때에도 밤에 혼자 일어나 그녀가 돌아오도록 창가에 앉아서 슬피 울었다. 아침 일찍 그들은 뺨에 눈물이 흘러내린 채 잠들어 있는 나를 발견하곤 하였다(Ostwald, 1985)."

한 어머니에게서 다른 어머니에게로 적응을 해야만 했던 슈만에게 음악은 외로움을 달래주는 중요한 역할을 하였다. 슈만을 낳은 어머니는 노래 부르는 것을 좋아했다. 그녀는 자신이 '살아 있는 아리아의 책'이라고 자랑스러워했고 그의 아들이 아름다운 음조와 정확한 리듬감을 가지고 자신에게 화답하여 노래 불러주기를 바랬다. 심리적으로 이렇듯 음악과 행동으로 거울과 같은 행동을 하는 것은 아이의 발달과정에서 어머니와 공감할 수 있는 중요한 방법이다. 이러한 과정은 보편적으로 어머니와 아이의 상호 신뢰감을 조성하고 서로 주고받는 메시지에 동의를 한다는 것을 의미한다. 슈만의 음악적인 재능은 어머니의 이러한 의사소통의 관계에서 발달하였는지도 모른다. 이러한 방법으로 그녀는 사랑만을 전달한 것이 아니고 그녀의 생각과 느낌을 또한 그녀의 성격 중의 일부인 어떤 일에든 쉽게 압도되어 현실적으로는 아무런 도움이 되지 않는 느낌까지 포함하여 전달했을 가능성이 높다. 그녀는 전쟁과 경제적인 어려움 속에서 4명의 아들을 키우는 어머니로서의 무능력함을 "내 자신으로는 도저히 일을 처리할 수 없다"는 말로 표현하고 있다.

슈만을 임신했던 과정에서 성장에 이르기까지 그에게는 정서적으로 감당하기 어려운 일들이 많았다. 바로 위의 여아인 로라의 죽음이 부모로 하여금 슈만이 여아였으면 하는 바람과 함께 아버지의 잦은 병치레, 어머니의 우울증, 전쟁과 경제적인 어려움 그리고 두 어머니의 존재 때문에 불안정하게 이루어진 어머니와의 애착관계 등이 어리고 감정적으로 예민한 슈만에게는 감당하기에 어려운 문제들이었다.

슈만의 심리적인 병은 정신분열증의 장애이다. 그는 자주 재발되는 심한 우울증세 때문에 고통을 받았고 그 증세는 극심한 슬픔과 초조함을 동시에 나타내고 있었다. 그는 자주 잠을 자지 못했고 흥분되었으며 희망이 없게 느껴졌다. 죄의식과 자신에 대한 비난들은 이러한 우울증에 자주 동반되었고 자신을 파괴하는 행동으로 이어졌다. 자살을 시도한 것과 죽고 싶다는 생각이 이러한 증세의 결과로 두드러지게 나타났다. 그가 우울증에 빠져있을 때는 몸이 천근같이 느껴져서 움직일 때마다 피곤함을 느꼈으며 주의집중이 어려웠고 비관적인 망상과 환상 등에 시달렸다. 환청은 그를 죄인이라고 지목했으며 그의 작곡이 불충분하고 가치가 없는 것이라고 그를 괴롭혔다. 이러한 망상과 환상이 그의 우울한 정서와 맞물려 그를 지속적으로 괴롭혔다.

슈만은 자신에 대하여 분리된 이미지를 가지고 있었다. 그는 자신의 이름을 플로레스탄(Florestan)과 유스비우스(Eusebius)란 두 개의 이름을 사용하였다. 그가 작곡한 피아노 곡에 그는 '괴테에게 로버트 슈만으로부터(플로레스탄과 유스비우스)' 라고 적고 있다. 플로레스탄은 베토벤의 오페라에 나오는 영웅의 이름으로

슈만이 작곡한 피아노 곡 「Davidsbündlertänze」

F.*
NB

7

Nicht schnell ♩= 92
(Mit äußerst starker Empfindung)
col Ped.
E.
NB

힘이 있고 불과 같으며 공격적이고 유해한 성격의 소유자를 의미하고 유스비우스는 기독교 순교자의 이름에서 따 온 것으로 온순하고 민감하며 우울한 성격의 소유자를 의미한다. 슈만이 작곡한 피아노 곡인 Davidsbündlertänze는 플로레스탄(Florestan)과 유스비우스(Eusebius)에 의해서 작곡한 것으로 표시되어 있다. 곡의 끝에 'F' 혹은 'E'로 표시하고 있는 것을 알 수 있다.

이 곡을 작곡할 때에 아마도 슈만은 아주 강하고 공격적인 자신의 이미지와 약하고 우울한 자신의 이미지 사이에서 어려움을 겪었을 것이다. 슈만이 어린 시절에 경험하였던 심리적으로 불안정한 부모와의 애착관계가 고통스러운 인생을 살게 만들었고 결국은 그의 생애를 자살로 끝을 내게 하였다. 그의 작곡에서 유스비우스(Eusebius)가 보여주었던 우울증이 그의 인생의 말미를 장식한 것이다(Schumann The Inner Voices of a Musical Genius, Peter Ostwald, Boston: Northeastern University Press, 1985).

5. 화가 르네 마그리트

르네 마그리트(René Magritte)는 벨기에 출신의 20세기의 초현실적인 작품활동을 한 화가이다. 이 화가는 그의 어머니를 13세에 잃었다. 그의 어머니는 항상 심각한 우울증세로 나날을 보냈고 마그리트가 어렸을 때에 몇 번의 자살소동을 빚어내기도 하였다. 어느 날 한밤중에 그녀는 자신의 방을 떠나 그 근처의 강물에 투신하여 자살을 하였다. 그 사건의 정황은 확실하지는 않지만 마그리트는 자신의 어머니에 대하여 그 누구에게도 언급을 하지를 않았다. 마그리트의 부인은 그의 자서전 작가에게 마그리트가 어머니에 대하여 한 번도 자기에게 말을 한적이 없다는 말을 하였다. 하지만 마그리트는 그의 자서전 작가에게 자신의 어머니가 발견되었을 때에 잠옷으로 얼굴을 가리고 있었고 이는 마치 연극 속에서 불쌍한 사람으로 비추어지는 관심의 주인공이 되고자 하는 것과 같다고 회상하였다.

우울증에 걸려 자살을 시도한 마그리트의 어머니는 아이들과 애착관계를 가질 수 있는 형편이 되지 못했다. 그녀는 신체적, 정신적으로 고통과 피곤함을 느꼈고 세 명의 어린아이를 연년생으로 낳았다. 르네 마그리트는 맏아들이었고 어머니의 자살이 그를 죽음에 대하여 자연스럽게 받아들일 수 없게 만들었다. 자신의 어머니가 잠옷을 얼굴에 뒤집어쓰고 죽은 모습에 대한 잔상이 그의 예술 작품에 영향을 미쳤다. 그 어머니의 죽음이 그의 여러 작품 속에 반영되고 있는데 물가에서의 죽음, 얼굴이 없거나 가리워진 사람, 인간관계를 거부하는 사람들, 등으로 나타나고 있다. 그의 많은 작품들은 인간관계의 단절을 나타내고 있고 또 다른 형상은 차갑거나, 생명력이 없거나, 마네킹과 같은 사람들이 그의 작품 속에 등장하여 심리적인 공허함과 인간관계의 단절과 소외에서 오는 공허함을 표현하고 있다(Horowitz, L. Interpersonal Foundations of Psychopathology).

그의 작품에는 잃음, 분리, 그리움 등을 반영하고 있는데 그의 작품「기하학의 정신(The Spirit of Geometry)」에서는 아들이 엄마를 안고 있는 그림으로 어머니가 아들을 돌보는 것이 아니라 아들이 오히려 어머니를 돌보는 형상으로 두 사람 사이에는 정서적인 교감이 전혀 없는 상황을 표현하고 있다. 이는 두 사람의

기하학의 정신(The Spirit of Geometry)

시선이 마주보고 있는 것이 아니라 서로 다른 곳을 보고 있어 두 사람 간의 관계형성에 문제점을 드러내고 있다.

「연인」에서는 두 사람의 연인들이 입맞춤을 하고 있는데 이들 얼굴에는 두건이 씌워져 있어 두 사람 간의 사랑에도 단절을 표현하고 있는 아주 슬픈 그림이다.

연인(The Lover)

「포도 수확의 달 (The Month of the Grape Harvest)」은 많은 사람들이 크고 공허한 방에서 창 밖을 내다보고 있다. 밖에서는 한 그룹의 얼굴 없는 사람들이 방안을 들여다 보고 있다. 하지만 그곳에는 아무 것도 볼 것이 없고 다만 쳐다보고 있는 사람만을 볼 수 있는데 이들 간에는 눈을 마주치는 것과 같은 아무런 관계형성이 되어 있지 않아 물리적으로는 같이 있지만 서로 존재를 느끼지 못하는 것과 같은 막막함을 표현하고 있다. 이러한 그의 작품을 미루어 그는 인간관계에 많은 어려움을 가졌었다는 것을 짐작할 수 있다. 이렇듯 어린 시절 어머니와의 애착관계의 영향이 마그리트의 작품활동에 막대한 영향을 주고 있음을 알 수 있다.

포도 수확의 달(The Month of the Grape Harvest)

6. 화가 빈센트 반 고호

천재적인 재주를 가지고 너무나 힘들게 살다 세상을 떠난 빈센트 반 고호(Vincent van Gogh)가 말년에 심한 정신분열증으로 고생을 했다는 것은 너무나도 잘 알려진 사실이다. 그는 깊은 우울증을 극복하기 위하여 창작에 힘을 기울인 것으로 알려지고 있다.

고흐의 비참함은 어린 시절부터 시작되었다. 그는 "나의 어린 시절은 우울하고 차갑고 무익한 것이었다"라고 쓰고 있다. 그의 만성적인 불행은 그림이란 언어로 자연스럽게 표현이 됐다. 그는 "씨가 땅에 떨어져 싹이 트려면 서릿발이 섞인 바람에는 노출되지 말아야 하는데(중략) 이렇듯 열악한 환경이 나의 어린 시절의 시작이었다"고 회고한다. 어린 시절에 있어야 할, 즉 무조건적으로 주고, 달래고, 안아주며, 음식을 먹여주고, 보호해 주며, 행동에 대한 자신감을 주는 어머니가 주어야 할 어머니의 사랑이 없었다는 것이다. 그는 마르고 앙상하며, 발육이 정지된 나무와 같이 또는 비뚤어지고 이상하게 생긴 화초와 같이, 뿌리를 박고 자라야 하는 어린 시절부터 자신에게 무관심하고 애정이 없는 어머니 때문에 지속적으로 생존을 위해 싸워야만 하는 어려운 과정의 인생을 살았다고 고백한다(Schapiro, M., 1950).

어린아이가 성장하는 과정에서 어머니와의 관계가 믿을 만하지 못하고 정서적으로 스트레스를 받는 불편한 관계로 발전을 하게 된다면 아이의 정서가 손상되어 안정적이고, 통합되며, 자존감을 가지고 자족하는 사람으로 자라지 못하게 된다. 이와는 반대로 열등감을 느끼고, 사랑을 느끼지 못하며, 외롭고, 희망이 없으며, 모든 자극에 지나치게 예민한 사람으로 되기가 쉽다. 이렇듯 세상으로부터의 사랑을 받지 못한다는 단순한 가능성이 불안감을 야기하며 거부당한다는 사실이 우울하게 만들어 이러한 이유들이 그 사람의 성격성향을 형성할 수 있다.

이러한 불안감은 아이가 성장하여 유명하게 성공할 사람이 될 것이라는 기대를 믿도록 가르쳐 온 상황이라면 더욱 강조된다. 이러한 일이 고흐의 경우에 해당이 되었다. 낮은 자존감과 높은 기대감의 병합된 상태는 가장 우울한 성인으로의 성장 가능성을 높여준다.

물론 어머니와의 관계 하나만으로 인생의 결정적인 결과를 말하기는 어렵고 유전적인 요소도 포함한다고 하겠지만 고호의 어머니가 아이를 잘못 키웠기 때문에 다른 가족성원들에게까지 그 영향을 미쳤다는 것은 명백하다. 고호와 마찬가지로 그의 아우 테오(Theo)도 심한 우울증세와 불안감에 시달렸다. 세 명의 여자 형제 중에 고호와 가장 가깝게 지냈던 윌(Wil)은 무력한 심리질환, 아마도 정신분열증세로 그녀가 죽던 해인 1941년까지 정신병원에 입원해 있었다. 그의 막내 동생인 콜(Cor)은 33세에 남아프리카에서 자살로 그의 생을 마감하였다(Lubin, A., 1996).

고호와 그의 여동생 엘리자베스(Elizabeth)에 의해 기록된 참고자료 만이 어머니와의 관계를 말하고 있다. 그 기록에는 어머니와의 관계를 어느 정도 좋게 기록하고 있으나 이는 고호가 19세에서 37세, 즉 그의 죽음에 이르기까지의 기록으로 어린 시절의 관계와는 거리가 멀다. 고호 조카의 아내에 의하면 고호의 어머니는 첫번째 아들인 빈센트를 잃었고 그 첫째 아들을 잃은 슬픔이 두 번째 아들인 고호의 어린 시절에 영향을 미쳤다고 한다. 여인이 자신의 아이를 잃었을 경우 그녀에게 존재하는 만성적인 슬픔이 다음 아이에게 전달된다는 것은 흔히 있는 일이다. 이러한 형편이 그녀의 아들에게 필요한 행복한 어머니로부터 오는 사랑의 보살핌인 따뜻함과 친밀감을 줄 수 없었고 오히려 모든 것이 박탈당한 것과 같은 상태에서 고호의 우울증세가 시작되었을 가능성이 높다. 세상을 일찍 떠난 그의 형과 같은 이름을 가진 관계로 어쩌면 어머니에게 지속적으로 죽은 아들을 생각나게

귀에 붕대를 한 자화상(Self-Portrait with Bandaged Ear)

했을 수도 있다. 죽은 아이는 쉽게 이상적인 아이로 기억에 남게 된다. 첫번째의 빈센트는 나쁜 아이로 기억될 만큼 오래 살지도 않았고 또한 다른 아들과 지속적인 기간을 통해 비교를 할 수 없기 때문이다. 죽은 아이에 대한 어머니의 죄의식은 다음 아이에게로 되물림되어 그 아이는 죄의식의 아이가 된다. 고호의 우울증세는 아마도 이러한 어린 시절의 경험이 크게 작용하여 나중 그의 인생에 큰 영향을 미쳤을지도 모른다(Tralbaut, M., 1969).

위에서 제시한 예술가들은 앞에서도 언급하였듯이 그들의 어린 시절 어머니와의 관계가 그들의 성격장애에 비교적 큰 영향을 미친 사람들의 예에만 초점을 맞추었다. 물론 많은 예술가들이 여러 가지 이상 심리로 말미암아 어렵고 힘든 인생을 산 경

오버스의 교회(The Churchs at Auvers)

우가 많다. 하지만 이 곳에서 언급한 사람들은 그들의 자서전에서 어머니와 아이와의 애착관계가 잘못 이루어져 그들의 성격장애에 크게 영향을 미친 것으로 나타난 6명의 철학자, 작가, 음악가, 화가들만을 사례로 다루었다.

한 인간이 세상에 태어나서 성인으로 성장하기까지는 부모와의 관계가 대단히 중요하다. 부모의 양육관계에 따라 아이는 자율적인 성인으로서 자신감을 가질 수도 있고 또는 불안정감에서 성격장애자가 될 수도 있기 때문이다.

우리가 잘 아는 바와 같이 위대한 발명가 토마스 에디슨은 학교에서 지진아로 취급되어 가르칠 수 없는 아이로 지목되어 집으로 보내졌다. 그의 어머니는 에디슨이 지진아가 아니라 다만 교육의 방법에 잘못이 있다고 판단하여 에디슨을 직접 가르쳤다. 어머니의 아들에 대한 믿음이 그의 잠재력을 최대한으로 발휘하게 만들어 역사상 가장 위대한 발명가의 한 사람으로 남게 하였다.

세기의 독재자인 히틀러의 경우를 보더라도 그의 광분된 행동이 어머니와의 관계에서 기인되었다고 한다. 그의 어머니는 히틀러의 어린 시절에 정서적인 발달에 전혀 관심을 주지 못했기에 그는 아주 내성적인 아이로 성장을 하게 되었다. 이렇듯 내성적인 성격의 소유자가 사춘기가 되었을 때에 어머니는 유방암에 걸리게 된다. 어머니의 유방암의 치료는 유태인 의사가 맡았고 치료의 과정을 우연히 목격하게 된 히틀러는 치료과정을 불륜이라고 착각하게 된다. 그의 유태인에 대한 적대감은 이 사건에서 비롯되었다고 전해진다.

유아가 성장하면서 자아를 확립하는 데 부모와의 관계와 관련하여 두 가지의 큰 두려움이 존재하는데 그 하나는 부모에게 자신이 먹혀버려 자아를 확립하지 못할 것과 같은 두려움이고 다른 하나는 분리불안에 대한 두려움이다. 부모와의 안정적인 애착관계는 이러한 두려움에서 벗어나 창의적이고 독립적인 성인으로서의 성장을 가능하게 한다.

예술적인 기질을 타고난 예술가들은 어머니와의 관계가 불안정한 관계로 맺어져 힘든 인생을 살았다 하더라도 다행히도 손상된 자아를 찾기 위한 방편으로 예술로써 승화를 할 수 있었다. 하지만 일반사람들에게는 부모와의 불안정한 관계가 실패한 성격장애자로서 인생의 낙오자로 남게 만들 확률이 높다.

좋은 부모의 역할이란 감히 예술이라 말할 수 있다. 부모가 되기 이전부터 부모가 되는 준비가 필요하다. 이는 자신의 인생을 희생하는 경우가 있더라도 아이를 위한 최선의 방법을 택한다는 준비가 되어 있을 때 아이를 가져야 한다는 것이다. 가정의 비극은 한 세대에서 끝나는 것이 아니라 대를 잇는 악순환이 될 수도 있기 때문이다.

참고문헌

권석만 · 한수정(2000). 자기애성 성격장애. 서울: 학지사.

김정욱(2000). 섭식장애. 서울: 학지사.

민병배 · 이한주(2000). 강박성 성격장애. 서울: 학지사.

박혜란(1996). 믿는 만큼 자라는 아이들. 서울: 웅진 출판사.

이용승 · 이한주(2000). 강박장애. 서울: 학지사.

조성호(2000). 경계선 성격장애. 서울: 학지사.

Addis, L. (1981). Dispositions, explanation and behavior. *Inquiry, 24,* 205-227.

Ainsworth, M. D. S. (1982). Attachment: Retrospect and prospect. In C. M. Parkes, & J. Stevenson-Hinde (eds.), *The Place of Attachment in Human Behavior* (pp. 3-30). NY: Basic Books.

Ainsworth, M. D. S., & Bell, S. M. (1970). Attachment, exploration, and separation: Illustrated by the behavior or one-year-olds in strange situation. *Child Development, 41,* 49-67.

Alden, L. E., & Capreol, M. J. (1993). Avoidant personality disorder: Interpersonal problems as predictor of treatment response.

Behavior Therapy, 24, 357-376.

Allport, G. W. (1937). *Personality: A Psychological Interpretation.* NY: Holt, Rinehart and Winston.

Alston, W. P. (1975). Traits, consistency, and conceptual alternatives for personality theory. *Journal for the Theory of Social Behavior, 5,* 17-48.

American Psychiatric Association. (1994). *Diagnostic and Statistical Manual of Mental Disorder* (4th edition). Washington, DC: American Psychiatric Association.

Anderson, S. M., & Klatzky, R. L. (1987). Traits and social stereotypes: Levels of categorization in person perception. *Journal of Personality and Social Psychology, 53,* 235-246.

Andrews, G. C., Tennant, D., Hewson, D., & Vaillant, G. (1978). Life event stress, social support, coping style, and risk of psychological impairment. *Journal of Nervous and Mental Disease, 166,* 307-316.

Bandura, A. (1982). Self-efficacy mechanism in human agency. *American Psychologist,* 37, 122-147.

Bates, J. E., & Wachs, T. D. (eds.) (1994). Temperament. Individual Differences at the Interface of Biology and Behavior. Washington DC: American Psychological Association.

Beck, A. T., & Freeman, A. F. (1990). *Cognitive Therapy of Personality Disorders.* NY: Guilford Press.

Benjamin, L. S. (1996). *Interpersonal Diagnosis and Treatment of Personality Disorders.* NY: Guilford Press.

Bernstein, E. M., Putman, F. W. (1986). Development, reliability and validity of a dissociation scale. *Journal of Nervous Mental Disorder. 174,* 727-735.

Blehar, M. C., Lieberman, A. F., & Ainsworth, M. D. S. (1977). Early face-to-face interaction and its relation to later infant-mother attachment. *Child Development, 48,* 182-194.

Bond, M. (1990). Are "borderline defenses" specific for borderline personality disorders? *Journal of Personality Disorders 4,* 251-256.

Boom, D. C. Van den. (1989). Neonatal irritability and the development of attachment. In G. A. Kohnstamm, J. E. Bates, & M. K. Rothbart (eds.), *Temperament in Childhood.* NY: John Wiley & Sons.

Bowdie, F. M. (1974). *Thomas Jefferson: An Intimate History.* NY: W. W. Nortion.

Bowlby, J. (1969). Affectional bonds: Their nature and origin. In H. Freeman (eds.), *Progress in Mental Health* (pp. 319-327). London: J. B. Churchill.

Bowlby, J. (1969). *Attachment and Loss: Vol. I* (Attachment). NY: Basic Books.

Bowlby, J. (1973). *Attachment and Loss: Vol. II:* (Separation, Anxiety and Anger). NY: Basic Books.

Bowlby, J. (1980). *Attachment and Loss: Vol. III.* (Loss, Sadness and Depression). NY: Basic Books.

Bowlby, J. (1965). *Child Care and the Growth of Love.* Middlesex England: Penguin Books Ltd.

Bowlby, J. (1979). *The Making and Breaking of Affectional Bonds.* NY: Tavistock Publications.

Bradshaw, John.(1988). *The Family.* Deerfield Beach, Florida: Health Communications, Inc.

Bretherton, I. (1985). *Attachment theory: Retrospect and prospect.*

Monographs of the Society for Research in Child Development, 50, 3-35.

Bruch, H. (1973). *Eating Disorders: Obesity, Anorexia Nervosa, and the Person Within.* NY: Basic Books.

Bruch, H. (1978). *The Golden Cage: The Enigma of Anorexia.* Cambridge Massashusetts: Harvard University Press.

Buss, A. H., & Plomin, R. (1984). *Temperament: Early Developing Personality Traits.* Hilsdale, NJ: Erlbaum.

Caldji, C., Tannenbaum, B., Sharma, S., Francis, D., Plotsky, P. M., & Meaney, M. J. (1988). Maternal care during infancy regulates the development of neural system mediating the expression of fearfulness in the rat. *Proceedings of the National Academy of Science, 95,* 5335-5340.

Cantor, N., & Mischel, W. (1979). Prototypes in Person Perception. In L. Berkowitz (eds.), *Advances in Experimental Social Psychology* (Vol. 2). NY: Academic Press.

Carter, H., & Glick, P. C. (1976). *Marriage and Divorce: A Social and Economic Study* (2nd ed.), Cambridge: Harvard University Press.

Cassidy, Jude. & Shaver, Phillip. (eds.) (1999). *Handbook of Attachment: Theory, Research, and Clinical Applications.* New York: The Guilford Press.

Chethik, M. (2000). *Techniques of Child Therapy* (2nd edition). NY: Guilford Press.

Chu, J. A., & Dill, D. L. (1990). Dissociative symptoms in relation to childhood physical and sexual abuse. American Journal of Psychiatry. 147, 887-892.

Cleckley, H. (1941). *The Mask of Sanity.* St. Louis, MO: Mosby.

Collins, W. A., Maccoby, E. E., Steinberg, L., Hetherington, E. M. Bornstein, M. H. (2000). Contemporary research on parenting: The case for nature and nurture. *American Psychologist, 55,* 218-232.

Cooper, Shirley. & Wanerman, Leon. (1984). *A Casebook of Child Psychotherapy.* New York: Brunner/Mazel Publishers.

Covitz, Joel. (1986). *Emotional Child Abuse: The Family Curse,* Boston: Sigo Press.

Cronbach, L. J., Gleser, G. C., Nanda, H., & Rajaratnam, N. (1972). *The Dependability of Behavior Measurements: Theory of Generalizability for Scores and Profiles,* NY: Wiley.

Deknatel, F. B. (1950). *Edvard Munch.* NY: Chanticleer Press.

Docherty, J., Fiester, S., & Shea, T. (1986). Syndromes: Diagnosis and Personality Disorder. In R. hales, & A. Frances (eds.), Psychiatric update: *American Psychiatric Association Annual Review, Vol. 5* (pp. 315-355). Washington, DC: American Psychiatric Press.

Downey, G., & Feldman, S. I. (1996). Implications of rejection sensitivity for intimate relationships. *Journal of Personality and Social Psychology, 70,* 1327-1343.

Dozier, M., Stovall, K. C., & Albus, K., E. (2000). Attachment and psychopathology in adulthood. In J. Cassidy & P. R. Shaver (eds.). *Handbook of Attachment: Theory, Research, and Clinical Applications,* pp. 497-519. NY: Guilford Press.

Egeland, B., & Sroufe, L. A. (1981). Attachment and Early Maltreatment. *Child Development, 52,* 44-52.

Emde, R., & Walker, S. (1976). *Longitudinal study of infant sleep: Results of 14 subjects studied at monthly intervals,*

Psychophysiology, 13, 456-461.

Emde, R. N. (1990). Lessons from infancy: New beginnings in a changing world and morality for health. *Infant Mental Health Journal, II(3),* 196-212.

Emmons, R. A. (1987). Narcissism: Theory and measurement. *Journal of Personality and Social Psychology, 52(1),* 11-17.

Epstein, Sarah. (1983). *Edvard Munch: Mirror of His Life.* Oberlin College, Oberlin, Ohio: Allen Memorial Art Museum.

Erikson, E. H. (1963). *Childhood and Society.* (2nd rev. ed). NY: W. W. Norton.

Fleming, B. (1990). Dependent personality disorder. In A. T. Beck & A. Freeman (eds.), *Cognitive Therapy of Personality Disorders.* NY: Guilford Press.

Freud, A. (1966). *Normality and Pathology in Childhood: Assessment of Development.* NY: International University Press.

Fromm, E. (1956) *The Art of Loving.* NY: Harper and Brothers Publishers.

Funder, D. C., & Dobroth, K. M. (1987). Differences between traits: Properties associated with inter judge agreement. *Journal of Personality and Social Psychology, 52,* 409-418.

Gifford, R. (1994). A lens-mapping framework for understanding the encoding and decoding of interpersonal dispositions in nonverbal behavior. *Journal of pesonality and Social Psychology, 66,* 398-412.

Gore, S. (1978). The effect of social support in moderating the health consequences of unemployment. *Journal of Health and Social Behavior, 19,* 157-165.

Greene, M., & Kaplan, B. L. (1978). Aspects of loneliness in the therapeutic situation. *International Review of Psycho-Analysis, 5,* 321-330.

Gunderson, J. G. (1984). Borderline Personality Disorder. Washington, DC: American Psychiatric Association.

Hare, R. D. (1999). *Without Conscience: The Disturbing World of the Psychopaths Among Us.* NY: Guilford.

Heinicke, C. M., & Westheimer, I. J. (1965). *Brief Separations.* NY: International University Press.

Helgeson, V. S. (2002). *The Psychology of Gender.* Upper Saddle River, NJ: Prentice-Hall.

Herman, J. L., Russell, D., & Trocki, K. (1986). Long-term effects of incestuous abuse in childhood. *American Journal of Psychiatry. 143,* 1293-1296.

Herman, J. L., Perry, J. C., & van der Kolk, B. A. (1989). Childhood trauma in borderline personality disorder. *American Journal of Psychiatry, 146,* 490-495.

Hope, S., Power, C., & Rodgers, B. (1999). Does financial hardship account for elevated psychological distress in lone mothers? *Social Science and Medicine, 49,* 1637-1649.

Horowitz, L. M. (1994). Pshemas, Psychopathology, and Psychotherapy Research. *Psychotherapy Research, 4,* 1-17.

Horowitz, Leonard M. (to be published). *Interpersonal Foundations of Psychopathology.* In Press with APA Books, American Psychological Association.

Horowitz, L. M., Alden, L. E., Wigins, J. S., & Pincus, A. L. (2000). *Inventory of Interpersonal Problems.* San Antonio, TX: The Psychological Corporation.

Horowitz, L. M., Rosenberg, S. E., Baer, B. A., Ureno, G., &

Villasenor, V. S. (1988). Inventory of interpersonal problems: Psychometric properties and clinical applications. *Journal of Consulting and Clinical Psychology, 47,* 1, 5-15.

Jones, W. H., Hobbs, S. A., & Hockenbury, D. (1982). Loneliness and social skill deficits. *Journal of Personality and Social Psychology, 42,* 682-689.

Jüng, Carl Gustav. (1966). *Two Essays on Analytical Psychology.* (2nd ed). NY: Bollingen Foundation.

Kagan, J., Reznick, J. S., & Snidman, N. (1988). Biological based of childhood shyness. *Science, 240 (4849),* 167-171.

Kempe, Ruth S., & Kempe, Henry C. (1978). *Child Abuse.* Cambridge Massachusetts: Harvard University Press.

Kennedy, W. A. (1965). School phobia: Rapid treatment of fifty cases. *Journal of Abnormal Psychology, 70,* 285-289.

Kernberg, O. T. (1975). *Borderline Conditions and Pathological Narcissism.* NY: Jason Aronson.

Koops, W., Hoeksma, J. B., & Boom, D. C. Van Den. (1997). *Developmental Iteraction and Attachment: Traditional and Non-traditional Approaches.* The Netherlands: University of Amsterdam Press.

Krohn, A. (1978). Hysteria, *Psychological Issues, 45/*4, 129-155.

Kullgren, G. (1988). Factors associated with completed suicide in borderline personality disorder. *Journal of Nervous and Mental Disease. 176,* 40-44.

Laing, R. D. (1965). *The Divided Self: An Existential Study in Sanity and Madness.* London: Penguin Books.

Lamb, M. E., Thompson, R. A., Gardner, W., & Charnov, E. L. (1985). *Infant-Mother Attachment: The Origins and Developmental*

Significance of Individual Differences in Strange Situation Behavior. Hillsdale, NJ: Erlbaum.

Langford, W. S. (1937). Anxiety attacks in children. American *Journal of Orthopsychiatry*, 7, 210-218.

Levine, S. (1982). A psychological approach to the ontogeny of coping. In N. Garmezy & M. Rutter (eds.), *Stress, Coping, and Development in Children.* NY: McGraw-Hill.

Linn, P., & Horowitz, F. (1983). The relationship between infant individual differences and mother-infant interaction during the neonatal period. *Infant Behavior and Development, 6,* 415-427.

Lubin, Albert J. (1996). *Stranger on the Earth: A psychological biography of Vincent Van Gogh.* New York: Da Capo Press.

Maccoby. E. (1980). *Social Development: Psychological Growth and the Parent-Infant Relationship.* NY: Harcourt, Brace, Jovanovitch.

Mahler, M. S., Pine, F., & Bergman, A. (1975). *The Psychological Birth of the Human Infant: Symbiosis and Individuation.* NY: Basic Books.

Main, M., Kaplan, N., & Cassidy, J. (1985). Security in infancy, childhood and adulthood: A move to the level of representation. *Monographs of Society for Research in Child Development, 50,* 566-106.

Masterson, James F. (1985). *The Real Self: A Developmental, Self, and Object Relations Approach.* NY: Brunner/Mazel Publishers.

May, Rollo. (1969). *Love and Will.* NY: W. W. Norton.

McDonough, S. C. (1995). Promoting positive early parent-infant relationships through interaction guidance. *Child & Adolescent*

Psychiatric Clinics of North America. 4, 3, 661-672.

McKinney, W. T. (1974). Primate social isolation: Psychiatric implications. *Archives of General Psychiatry*, 422-426.

Miller, Alice. (1981). *Prisoners of Childhood.* New York: Basic Books Inc.

Miller, M. A., & Rahe, R. H. (1997). Life changes scaling for the 1990s. *Journal of Psychosomatic Research, 43,* 279-292.

Millon, T., & Davis, R. (2000). *Personality Disorders in Modern Life.* NY: John Wiley.

Mirowsky, J., & Ross, C. E. (1980). Weighting life event: A second look. *Journal of Health and Social Behavior, 21,* 296-300.

Mirsky, A. (1968). Communication of affects in monkeys. In D. C. Glass (Ed.), *Environmental Influences.* NY: Rockefeller University Press and Russel Sage Foundation.

Mischel, W., & Shoda, Y. (1998). Reconciling processing dynamics and personality dispositions. *Annual Reviews of Psychology, 49,* 229-58.

Monroe, S. M. (1982). Life events and disorder: Events-symptom associations and the course of disorder. *Journal of Abnormal Psychology, 91,* 14-24.

Moos, R. H. (1995). Development and applications of new measures of life stressors, social resources, and coping responses. *European Journal of Psychological Assessment, 11,* 1-13.

Myers, J. K., Lindenthal, J. J., & Pepper, M. P. (1975). Life events, social integration and psychiatric symptomatology. *Journal of Health and Social Behavior, 16,* 421-427.

Naslund, B., Persson-Blennow, I., McNeil, T., Kaij, L., & Malquist-Larsson, A. (1984). Offspring of women with nonorganic psychosis: Infant attachment to the mother at one year of age. *Acta Psychiatrica Scandinavia, 69,* 231-241.

Ostwald, Peter. (1985). *Schumann, The Inner Voices of a Musical Genius.* Boston: Northeastern University Press.

Pagelow, M. (1984). *Family Violence.* NY: Praeger.

Paterson, R. J., & Moran, G. (1988). Attachment theory, personality development, and psychotherapy. *Clinical Psychology Review, 8,* 611-636.

Perry, J. C., Herman, J. L., & van der Kolk, B. A. (1990). Psychotherapy and psychological trauma in borderline personality disorder. *Psychiatric Annuals 20,* 33-43.

Radke-Yarrow, M., Cummings, E. M., Kuczynski, L., & Chapman, M. (1985). Patterns of attachment in two-and three-year-olds in normal families with parental depression. *Child Development, 56,* 884-893.

Raskin, R., Novacek, J., & Hogan, R. (1991). Narcissism, self-esteem, and defensive self-enhancement. *Journal of Personality, 59,* 20-38.

Rothbart, M. K., & Ahadi S. A. (1994). Temperament and the development of personality. *Journal of Abnormal Psychology, 103,* 55-66.

Rothbart, M., & Park, B. (1986). On the confirmability and disconfirmability of trait concepts. *Journal of Personality and Social Psychology, 50,* 131-142.

Russell, D. E. (1986). *The Secret Trauma.* NY: Basic Books.

Salkovskis, P. M. (1985). Obsessional-compulsive problem: A cognitive-behavioral analysis. *Behavioral Research and Therapy, 23,* 571-583.

Schapiro, M. (1950). *Van Gough.* NY: N. Abrams, Inc.

Shapiro, David. (1987). *Neurotic Styles.* NY: Basic Books Inc., Publishers.

Siever, L. J., & Davis, K. L. (1991). A psychobiological perspective on the personality disorders. *American Journal of Psychiatry, 148,* 1647-1658.

Slocum, J. (1972). *Sailing Alone Around the World.* NY: Sheridan House.

Squires, R. (1968). Are dispositions causes? *Analysis, 29,* 45-47.

Squires, R. (1970). Are dispositions lost causes? *Analysis, 31,* 15-18.

Sroufe, L. A., Waters, E., & Matas, L. (1974). Contextual determinants of infant affective responses. In M. Lewis & L. A. Rosenblum (eds.), *The Origins of Fear.* NY: Wiley & Sons.

Spitz, R. A. (1945). Hospitalism-An inquire into the genesis of psychiatric conditions in early childhood. *The Psychoanalytic Study of the Child, 1,* 53-74.

Stern, D. (1977). *The First Relationship: Infant and Mother.* Cambridge: Harvard University Press.

Steiner, Hans. (eds.) (1996). *Treating Adolescents.* San Francisco: Jossey-Bass Publishers.

Stunkard, A., Stellar, E. (eds.), (1984). *Eating it's Disorders.* NY: Raven Press.

Suomi, S. J. (1999). Attachment in rhesus monkeys. In J. Cassidy and P. R. Shaver (eds.). *Handbook of Attachment: Theory, Research, an Clinical Applications,* pp. 181-197. NY: Guilford Press.

Suomi, S. J. (1987). Genetic and maternal contributions to individual differences in rhesus monkey biobehavioral development. In

N. A. Krasnagor, E. M. Blass, M. A. Hoefer, & W. P. Smotherman (eds.), *Prenatal Development: A Psychobiological Perspective* (pp. 397-420). NY: Academic Press.

Tralbaut, Marc Edo. (1969). *Vincent van Gough.* NY: Viking Press.

Tracy, R. L., & Ainsworth, M. D. S. (1981). Maternal affectionate behavior and infant-mother attachment patterns. *Child Development, 52,* 1341-1343.

Vinokur, A., & Selzer, M. (1975). Desirable versus undesirable life events: Their relationship to stress and mental distress. *Journal of Personality and Social psychology, 32,* 329-337.

Waldron, I., Weiss, C. C., & Hughes, M. E. (1997). Marital status effects on health: Are there differences between never married women and divorced and separated women? *Social Science and Medicine, 45,* 1387-1397.

Williamson, S., Harpur, T. J., & Hare, R. D. (1991). *Abnormal processing of affective words by psychopaths. Psychophysiology, 28,* 260-273.

Wink, P. (1991). Two faces of narcissism. *Journal of Personality and Social Psychology, 61(4),* 590-597.

Wolf, S., & Goodell, H. (1976). *Behavioral Science in Clinical Medicine,* Springfield, IL: Charles C. Thomas.

Wolf, T. (1936). *The Story of Novel.* NY: Scribners.

Wynne, E. (1982). Wall Street Journal Article. *New York, Aug. 23.*

Zabriskie, B. (1982). Incest and myrrh: Father-daughter sex in therapy. Journal of the C. G. *Jüng Foundation for Analytical Psychology. Fall, 15.*

Zeanah, C. H. (2000). *Handbook of Infant Mental Health* (2nd edition). NY: Guilford Press.

Zeanah, C., & Emde, R. N. (1994). Attachment disorders in infancy and childhood. In M. Rutter, E. Taylor, & L. Hersov (eds.), *Child and adolescent psychiatry: Modern Approaches* (3rd edition, pp. 490-504). Oxford: Blackwell Scientific Publications.

Zimmerman, M., & Coryell, W. (1990). Diagnosing personality disorders in the community: A comparison of self-report and interview measures. *Archives of General Psychiatry, 47,* 527-531.

Zuckerman, M., Persky, H., Link, K. E., & Basu, G. K. (1968). Experimental and subject factors determining responses to sensory deprivation, social, and confinement. *Journal of Abnormal Psychology, 73,* 183-194.

찾아보기

인 명

내 용

〈저자약력〉

서울대학교 음악대학 기악과 B.A.
California State University, San Francisco M.A.
University of Oregon Ph. d.
University of Pennsylvania, Stanford University 등에서 연구교수
아주대학교 교양학부 교수
아주대학교 교육대학원 상담심리 주임교수
현재 신한대학교 유아교육과 교수

<저서> 어린이와 텔레비전 환경(1995, 나남)

부모의 양육태도와 아동의 성격장애

2004년 1월 9일 1판 1쇄 발행
2023년 9월 20일 1판 13쇄 발행

지은이 • 남 명 자

펴낸이 • 김 진 환

펴낸곳 • (주) 학지사
04031 서울특별시 마포구 양화로 15길 20 마인드월드빌딩 5층

대표전화 • 02) 330-5114 팩스 • 02) 324-2345

등록번호 • 제313-2006-000265호

홈페이지 • http://www.hakjisa.co.kr
인스타그램 • https://www.instagram.com/hakjisabook

ISBN 978-89-7548-889-4 03370

정가 12,000원

저자와의 협약으로 인지는 생략합니다.
파본은 구입처에서 교환하여 드립니다.